普通高等教育"十二五"国家级规划教材
普通高等教育"十一五"国家级规划教材
江苏省精品教材
华东地区大学出版社协会推荐优秀教材

电子商务概论

（第6版）

主　编　周曙东

编　委　高功步　吴清烈　米传民　王贺朝
　　　　叶俊杰　张格余　武　忠　董　岗
　　　　刘立民　罗　良　郑钢锋　田景熙
　　　　陈长斌　丁振强　张建军　朱红根
　　　　张维强　焦春凤　刘　敏　钱　敏
　　　　叶建川　叶　辉

东南大学出版社
SOUTHEAST UNIVERSITY PRESS
·南京·

内 容 提 要

本教材全面系统地介绍了电子商务领域各个方面的基本理论、基本知识和基本技能,包括电子商务概述、电子商务运作体系、电子商务技术基础、电子商务系统开发、电子支付与互联网金融、网络营销、电子商务物流管理、电子商务法律规范、电子商务项目策划、跨境电子商务应用、农产品电子商务应用。

本教材被教育部评为普通高等教育"十一五""十二五"国家级规划教材。为适应电子商务发展的现状,本教材再一次进行大规模的修订。在第 1 版到第 5 版多年的使用过程中,编者收到了许多高等院校授课教师的反馈意见,在对原教材体系结构进行优化的基础上,广泛吸收了电子商务领域的最新发展成果,如一些新型电子商务交易模式、物联网、元宇宙、区块链、数字人民币、比特币、NFT、跨境电子商务、互联网金融、移动电子支付、直播营销、社群营销等新理念及新方法。为方便教师授课,我们建立了一个网站,在线提供配套的教学课件 PPT 和教学参考资料;教材中增加了案例分析、实验与作业;采用新媒体技术,扫描二维码阅读知识拓展内容。教材首先介绍概念、理论、功能与知识点,其次讲述方法与开发技术,还要揭示应用策略和操作关键环节,尽量做到理论联系实际,以提高学生的实际应用能力和上机操作能力。

本教材可作为高等院校电子商务本科专业和经济类、管理类、信息类及计算机类、工程技术类非电子商务本科专业的"电子商务概论"课程的教材,可作为经济类、管理类、信息类学科硕士研究生和 MBA 的选修课程"电子商务"教学用书,还可作为高职院校电子商务专业与非电子商务专业的"电子商务基础"课程教材。

由于教材针对网络技术、网络营销、电子支付、物流管理、跨境电子商务应用及农产品电子商务应用等方面提出了很多新理念和专业技能,这些经验的总结对企事业单位从事电子商务研究与应用的管理及技术人员也有重要的参考价值。

图书在版编目(CIP)数据

电子商务概论/周曙东主编.—6 版.—南京:
东南大学出版社,2022.7
ISBN 978-7-5766-0161-9

Ⅰ.①电… Ⅱ.①周… Ⅲ.①电子商务-高等学校-教材 Ⅳ.①F713.36

中国版本图书馆 CIP 数据核字(2022)第 114936 号

东南大学出版社出版发行
(南京四牌楼 2 号 邮编 210096)
责任编辑:张绍来 封面设计:顾晓阳 责任校对:子雪莲 责任印制:周荣虎
全国各地新华书店经销 南京迅驰彩色印刷有限公司印刷
开本:787mm×1 092mm 1/16 印张:15.25 字数:400 千字
2002 年 5 月第 1 版 2022 年 7 月第 6 版
2022 年 7 月第 47 次印刷
ISBN 978-7-5766-0161-9
印数:308 001—312 000 册 定价:49.00 元
本社图书若有印装质量问题,请直接与营销部调换。电话(传真):025-83791830

修 订 前 言

互联网改变了人们的生活方式、工作方式、思维方式甚至行为习惯,电子商务改变了企业的组织形式、发展方式甚至竞争的游戏规则。随着阿里巴巴、京东、抖音、美团、携程等一批电子商务企业的繁荣发展,行业电商、平台电商、农村电商、跨境电商、O2O电商、生鲜电商、社交电商、直播电商、社区电商推动着电子商务的蓬勃发展。电子商务的蓬勃发展拉动了社会对电子商务专业人才的需求。而电子商务专业人才属于复合型、应用型、创新型人才,既要懂计算机网络,又要懂经营管理,他们已成为推动我国电子商务蓬勃发展的中坚力量。

本教材自2002年第1版出版后,已经连续出了5版,该教材曾连续被教育部评为普通高等教育"十一五""十二五"国家级规划教材。按照教育部的要求,为适应电子商务发展的最新动态,本教材再一次进行第6版修订。

本次修订在对原教材体系结构进行优化的基础上,编写人员广泛吸收了电子商务领域的最新发展成果,其编写特色是系统、全面,由浅入深,循序渐进;重点介绍概念和方法,尽量做到理论联系实际。

本书全面系统讲授电子商务所涉及的各方面知识,区别对待电子商务专业和非电子商务专业学生的学习要求。针对电子商务专业的学习要求,在一些章节(如第1、2、3、4、5、6、7、8、9章)的撰写上体现出导论的特点,引导学生将来选修专业课和自学相关的知识,为他们的专业定位和职业发展打下扎实基础。对于非电子商务专业的学生来说,该教材将帮助他们全面掌握有关电子商务领域各个方面的基本知识,融知识性、趣味性和实践性为一体。

本书具有以下4个特点:

(1) 结构体系新颖 本教材全面系统地介绍了电子商务领域各个方面的知识,分为导论篇、技术支持篇、商务运作篇和实践应用篇。导论篇为1~2章,技术支持篇为3~4章,商务运作篇为5~9章,实践应用篇为10~11章。首先介绍概念、理论、功能与知识点,其次讲述方法与开发技术,还要揭示应用策略和操作关键环节,尽量做到理论联系实际。参与修订的编写人员均是在教学岗位第一线具有授课经验的教师,或者是具有电子商务实战经验的专业人员,他们将多年的经验积累和实践技巧写出来,实实在在地向读者讲授很多实用的知识和技能。

(2) 理念新、技术新、模式新 讲授电子商务领域的最新发展成果。由于电子商务发展迅猛,往往造成实践领先于理论的现象。在本教材的编写过程中,尽量将电子商务领域出现的新型经营理念、新的运作模式和新的技术介绍给学生,如新型电子商务交易模式、物联网、元宇宙、区块链、数字人民币、比特币、NFT、移动电子支付、微信小程序、直播营销、跨境电子商务、互联网金融等新理念及新方法。

(3) 实践性强 教材中增加了案例分析、实验与作业,以提高学生的分析、应用能力和上机操作能力。本教材为授课老师编辑了配套的教学课件PPT和教学参考资料,教材中所提到的网站都附有网址,方便学生课后访问,加深对授课内容的理解和知识的拓展。教材在介绍一些电子商务常用工具使用时,特意点出了关键性的操作要点。采用新媒体技术,在教材中大量运用了互动式教学形式——知识拓展,学生使用手机微信扫描教材中的"知识拓展二维码",就能从网络获取新的知识,从而培养学生的主观能动性。本教材每章都有配套的课后习题,以提高学生的动手能力。

(4) 满足不同需求　区别本科院校与高职院校的电子商务专业和非电子商务专业学生的授课要求,设置了不同的授课内容,包括导论性的内容、技术性的内容、实践性的内容、自学型的内容。在下面的表中显示不同专业、不同授课课时的教学内容安排,一些教学内容是专门针对电子商务专业学生的,非电子商务专业学生可不讲授,有兴趣的学生可以自学。第10、11章既可作为实验课,也可作为电子商务专业学生集中实训的内容。

对于高等院校电子商务本科专业的核心课程"电子商务导论",要求理论与实践相结合,重点介绍概念、技术要点、方法应用,辅之以操作实践。如果一些章节的内容已开设专门的课程,在讲授时可以作导论式介绍,让学生建立一个完整的框架体系,引导学生今后的学习。通过实验课及集中实训安排学生上机实验。在课时不够的情况下,可安排学生自学一些带※号章节的内容。对于非电子商务专业的学生,重点介绍导论篇、技术支持篇、商务运作篇的章节,对于第4章电子商务系统开发和第9章电子商务项目策划,由于难度较大,可以不讲。

对于高职院校电子商务专业的学生,则重点培养专业技能与实操能力,着重培养学生的专业基础,强化学生的实际操作能力,对于带▲号的章节,可作为实验或实训安排学生上机实验。

研究生授课侧重于案例教学,围绕教材中的案例内容展开讨论,让学员参与项目策划、营销方案的设计,调动研究生的主观能动性与创造性。

为适应不同学校的课时要求,下表提出了"电子商务概论"课程在不同专业及不同学分(总课时)下的授课课时与实验安排,供授课老师参考。

章节	电子商务专业		非电子商务专业	
	本科	高职	本科	高职
1 电子商务概述	3	3	4	2	4
2 电子商务运作体系	3	4	4	3	6▲
3 电子商务技术基础	4▲	8▲	6☆▲	6▲	8▲
4 电子商务系统开发	4☆	7	10▲	—	—
5 电子支付与互联网金融	4☆	7	6▲	4	10▲
6 网络营销	4☆	7▲	10☆▲	6	10▲
7 电子商务物流管理	4☆	6☆▲	7☆▲	6	8▲
8 电子商务法律规范	2※	2※	4☆	2※	6
9 电子商务项目策划	4☆	6	6☆	—	—
10 跨境电子商务应用	2▲	2▲	6☆▲	4▲	8▲
11 农产品电子商务应用	2※	2▲	5▲	2▲	8▲
总课时	36	54	68	35	68
学分	2	3	4	2	4

注:☆ 表示在课时不够的情况下,电子商务专业如开设了相关专业课程(如电子商务技术基础、网络营销、物流管理),那么概论可简要介绍一下框架和主要内容,引导本专业学生将来专业课的学习。

▲ 表示本章节内容可作为实验或实训安排学生上机实验。

※ 表示在课时不够的情况下,可安排学生自学。

— 表示可不安排课时。

本教材第1章由王贺朝编写;第2章由周曙东、陈长斌、朱红根编写;第3章由郑钢锋、武忠、田景熙、刘敏编写;第4章由叶俊杰编写;第5章由吴清烈、张维强编写;第6章由米传民、张格余、陈长斌、叶辉、张建军编写;第7章由董岗、钱敏编写;第8章由罗良、叶建川编写;第9章由高功步、陈长斌编写;第10章由高功步、焦春凤编写;第11章由刘立民、丁振强、周曙东编写。南京农业大学电子商务与品牌研究中心的多位研究生在书稿校对、教材配套课件建设、知识拓展的网页编辑等方面做了大量工作。在此对各位编写成员与研究生一并表示感谢。为方便教师使用课件授课,华夏电子商务研究网(http://www.ebusiness-in-china.com)的"电商教材"栏目里提供了各种教学参考资料(课程教案、教学日历),以及与本教材配套使用的多媒体教学幻灯片PPT、案例库、教辅资料,授课教师注册登录后可下载。

  本教材修订倾注了编写人员的心血,由于本教材修订和出版时间较短,教材中难免会出现这样那样的问题和不足,敬请批评指正。请将意见反馈给华夏电子商务研究网,所提建议若被采纳,将给予一定的奖励。

2022年2月于南京农业大学

电子商务系列教材编辑委员会

主　任　宁宣熙
副主任　黄　奇　　王传松　　周曙东　　田景熙　　吴清烈
　　　　　王树进　　张建军　　都国雄　　武　忠　　张绍来
编　委　丁晟春　　丁振强　　王树进　　王贺朝　　王维平
　　　　　王超学　　卞保武　　叶　辉　　叶建川　　申俊龙
　　　　　田景熙　　付铅生　　冯茂岩　　叶俊杰　　朱学芳
　　　　　朱红根　　米传民　　庄燕模　　刘　丹　　刘小中
　　　　　刘玉龙　　刘松先　　刘　敏　　刘立民　　严世英
　　　　　吴清烈　　李艳杰　　李晏墅　　李善山　　肖　萍
　　　　　闵　敏　　迟镜莹　　张中成　　张　赪　　张建军
　　　　　张家超　　张格余　　张维强　　陈次白　　陈长斌
　　　　　邵　波　　尚晓春　　罗　良　　武　忠　　易顺明
　　　　　周　源　　周桂瑾　　俞立平　　郑钢锋　　桂海进
　　　　　高功步　　钱　敏　　陶向东　　黄宝凤　　黄建康
　　　　　曹洪其　　常晋义　　董　岗　　曾　杨　　谢延森
　　　　　焦春凤　　虞益诚　　詹玉宣　　鲍　蓉　　潘　丰
　　　　　潘　军　　魏贤君

出 版 说 明

为了适应高等院校电子商务专业教学的需要，经过较长时间的酝酿、精心策划和精心组织，我们编写出版了电子商务系列教材。

2001年9月，经南京大学、东南大学、南京航空航天大学、南京农业大学、南京理工大学、南京审计学院、南京工业职业技术大学、南京正德职业技术学院、东南大学出版社、南京商友资讯商务电子化研究院、江苏省信息学会电子商务专业委员会等单位的有关人士反复商讨、策划，提议组织编写、出版电子商务系列教材。此项倡议得到江苏省内30多所高校的赞同和中国工程院院士、东南大学校长顾冠群的支持。2001年11月3日召开首次筹备工作会议，正式着手编委会的组建、专业课程设置及教材建设研讨、编写人员组织等各项工作。经过各方面人士的共同努力，2001年12月22日正式成立电子商务丛书编委会，确定了首批教材的编写大纲和出版计划，落实了教材的编写人员，于2002年9月出版了首批电子商务系列教材共13种。

首批教材的出版，得到了广大读者的肯定，并荣获了华东地区大学出版社第六届优秀教材学术专著二等奖。其中《电子商务概论》《电子商务项目运作》被教育部确定为普通高等教育"十一五""十二五"国家级规划教材。

为了体现出精品、争一流、创品牌的指导思想，2018年3月，电子商务丛书编委会在南京召开了"高等院校电子商务专业建设与教材建设研讨会"，来自上海、浙江、江苏等院校代表参加了会议。会议决定对已出版的电子商务系列教材进行全面的修订，继续跟踪电子商务专业的发展，继续出版有关电子商务专业的系列教材。

我们将充分发挥数十所高校协同合作的优势，发挥产、学、研结合的优势，对教材内容不断更新和精雕细琢，以推出更多更好的教材或论著奉献给广大师生和读者。教材中难免存有许多不足之处，欢迎广大师生和读者提出宝贵意见。

联系方式　http://www.ebusiness-in-china.com
　　　　　E-mail：erbian@seu.edu.cn

电子商务丛书编委会
2022年2月

总　　序

　　20 世纪末信息技术的飞速发展,为社会的各个领域开辟了全新的天地。互联网投入商业化运营以后,电子商务应运而生并蓬勃发展。电子商务不仅改变了商务活动的运作模式,而且必将给政治、经济和人民生活的各个领域带来根本性的变革。电子商务将是 21 世纪全球经济增长最快的领域之一,它带来的经济发展机遇是人类历史上几百年才能遇到的。

　　研究电子商务理论、模式、方法,回答电子商务发展中一系列理论的和实践的问题,是电子商务理论工作者的任务,也是我国经济、科技领域出现的一项重大课题。因此,一门新的学科——电子商务学应运而生。可以说,电子商务理论是一门技术、经济、管理诸多学科知识融会交叉的新兴的应用型学科,它涉及的内容是十分广泛的。

　　然而,"理论是灰色的,而生活之树是常青的。"在电子商务迅猛发展的时代,理论研究往往跟不上实践的发展,由此而产生一种矛盾性状态:一方面,实践的发展迫切需要理论创新和由创新的理论培养出来的大批人才;另一方面,理论的创新和人才的培养却一时又跟不上实践发展的需要。正是这样一种矛盾性的状态,给我们提出了一个任务:在前一阶段电子商务实践发展的基础上进行相应的理论性的归纳、总结和集成,以适应培养电子商务专业人才的需要,同时也为广大企业和相关部门应用电子商务提供指导。

　　为了推动电子商务理论的创新和加快电子商务专业人才的培养,江苏省信息学会电子商务专业委员会和东南大学出版社,联合了南京大学、东南大学、南京航空航天大学、南京农业大学、南京理工大学、中国矿业大学等省内 30 多所高校和我省最早从事电子商务应用开发的服务机构——南京商友资讯商务电子化研究院,走产、学、研合作之路,组织编撰一套"电子商务丛书",首期出版"电子商务系列教材"。这是一件很有意义的工作。

　　我们希望这套专业教材的出版,有助于电子商务理论的创新和发展,有助于电子商务专业人才的培养,有助于电子商务在全社会的广泛应用。

中国工程院院士
东南大学校长
2002 年春

目 录

一、导论篇 ... 1

1 电子商务概述 ... 1
1.1 电子商务的概念 ... 1
1.1.1 电子商务的定义与内涵 ... 1
1.1.2 电子商务中信息流、资金流和物流的相互关系 ... 3
1.2 电子商务的功能、特点、优势与效益 ... 4
1.2.1 电子商务的功能 ... 4
1.2.2 电子商务的特点 ... 5
1.2.3 电子商务的优势 ... 6
1.2.4 电子商务的效益 ... 8
1.3 电子商务的发展 ... 9
1.3.1 电子商务的发展历程 ... 9
1.3.2 电子商务的发展现状 ... 10
1.3.3 电子商务的发展趋势 ... 12
练习题 ... 13

2 电子商务运作体系 ... 15
2.1 电子商务的运作体系 ... 15
2.1.1 电子商务技术设施的3个层次 ... 15
2.1.2 电子商务应用的4个支柱 ... 15
2.1.3 电子商务系统的基本框架 ... 16
2.1.4 企业电子商务系统的基本组成 ... 16
2.2 参与电子商务活动的实体 ... 19
2.3 电子商务的交易模式 ... 19
2.3.1 企业与消费者之间的电子商务模式 ... 19
2.3.2 企业与企业之间的电子商务模式 ... 22
2.3.3 企业与政府之间的电子商务模式 ... 23
2.3.4 消费者与消费者之间的电子商务模式 ... 24
2.3.5 线上与线下融合的交易模式 ... 25
2.3.6 企业与经理人之间的交易模式 ... 26
2.3.7 B2B2C电子商务交易模式 ... 26
2.3.8 消费者对工厂(或农场)的电子商务模式 ... 27

　　　　2.3.9　新零售模式 ………………………………………………………… 27
　2.4　各类电子商务企业职能部门与业务对应关系 ……………………………… 28
练习题 ……………………………………………………………………………… 30

二、技术支持篇 ……………………………………………………………… 31

3　电子商务技术基础 …………………………………………………………… 31
　3.1　网络基础知识 ………………………………………………………………… 31
　　　3.1.1　计算机网络的概念与功能 ………………………………………… 31
　　　3.1.2　计算机网络的组成 …………………………………………………… 32
　　　3.1.3　计算机网络的分类 …………………………………………………… 35
　3.2　互联网简介 …………………………………………………………………… 35
　　　3.2.1　互联网的组成及主要功能 …………………………………………… 35
　　　3.2.2　IP 地址 ……………………………………………………………… 37
　　　3.2.3　域名系统 ……………………………………………………………… 39
　3.3　无线网络与移动通信 ………………………………………………………… 42
　　　3.3.1　无线网络 ……………………………………………………………… 42
　　　3.3.2　移动通信技术 ………………………………………………………… 43
　　　3.3.3　物联网 ………………………………………………………………… 44
　3.4　支持平台 ……………………………………………………………………… 45
　　　3.4.1　Web 信息平台 ……………………………………………………… 45
　　　3.4.2　App …………………………………………………………………… 45
　　　3.4.3　微信小程序 …………………………………………………………… 46
　　　3.4.4　元宇宙 ………………………………………………………………… 46
　3.5　与客户的互动支持技术 ……………………………………………………… 47
　　　3.5.1　即时通信工具 ………………………………………………………… 47
　　　3.5.2　腾讯会议 ……………………………………………………………… 48
　3.6　区块链技术 …………………………………………………………………… 48
　　　3.6.1　区块链的类型 ………………………………………………………… 49
　　　3.6.2　区块链技术的层次模型 ……………………………………………… 50
　　　3.6.3　比特币 ………………………………………………………………… 50
　练习题 …………………………………………………………………………… 51

4　电子商务系统开发 …………………………………………………………… 53
　4.1　电子商务系统规划与设计 …………………………………………………… 53
　　　4.1.1　电子商务系统开发流程 ……………………………………………… 53
　　　4.1.2　电子商务系统整体设计与功能结构设计 …………………………… 54
　　　4.1.3　电子商务系统艺术性设计与布局设计 ……………………………… 55
　4.2　电子商务系统开发技术 ……………………………………………………… 56

  4.2.1 电子商务系统开发技术发展历程 ·············· 56
  4.2.2 前端开发技术 ························· 57
  4.2.3 后端开发技术 ························· 59
  4.2.4 安全技术 ··························· 61
 4.3 电子商务系统部署与管理 ······················ 64
  4.3.1 云服务器概念 ························· 64
  4.3.2 云服务器部署 ························· 65
  4.3.3 Web环境部署 ························· 66
  4.3.4 域名申请与解析 ························ 67
  4.3.5 电子商务安全协议 ······················· 68
 练习题 ································· 70

三、商务运作篇 ······························ 71

5 电子支付与互联网金融 ·························· 71
 5.1 电子支付概述 ··························· 71
  5.1.1 电子货币的概念和形式 ····················· 71
  5.1.2 电子货币的主要类型 ······················ 75
  5.1.3 电子支付及其主要分类 ····················· 76
 5.2 第三方支付 ···························· 78
  5.2.1 第三方支付及其分类 ······················ 78
  5.2.2 互联网第三方支付 ······················· 80
  5.2.3 典型第三方支付平台 ······················ 80
 5.3 移动支付 ····························· 83
  5.3.1 移动支付概述 ························· 83
  5.3.2 移动近场支付和远程支付 ···················· 84
  5.3.3 移动支付的发展趋势 ······················ 85
 5.4 互联网金融 ···························· 86
  5.4.1 互联网金融概述 ························ 86
  5.4.2 互联网金融典型应用 ······················ 88
 练习题 ································· 90

6 网络营销 ······························· 92
 6.1 网络营销概述 ··························· 92
  6.1.1 网络营销的概念与特点 ····················· 92
  6.1.2 传统市场营销与网络营销 ···················· 93
  6.1.3 网络营销的功能 ························ 94
 6.2 搜索引擎营销 ··························· 95
  6.2.1 搜索引擎概述 ························· 95

	6.2.2	搜索引擎营销的目标	95
	6.2.3	搜索引擎优化	96
	6.2.4	搜索引擎付费推广	97
6.3	病毒性营销		98
	6.3.1	病毒性营销战略的基本要素	98
	6.3.2	病毒性营销的运作方法	99
6.4	软文营销		100
	6.4.1	软文营销的概念	100
	6.4.2	软文营销的特点	100
	6.4.3	软文营销的策略	101
6.5	二维码营销		103
	6.5.1	二维码营销的概念与功能	103
	6.5.2	二维码的生成	104
	6.5.3	二维码营销的应用	104
6.6	社群营销		105
	6.6.1	社群营销的概念与特点	105
	6.6.2	社群营销的方法	106
6.7	直播营销		107
	6.7.1	直播营销的概念	107
	6.7.2	直播营销的优势	108
	6.7.3	短视频/直播电商的产业链运营框架	109
练习题			112

7 电子商务物流管理 — 114

7.1	电子商务物流概述		114
	7.1.1	电子商务物流发展现状	114
	7.1.2	电子商务物流的概念、内容和服务规范	115
	7.1.3	电子商务物流的特点	116
	7.1.4	电子商务物流的效益	117
	7.1.5	电子商务物流的流程	118
7.2	电子商务的物流管理模式		119
	7.2.1	企业自营物流模式	119
	7.2.2	第三方物流模式	120
	7.2.3	第四方物流	122
	7.2.4	物流联盟模式	123
7.3	电子商务的物流配送管理		123
	7.3.1	电子商务的订单履行	123
	7.3.2	电子商务的配送流程	125

  7.3.3 物流配送中心管理 128
  7.3.4 电子商务物流配送质量的评价指标 130
 7.4 电子商务物流包装、仓储、冷链保鲜 133
  7.4.1 电子商务物流包装 133
  7.4.2 电子商务物流仓储 135
  7.4.3 电子商务物流冷链保鲜 139
 练习题 141

8 电子商务法律规范 143
 8.1 概述 143
  8.1.1 电子商务立法概况 143
  8.1.2 我国的电子商务立法 144
 8.2 电子商务经营者相关法律规范 145
  8.2.1 对电子商务经营者的一般规定 145
  8.2.2 对电子商务平台经营者的特殊规定 147
 8.3 电子商务交易的法律规范 147
  8.3.1 电子合同订立的法律规则 148
  8.3.2 关于供应链金融方面的规范 151
  8.3.3 互联网三级分销与传销的区别及法律规定 152
  8.3.4 跨境电子商务相关规定 155
 8.4 电子商务及网络领域知识产权的法律保护 156
  8.4.1 网络著作权的法律保护 156
  8.4.2 域名的法律保护 158
 8.5 电子商务领域的消费者权益保护 159
  8.5.1 电子商务涉及的消费者权益 159
  8.5.2 与网络交易平台有关的消费者权益保护 160
 8.6 电子商务领域的网络隐私及个人信息法律保护 160
  8.6.1 网络隐私权的保护 160
  8.6.2 网络用户个人信息法律保护 161
 8.7 电子商务安全与网络犯罪 162
  8.7.1 电子商务安全的法律规范 162
  8.7.2 关于网络犯罪的法律规范 163
 练习题 165

9 电子商务项目策划 167
 9.1 电子商务项目策划概述 167
  9.1.1 电子商务项目策划的概念 167
  9.1.2 电子商务项目策划的原则和方案 167
 9.2 电子商务项目策划内容 171

9.2.1 业务模式 …… 171
9.2.2 技术模式 …… 175
9.2.3 经营模式 …… 176
9.2.4 资本模式 …… 176
9.2.5 信用管理模式 …… 177
9.2.6 风险管理模式 …… 178
9.3 电子商务项目策划过程 …… 179
9.3.1 市场调查 …… 179
9.3.2 项目筛选 …… 181
9.3.3 项目孵化 …… 183
9.4 电子商务项目策划报告 …… 183
9.4.1 项目策划报告的定义与作用 …… 183
9.4.2 项目策划报告的主要内容 …… 184
练习题 …… 185

四、实践应用篇 …… 186

10 跨境电子商务应用 …… 186
10.1 跨境电子商务概述 …… 186
10.1.1 跨境电子商务的概念 …… 186
10.1.2 跨境电子商务对传统国际贸易的影响 …… 187
10.1.3 我国跨境电子商务整体发展现状 …… 187
10.2 跨境电子商务商业模式类别 …… 189
10.2.1 跨境电子商务商业模式类别 …… 189
10.2.2 跨境电子商务主流交易平台 …… 191
10.3 跨境电子商务物流管理 …… 193
10.3.1 跨境电子商务直邮物流模式 …… 193
10.3.2 跨境电子商务海外仓物流模式 …… 195
10.3.3 跨境电子商务物流配送方式 …… 195
10.4 跨境电子商务支付 …… 197
10.4.1 跨境电子商务支付概述 …… 197
10.4.2 国际银行卡跨境支付 …… 198
10.4.3 跨境电子商务第三方支付 …… 199
10.5 跨境电子商务海外营销 …… 200
10.5.1 跨境电子商务独立站营销 …… 200
10.5.2 跨境电子商务交易平台营销策略 …… 201
10.5.3 大数据在跨境电子商务中的应用 …… 203
练习题 …… 205

11 农产品电子商务应用 ... 206
11.1 农产品电子商务概述 ... 206
11.1.1 农产品电子商务的概念与特点 ... 206
11.1.2 中国农产品网络零售消费市场 ... 207
11.2 农产品电子商务业态 ... 208
11.2.1 发展农产品电子商务业态的重要性 ... 208
11.2.2 农产品电子商务业态的模式 ... 209
11.3 农产品电子商务发展的关键环节 ... 211
11.3.1 商品选择 ... 211
11.3.2 标准制定 ... 213
11.3.3 质量控制 ... 214
11.3.4 平台选择 ... 214
11.3.5 营销策划 ... 216
11.3.6 基地整合 ... 217
11.3.7 品牌建设 ... 219
练习题 ... 222

参考文献 ... 223

一、导论篇

1　电子商务概述

[学习目标]　掌握电子商务的定义与内涵；理解电子商务信息流、资金流和物流的相互关系；了解电子商务的功能、特点、优势与效益；了解电子商务的发展现状、应用前景与发展趋势。

电子商务的迅猛发展给中国的社会经济多个方面带来了巨大的影响，改变了人们的消费方式和支付方式；改变了企业的经营方式和商业模式；催生了电子商务的相关法律规范的颁布。

在20世纪90年代，企业家们还在讨论要不要开展电子商务。经过了20多年的实践，行业电子商务、平台电子商务、农村电子商务、跨境电子商务、O2O电子商务、社交电子商务、直播电子商务等新模式、新业态不断涌现，电子商务也已经成为经济发展新的增长点。

1.1　电子商务的概念

电子商务是一个不断发展的概念，电子商务的先驱IBM公司于1996年提出了Electronic Commerce(E-Commerce)的概念，到了1997年，该公司又提出了Electronic Business(E-Business)的概念。但我国在引进这些概念的时候都翻译成为电子商务，很多人对这两个概念产生了混淆。事实上这两个概念及内容是有区别的，E-Commerce应翻译为电子商业，有人将E-Commerce称为狭义的电子商务，将E-Business称为广义的电子商务。

1.1.1　电子商务的定义与内涵

1) E-Commerce与E-Business的区别

1997年11月，国际商会在法国巴黎举行的世界电子商务会议明确了E-Commerce的概念。E-Commerce是指实现整个贸易过程中各阶段贸易活动的电子化。从涵盖范围方面可以定义为：交易各方以电子交易方式而不是通过当面交换或直接面谈方式进行的任何形式的商业交易；从技术方面可以定义为：E-Commerce是一种多技术的集合体，包括交换数据（如电子数据交换、电子邮件）、获得数据（如共享数据库、电子公告牌）以及自动捕获数据（如条形码）等。它的业务包括：信息交换、售前售后服务（如提供产品和服务的细节、产品使用技术指南、回答客户意见）、销售、电子支付（如使用电子资金转账、信用卡、电子支票、电子现金）、运输（包括商品的发送管理和运输跟踪，以及可以电子化传送的产品的实际发送）、组建虚拟企业（组建一个物理上不存在的企业，集中一批独立中小公司的权限，提供比任何单独公司多得多的产品和服务）、公司和贸易伙伴可以共同拥有和运营共享的商业方法等。因此可以这样理解,狭义的电子商务主要是借助计算机网络进行交易活动。

E-Business 是利用网络实现所有商务活动业务流程的电子化,不仅包括了 E-Commerce 面向外部的所有业务流程,如网络营销、电子支付、物流配送、电子数据交换等,还包括了企业内部的业务流程,如企业资源计划、管理信息系统、客户关系管理、供应链管理、人力资源管理、网上市场调研、战略管理及财务管理等。所以,广义的电子商务既包括了企业内部商务活动,如生产、管理、财务等,也包括企业对外的商务活动,将上下游业务合作伙伴企业结合起来开展业务。

E-Commerce 集中于电子交易,强调企业与外部的交易与合作,而 E-Business 则把涵盖范围扩大了很多。如果有人认为由于目前上网购物的人数还不多,在线交易额还不大,所以电子商务没有什么前途,那是因为他对电子商务的理解还局限在 E-Commerce。从 E-Business 的角度看,前景非常广阔:客户刷卡消费是电子商务,股民利用网络炒股是电子商务,商场利用商品条码和 POS 机为客户结账是电子商务,企业实施信息化管理、公司职员利用网络查询企业的数据库还是电子商务。随着时间的推移,各种电子化设备越来越多,各种网络(互联网、电话网、有线电视网、无线网)会互联互通,网络速度会越来越快,功能越来越强大,电子商务的作用也越来越大。

2)电子与商务之间的关系

电子商务包含两个方面:一是商务活动;二是电子化手段。它们之间的关系是:商务是核心,电子是手段和工具。这里的商务包括企业通过内联网的方式处理与交换信息,企业与企业之间通过外联网或专用网方式进行的业务协作和商务活动,企业与消费者之间通过互联网进行的商务活动,消费者与消费者之间通过互联网进行的商务活动,以及政府管理部门与企业之间通过互联网或专用网方式进行的管理以及商务活动。这里的电子化手段包括自动捕获数据、电子数据交换、电子邮件、电子资金转账、卫星定位、网络通信、数据库、计算机设备、网络安全和无线移动技术等各种电子技术手段。

企业电子商务和电子商务企业是两个不同的概念。电子商务企业是指那种新型的、其主营业务完全在网络上进行的虚拟企业,如新浪公司、阿里巴巴网络技术有限公司;而企业电子商务是指传统企业开展电子商务,如海尔集团。

3)电子商务的前提

电子商务的前提是商务信息化,具体指利用各种现代信息技术,如计算机技术、网络技术、数据库技术来进行商务活动。电子商务和传统商务活动的最主要区别就在于电子商务利用现代信息技术来进行商务活动,而传统商务活动是依赖人与人之间的直接交流来实现商务活动的。

4)电子商务的基础

电子商务的基础是现代化电子工具的应用。这些现代化电子工具包括:计算机、互联网络、电子支付平台、条码扫描器和 POS 机、射频识别系统、银行卡、IC 卡、卫星定位系统、地理信息系统、自动化立体仓库、自动分拣系统等。

5)电子商务的对象

电子商务的对象是指从事商务活动的客观实体,包括企业、中间商、客户、银行以及政府管理部门等,他们是电子商务活动的实际参与者。

电子商务的研究对象则包括电子商务活动的全部流程以及构成要素。具体指电子商务的作用对象、电子商务媒介、电子商务流程以及电子商务过程中的信息流、资金流和物流。

1.1.2 电子商务中信息流、资金流和物流的相互关系

宏观经济理论从经济要素的社会作用出发，提出了现代社会经济系统中主要有三个"流"的概念。这三个流就是信息流、资金流和物流。三个流对社会经济系统的作用各不相同，因此它们之间在功能上并非相互替代的关系，而是共生与整合、依存与互动的关系。

1) 信息流、资金流和物流的概念

(1) 信息流　信息是客观世界中各种事物的变化和特征的反映，是客观事物之间相互联系的表征，它包括各种消息、情报、信号、资料等，也包括各类科学技术知识。信息流是电子商务交易各个主体之间的信息传递与交流的过程。经济信息的流动是经济活动的重要组成部分，是对持续不断、周而复始的商品流通活动的客观描述，是资金流、物流运动状态特征的反映。

(2) 资金流　是指资金的转移过程，包括支付、转账、结算等，资金的加速流动具有财富的创造力，商务活动的经济效益是通过资金的运动来体现的。

(3) 物流　是指因人们的商品交易行为而形成的物质实体的物理性移动过程，它由一系列具有时间和空间效用的经济活动组成，包括包装、存储、装卸、运输、配送等多项基本活动。在信息技术高速发展的今天，物流作为物质实体从供应者向需求者的物理性移动，依然是社会再生产过程中不可缺少的中间环节。

近年来，全球经济一体化的进程明显加快，用户对信息流、资金流和物流的流通速度提出了更高要求。高速的信息流将导致高速的物流，这突出表现为对物流服务需求的高标准和多样化。运用电子流代替实物货币和票据流通，能够最大限度地发挥资金的有效使用率，是提高全社会经济效益的理想途径。

2) 信息流、资金流和物流的相互关系

信息流、资金流和物流的形成是商品流通不断发展的必然结果。它们在商品价值形态的转化过程中有机地统一起来，共同完成商品的生产—分配—交换—消费—生产的循环。信息流提供及时准确的信息，资金流有计划地完成商品价值形态的转移，物流根据信息流和资金流的要求完成商品使用价值即商品实体的转移过程，从而使得"三流"分别构成了商务活动中不可或缺的整体，共同完成商品流通的全过程。

物流进行的是一个正向的流程，即从原材料供应商到制造商，再通过经销商或配送中心到顾客。而资金流进行的是一个反向的流程，即从顾客到经销商，到制造商，再到原材料供应商。信息流进行的是双向流程，电子商务各个交易主体之间不断进行信息的双向传递与交流。三者的关系可以表述为：以信息流为依据，通过资金流实现商品的价值，通过物流实现商品的使用价值。物流是资金流的前提和条件；资金流是物流的依托和价值担保，并为适应物流的变化而不断进行调整；信息流对资金流和物流运动起指导和控制作用，并为资金流和物流活动提供决策的依据。

在电子商务活动中，信息流、资金流和物流本身又是相互独立的。它们无论在时间上或渠道上都是可以分离的，流动的先后次序也没有固定的模式。图1-1显示了信息流、资金流和物流的流通渠道。

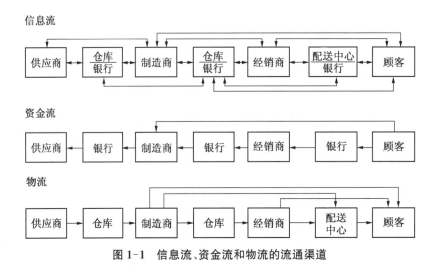

图 1-1 信息流、资金流和物流的流通渠道

1.2 电子商务的功能、特点、优势与效益

1.2.1 电子商务的功能

电子商务可提供网上交易和管理等全过程服务。它具有广告宣传、咨询洽谈、商品订购、电子交易、电子支付、网上金融服务、情报搜集与意见征询、客户关系管理及企业信息化管理等多项功能。

1) 广告宣传

企业可以在互联网上发布广告宣传,传播各类商业信息。消费者可以借助检索工具迅速找到各类商品信息。在网络环境下,信息发布的实时性和方便性及信息传播的广泛性是传统媒体无可比拟的。与其他各类广告相比,网络广告具有成本低廉、双向交流、给客户的信息量丰富等优点。

2) 咨询洽谈

电子商务可借助非实时的电子邮件、新闻组和实时的讨论组、洽谈室来了解市场的商品信息、洽谈交易,网上的咨询和洽谈能突破人们面对面洽谈的限制,实现了多种方便的异地交谈形式。

3) 商品订购

在电子商务网站上,商品的订购通常都是在产品介绍的页面上提供十分友好的订购提示信息和购物车,方便客户在线订购。当客户填完订购单后,通常系统会回复确认信息单来保证订购信息的收悉。

4) 电子交易

运用电子商务进行多种形式的电子交易,如网络营销、电子贸易、电子采购、网络招投标、拍卖等。

5) 电子支付

电子支付是电子商务中的一个重要环节,虽然电子商务也可通过传统的支付方式(如货到付款)进行,但是在线网上支付、电子现金、IC卡、信用卡、移动支付等电子支付方式显然有着更大的优越性。近年来第三方支付平台得到了广大消费者的青睐,有力地推动了电子商务的发展。

6）网上金融服务

银行、信用卡公司及保险公司等金融单位可以提供网上金融服务，如网上银行、投资理财、网上证券交易、网上保险等多种服务。电子签名、加密、U盾等电子商务安全工具的应用提高了操作的安全性。

7）供应链管理

电子商务会促进上下游关联企业的密切合作，实施供应链管理，提高原料采购、生产、包装、配送等环节的运行效率。

8）情报搜集与意见征询

企业能通过互联网进行市场调查、搜集价格信息，网站可以方便地采用网页上的格式文件来收集用户对产品与销售服务的反馈意见，使企业及时获得市场需求，发现商机，改善产品质量及服务多方面的信息。

9）客户关系管理

通过用户注册和网络数据库，网站可以方便地得到客户的个人信息；通过一些程序，网站还可以跟踪客户的购物记录，分析了解客户的需求，挖掘出有潜力的客户。电子商务将推动企业加强客户关系管理，切实完善售后服务，从而维持住老客户、挖掘出新客户，最终达到获得客户忠诚和客户创利的目的。

10）企业信息化管理

电子商务可以促进企业信息化管理，如实施办公自动化、人力资源管理、财务管理、企业资源计划及战略管理等，提高了企业的经营效率。

1.2.2 电子商务的特点

电子商务是在传统商务的基础上发展起来的，由于有了信息技术的支撑，电子商务活动的方式呈现出一些新的特点。

1）交易电子化

通过互联网络进行的商务活动，交易双方从搜集信息、贸易洽谈、签订合同、货款支付到电子报关，无须当面接触，均可以通过网络运用电子化手段进行。电子商务实现了无纸贸易，大量减少商务活动（咨询、买卖、财务、统计等）中的纸张的消耗，节省相关费用。

2）贸易全球化

互联网打破了时空界限，扩展了营销半径，把全球市场连接成了一个整体。有利于形成统一的大市场、大流通、大贸易。在网上任何一个企业都可以面向全世界销售自己的产品，可以在全世界寻找合作伙伴，有利于实现生产要素的最佳配置。

3）运作高效化

由于实现了电子数据交换的标准化，商业报文能在瞬间完成传递与计算机自动处理，电子商务克服了传统贸易方式费用高、易出错、处理速度慢等缺点，极大地缩短了交易时间，提高了商务活动的运作效率以及资金的周转速度。互联网沟通了供求信息，企业可以对市场需求做出快速反应，提高产品设计和开发的速度，做到即时生产。

4）交易透明化

互联网上的交易是透明的，极大地减少了信息不对称的现象。通过互联网，买方可以对众多企业的产品进行比较，这使得买方的行为更加理性，对产品选择余地也更大。建立在传统市场分隔基础上依靠信息不对称制订的价格策略将会失去作用。通畅、快捷的信息传输可以保证各种信息之间互相核对,防止伪造单据和贸易欺骗行为。网络招标体现了"公开、公平、竞争、效益"的原则,电子招标系统可以避免招投标过程中的暗箱操作现象,使不正当交易、贿赂投标等腐败现象得以制止。实现电子报关与银行的联网有助于杜绝进出口贸易的假出口、偷漏税和骗退税等行为。

5) 操作方便化

互联网几乎遍及全球的各个角落,用户通过网络可以方便地与贸易伙伴传递商业信息和文件。在电子商务环境中人们不再受时间和地点的限制,客户能以非常简便的方式完成过去手续繁杂的商务活动,有利于消费者"足不出户、货比三家",实现电子订货。如可以随时上网查询信息,通过网络银行全天候划拨资金,足不出户订购商品,跨越国界进行贸易洽谈。

6) 部门协作化

电子商务是协作经济,需要企业内部各部门、生产商、批发商、零售商、银行、配送中心、通信、技术服务等多个部门的通力协作。网络技术的发展使得企业间的合作完全可以如同企业内部各部门间的合作一样紧密,企业无须追求"大而全",而应追求"精而强"。企业应该集中于自己的核心业务,把自己不具备竞争优势的业务外包出去,通过协作来提高竞争力。

7) 服务个性化

到了电子商务阶段,企业可以进行市场细分,针对特定的市场生产不同的产品,为消费者提供个性化服务。这种个性化主要体现在三个方面:个性化的信息、个性化的产品、个性化的服务。这种情况的出现一方面是因为消费者已经产生了个性化的需求,另一方面是因为通过互联网企业可以系统地收集客户的个性化需求信息,并能通过智能系统自动处理这些信息。

1.2.3 电子商务的优势

电子商务给企业带来了新的理念、新的方法、新的工具,还带来了新的机遇,如果企业理解了电子商务的真谛并将其运用到企业的经营管理中,将会有效地提高企业的综合竞争力。

1) 树立企业形象

在现代商战中,良好的企业形象对企业的发展至关重要。在传统商业模式下,要建立一个知名的企业形象或树立一个品牌产品要经过几代人长期的奋斗才能做到,而利用电子商务可以在较短的时间内做到这一点,例如淘宝网仅仅在二三年的时间内就做出名了。企业在互联网上建立自己的网站,通过网络平台把经营理念、产品和服务的优势展现出来,利用网站为公众构建高效的沟通渠道,这将会给公众留下深刻的印象,从而树立企业的良好形象。世界上的任何一家知名企业都有自己的网站,网站是企业的一项无形资产。一个企业没有网站,就说明它的管理水平和通信手段还不上档次。

2) 改变企业的经营理念

随着网络的普及与发展,企业实行信息化管理、开展电子商务将是必然趋势。电子商务作为新的经济运行方式将带来经济社会的巨变,许多新兴行业、新型企业将被催生,随着经济结构调整、产业结构重组也将淘汰一批不适应网络经济要求的企业。不实行电子商务,跟不上时代的潮流,企业只能等死。

经营理念与信息技术是密不可分的,电子商务活动将引导企业转变时空概念。从时间看,电子商务活动没有营业时间的中断,没有8小时工作制和节假日的概念,极大地方便了消费者和合作伙伴；从空间看，商务活动主客体主要通过互联网彼此发生联系，在网络虚拟空间距离为零，企业可以通过虚拟通道进入合作伙伴的办公室和消费者的家中来宣传自己的产品。在电子商务时代，企业将集中于自己的主营业务，而将非主营业务外包出去，通过互联网在全球范围内寻找合作伙伴，实现生产合作。

3) 为企业开拓市场创造了机会

电子商务对我国的中小企业开拓国际市场，利用国内外各种资源提供了一个有利机会。在网络虚拟空间上开拓市场是企业扩张的一个重要途径，使得中小企业也能够在公平的环境下参与国内外市场竞争，它创造了新的营销机会，为企业占领国内外市场提供了一条新的道路。电子商务是一种跨越时空的商务活动，破除了时间和空间等限制市场机会的壁垒，它可以帮助企业进一步细分市场、开拓新产品市场，吸引新的客户。谁先抢占到市场，谁就赢得了发展的空间。

4) 改变企业的竞争方式

在网络经济时代，竞争方式正在发生重大变化，企业拥有的资产、仓库及众多员工不再成为竞争的优势。电子商务意味着小企业和大企业之间竞争的机会均等，速度、质量、成本、服务、信用是企业在竞争中获胜的法宝。现在的竞争是高科技的竞争，是效率和服务等综合实力的竞争，小企业照样可以兼并大企业，电子商务为广大中小企业在高科技的竞争中取胜提供了一个新的机遇。

5) 改变企业的组织形式

电子商务的发展将会导致企业组织形式的变化。传统的企业组织机构的构建是围绕权力中心，设置了不同管理层次的岗位，要求明确上下级关系，明确各个岗位的职责与权力，实行一级管一级，避免越级指挥，很少发生横向联系。在电子商务条件下，信息的传递由单向的"一对多"往双向的"多对多"转换，打破了原有各业务单元之间的界限，管理工作由原来的阶层型变为水平型，促进了不同管理层次不同岗位管理人员的横向联系。企业内部信息管理系统的运用使得企业的中间管理层变得多余，组织机构由原来的"金字塔"结构转向基于信息的扁平结构，这种扁平的组织结构有利于把市场信息、技术信息和生产活动相结合，使企业管理者能够对市场做出快速反应。

6) 改变了企业的经营方式，提高了运营效率

电子商务改变了传统的以产定销经营方式，将市场与生产、生产与消费直接沟通，把满足客户需求作为出发点，按需生产，减少了产品销路不畅和严重积压的问题，提高企业的经济效益。电子商务充分发挥了先进的电子信息技术的优势，利用商务智能来自动处理业务，很多工作无须人工干预，实现了商务活动的信息化和自动化，每天24小时全天候服务，最大限度地缩短了产品生产周期和交货时间。

电子商务促进了供应商、生产企业、配送中心及客户的纵向一体化，有利于形成集中约束的贸易管理体制。内联网的运用提高了信息传递的效率，缩短了产品设计开发、生产和配送的周期。例如企业可以运用企业资源计划、供应链管理、管理信息系统、客户关系管理系统等来协调相关部门的步骤，提高企业的运营效率。企业可以通过网上的情报信息搜集对市场变化做出快速反应；使用电子通信手段与客户联系，缩短了签约时间；通过增值网共享产品规格和图纸，提高了产品设计和开发的速度；根据客户订单进行即时生产、即时销售，缩短了生产周期；采用高效快捷的配送中心提供送货服务，提高了配送效率。

7）提供个性化服务

个性化消费将逐步成为消费的主流,消费者希望以个人心理愿望为基础,购买个性化的产品及服务,甚至要求企业提供个性化的定制服务。传统的工厂化管理方式下生产出来的都是标准化的产品,这些产品无法满足消费者个性化的需求。在电子商务环境下,企业可以通过网络对客户的个性化需求做出有效的反应,为客户提供个性化服务,这将是企业避免同质化恶性竞争的有效途径。

8）减少中间环节

电子商务重新定义了流通模式,使得生产者和消费者的直接交易成为可能,因而可以大幅度减少流通的中间环节,并可以有效地建立和加强同客户、合作伙伴之间的关系。一方面降低了流通费用;另一方面又可以让企业避免产销脱节的问题。

9）提供更有效的售后服务

客户关系管理成为企业营销战略的一个重要组成部分,企业可以利用互联网提供售后服务,在网站上进行产品功能介绍、技术支持、常见问题解答等,软件生产企业还可以进行在线软件升级。对于从事电子商务的企业来说,售后服务不再是额外的负担,而是企业通过客户关系管理来维持老客户、提高市场占有率的一种有效手段。

1.2.4 电子商务的效益

发展电子商务的关键在于提高生产力和核心竞争力。电子商务是一个盈利滞后的领域,电子商务投资追求的是长远发展和盈利预期而不是近期盈利。一方面是目前电子商务发展的外部环境还不够成熟,但当企业等到外部环境成熟后再进入网络市场的话,就会发现市场早就被别人占领了;另一方面是从电子商务的投资到网站取得知名度并获得经济效益需要一定的滞后期。亚马逊（Amazon）销售书籍、激光唱片与录像带的部门已获得了可观的营业利润。在中国,卓越网、当当网上书店都已经实现盈利。一般来说,电子商务的效益集中表现在以下几个方面:

1）抢占市场、扩大销售

电子商务为企业打开国际市场开辟了一条营销的虚拟通道,为企业向世界各地的潜在客户宣传自己的产品与服务提供了新的手段。例如,浙江的服装企业通过电子商务从国外获得大批订单,取得了可观的经济效益。互联网络虚拟空间是一块尚待开垦的宝地,谁先占领了这块宝地,谁就获得了巨大的商机。

2）获得广告收入

任何一个网站都是一个传播媒体,都具有潜在的广告价值,当网站有了一定的知名度后,就可以承接网络广告业务。一些门户网站、信息服务网站的重要收入来源是广告费。

3）减少库存积压、降低成本

企业可以通过互联网在全球市场寻求物美价廉的商品,通过批量订货或网上招标大幅度地降低采购成本,杜绝采购人员拿回扣的现象。电子商务可以减少流通环节,节省促销费用以降低销售成本,可以大幅度地减少营销人员,降低差旅费用。电子商务使企业不是根据经验来确定生产量,而是根据实际需求量进行生产,减少了生产的盲目性,降低了经营风险,从而大大减少商品的库存积压,正确管理存货能降低库存和产品积压的费用。电子商务可以降低企业的组织管理费用,企业可以通过优化整合企业内部资源,按效益最大化原则设置生产经营环节,然后在生产经营活动的各个环节上节约经营成本。

4)收取会员费

企业通过第三方电子商务平台参与电子商务交易,必须注册为网站的会员,每年要交纳一定的会员费,才能享受网站提供的各种服务。比如阿里巴巴网站收取中国供应商、诚信通两种会员费,中国供应商会员费 29 800 元,诚信通的会员费每年 688 元;中国化工网每个会员三年的费用为 6 000 元。收取会员费已成为 B2B 网站最主要的收入来源。

5)竞价排名

企业为了促进产品的销售,都希望在 B2B 网站的信息搜索中将自己的排名靠前,而网站在确保信息准确的基础上,根据会员交费的不同对排名顺序作相应的调整。阿里巴巴的竞价排名是诚信通会员专享的搜索排名服务,当买家在阿里巴巴搜索供应信息时,竞价企业的信息将排在搜索结果的前几位,被买家第一时间找到。中国化工网的化工搜索是建立在全球最大的化工网站(ChemNet.Com)上的化工专业搜索平台,对全球近 20 万个化工及化工相关网站进行搜索,搜录的网页总数达 5 000 万,同时采用搜索竞价排名方式,确定企业排名顺序。很多搜索引擎网站在提供免费搜索查询的同时,竞相推出了收费的竞价排名服务。

6)提供增值服务

一些大型门户网站和 B2B 网站通过增值服务来扩大收入,如提供企业建站服务、产品行情资讯服务、企业认证、在线支付结算、会展、培训等。自从 2000 年,Oracle 发布了全球首款电子商务套件之后,IBM、微软等 IT 巨头也纷纷推出电子商务应用解决方案。电子商务将是中小企业信息化的有效切入点,随着我国 B2B 行业总体趋于平台网络化发展,阿里巴巴推出的集企业电子商务管理及应用于一体的商务软件,已经成为国内 B2B 的第二大盈利模式,开启了 B2B 网站依靠会员服务和软件服务的双赢利模式的阶段。

1.3 电子商务的发展

1.3.1 电子商务的发展历程

在全球经济一体化的带动下,借助于网络信息技术和现代通信技术的快速发展,电子商务也经历了一系列的规模化发展。互联网诞生于 20 世纪 60 年代末,1994 年中国正式接入互联网。中国的电子商务发展历程可以根据其发展形态分为以下几个阶段。

1)20 世纪 90 年代行业电子商务和平台电子商务蓬勃发展

自 20 世纪 90 年代电子商务进入中国后,电子商务经历了爆炸式发展。一时间,网络成为整个社会最热门的话题,大量投资进入电子商务,一个个电子商务企业相继成立,新浪、搜狐、网易相继在纳斯达克证券交易所上市。在股票市场上,网络概念股受到大家的追捧。与此同时,电子商务也迎来了蓬勃发展的契机。中国电子商务最早的发展形态是行业电子商务和平台电子商务,是以行业机构为主体构建的大型电子商务网站,旨在为行业内的企业和部门进行电子化贸易提供信息发布、商品交易、客户交流等活动平台。行业电子商务的代表有中国化工网、中国制造网和中国粮油网等。最早的平台电子商务代表有慧聪网和阿里巴巴等,后来的京东、苏宁易购等也都是平台电子商务的代表。

2) 2000—2008年,农村电子商务、跨境电子商务和O2O电子商务依次兴起

农村电子商务是指借助电子商务手段,为从事涉农领域的生产经营主体提供在网上完成产品或服务销售、购买和电子支付等业务交易过程,从而推动农业生产和销售,提高农产品的知名度和竞争力。中国农资网是中国最早的农村电子商务代表之一,后来出现的惠农网、农村淘宝等推动了农村电子商务的进一步发展。跨境电子商务是指分属不同关境的交易主体,通过电子商务平台达成交易、进行支付结算,并通过跨境物流送达商品、完成交易的电子商务平台和在线交易平台。敦煌网是中国最早的跨境电子商务网站之一,后来的速卖通、天猫国际、京东全球购和网易考拉等也都是跨境电子商务的代表。O2O电子商务是指Online(线上)网店、Offline(线下)消费的结合,商家通过免费开网店将商家信息、商品信息等展现给消费者,消费者在线上进行筛选服务并支付,线下进行消费验证和消费体验。O2O电子商务的代表有大众点评、美团和饿了么。

3) 2009—2015年,社交电子商务席卷而来

社交电子商务是电子商务的一种新的衍生模式。社交电子商务通过社交网站和社交平台等传播途径,通过社交互动、用户自生内容等手段来辅助商品的购买和销售行为。社交电子商务主要基于人际关系网络来快速低成本地获取客流量,是新型电子商务的重要表现形式之一。社交电子商务的代表有微商、拼多多和小红书。

4) 2016—2022年,社区电子商务和直播电子商务遍地开花

社区电子商务一般指社区电子商务,是针对具有社区属性的用户,以乡镇、村或社区为单位进行的网上交易行为,社区电子商务的代表有美团优选、十荟团、多多买菜、叮咚买菜和盒马优选等。直播电子商务是以直播+电子商务的模式进行商品和服务交易的新手段,直播为工具,电子商务为基础,通过直播为电子商务带来流量,从而达到为电子商务销售的目的。直播电子商务的代表有抖音直播、快手直播和淘宝直播等。

【知识拓展1.1】

电子商务企业家的创业故事

1.3.2 电子商务的发展现状

1) 电子商务交易规模

国家统计局电子商务交易平台调查显示,2021年,全国电子商务交易额42.3万亿元,同比增长19.6%。从交易内容看,商品类交易额31.3万亿元,同比增长16.6%;服务类交易额11万亿元,同比增长28.9%。从交易对象看,对单位(B2B+B2G)电子商务交易额24.8万亿元,同比增长18.8%;对消费者(B2C+C2C)电子商务交易额17.5万亿元,同比增长20.6%。从地区看,东部地区电子商务交易额27.4万亿元,同比增长18.2%;中部地区电子商务交易额

7.1万亿元,同比增长22.6%;西部地区电子商务交易额6.5万亿元,同比增长24.2%;东北地区电子商务交易额1.3万亿元,同比增长11.8%。

近年来,电子商务市场加速由消费领域向生产领域扩展、由商品交易向服务交易延伸、由以产品为中心向以用户为中心转变,市场监管体系进一步健全,电子商务市场公平、开放的竞争秩序逐步向好。

2) 企业信息化

企业信息化实质上是将企业的生产过程、物料移动、事务处理、现金流动、客户交互等业务过程数字化,通过各种信息系统网络加工生成新的信息资源,提供给各层次的人们参考,让决策者洞悉、观察各类动态业务中的一切信息,以做出有利于生产要素组合优化的决策,使企业资源合理配置,以使企业能适应瞬息万变的市场经济竞争环境,求得最大的经济效益。因此,一些大中型企业如中国石化、宝钢、联想、海尔等纷纷加入信息化的阵营,建立起各自的企业网站,并且在实现企业内部信息化管理基础上通过信息资源的深入开发和广泛利用,不断提高生产、经营、管理、决策的效率和水平。

目前,多数企业设立了副总经理级的信息主管,设立了专门的信息化领导管理机构,制定了企业信息化总体规划,制定了"十三五"信息化建设投入预算。中央企业信息化投资目的在于逐步实现所有层级和主要业务的全覆盖,系统集成、共享、协同性得到进一步提高,信息化与业务深度融合,应用实效明显提高,基础设施进一步加强,安全保障能力进一步提高,利用信息化手段助推管理方式由粗放型向集约型、精细化转变。

3) 农村电子商务

商务大数据显示,2021年全国农村网络零售额2.05万亿元,同比增长11.3%,增速加快2.4个百分点。全国农产品网络零售额4 221亿元,同比增长2.8%。就淘宝村发展情况来看,2021年,全国28个省(自治区、直辖市)共出现7 023个淘宝村,较上年增加1 598个,增量再创新高,连续第4年增量保持在1 000个以上。在淘宝村经历了10余年的发展且数量已达到较高基数的背景下,淘宝村今后仍然会以较快的速度增长。

农村电子商务是数字乡村建设的重要组成部分,是数字化应用最活跃、最广泛的部分。农村电子商务的高速发展促进了数字乡村的发展。互联网、大数据、区块链、云计算、人工智能等现代信息技术在农业领域得到广泛应用,成为农村数字经济发展的新动能。随着电子商务进农村、"互联网+"农产品出村进城等工程的推进,农村地区网络基础设施建设显著加强,农村电子商务统计体系逐渐完善,县乡村三级物流体系基本搭建,大数据与农业生产进一步融合,农村电子商务将成为数字乡村最大的推动力。

4) 跨境电子商务

中国跨境电子商务这一新业态正持续展现出强劲活力。据海关统计,中国跨境电子商务进出口5年增长近10倍,2021年规模达到1.92万亿元,增长18.6%,市场采购贸易方式出口增长32.1%,外贸综合服务企业超1 500家,海外仓数量超2 000个,建成的保税维修项目130多个。在跨境电子商务进出口结构方面,2021年中国跨境电子商务的进出口结构上,出口占比达到77.46%,进口比例22.54%;在跨境电子商务模式结构方面,2021年中国跨境电子商务的交易模式中跨境电子商务B2B交易占比达77%,跨境电子商务B2C交易占比23%。

中国是跨境电子商务等新业态新模式蓬勃成长的沃土,各类平台和商户充分发挥在线营销、无接触交易、短距离配送等各种优势,助力外贸逆势突围。跨境电子商务未来的发展前景必定是有助于减少经济成本、推动全球贸易便利化,有助于提高中国群众福祉,有助于打造良

5) 移动电子商务

随着移动智能终端的普及,中国移动电子商务用户消费习惯逐渐形成,传统电子商务巨头纷纷布局移动电子商务,众多新型移动电子商务购物平台不断涌现。中国移动电子商务市场交易额呈现持续增长趋势,2021年,中国移动电子商务交易额约为27.5万亿元。

中国互联网络信息中心(CNNIC)在京发布第49次《中国互联网络发展状况统计报告》显示,截至2021年12月,我国网民规模达10.32亿,较2020年12月增长4 296万,互联网普及率达73.0%。同时,我国网民的互联网使用行为呈现新特点:一是人均上网时长保持增长。截至2021年12月,我国网民人均每周上网时长达到28.5 h,较2020年12月提升2.3 h,互联网深度融入人民日常生活。二是上网终端设备使用更加多元化。截至2021年12月,我国网民使用手机上网的比例高达99.7%,手机仍是上网的最主要设备;网民使用台式电脑、笔记本电脑、电视和平板电脑上网的比例分别为35.0%、33.0%、28.1%和27.4%。

1.3.3 电子商务的发展趋势

1) 电子商务营收仍保持增长态势

电子商务服务业属于电子商务生态系统中的重要组成部分,经过近十年的迅猛发展,在物流快递、在线支付和电子认证等服务业发展推动下,电子商务服务业快速发展。2020年以来,受新冠疫情冲击,线下遭遇关店潮,线上服务需求却迅速增长。直播购物、网上支付、无接触配送、上门退货等成为疫情下消费者网购的新常态,商家对于IT解决方案、新型营销服务、专业运营服务、物流服务的需求直线上升,依托电子商务服务领域的科技创新、服务创新和营销创新,新业态新模式不断涌现,无接触式配送服务、跑腿服务、PaaS平台化服务、精准营销服务、主播培训服务、代运营服务等成为生活常态,促进了电子商务服务成本逐渐降低,效率不断提高。

2) 企业与行业信息化快速发展

近年来,在国家大力推进信息化和工业化融合的环境下,我国企业加快信息化建设步伐,电子商务应用需求变得日益强劲。传统零售企业纷纷进军电子商务,不少传统行业领域在开展电子商务应用方面取得了较好成绩。农村信息化取得了可喜的成绩,创新农产品电子商务应用模式,一些村庄围绕自身的资源、市场优势开展特色农产品电子商务应用。其他行业,如快递业、保险业等也都在已有的信息化建设基础之上着力发展电子商务业务。

3) 电子商务服务将助推柔性供应链发展

面对消费者需求变化的不确定性,柔性供应链这一新型供货模式将被广泛运用在电子商务领域,以数字化方式打通供应链上下游,提高产业运行效率,降低交易成本,推动了传统企业的数字化转型,这一现象在制造业领域尤其明显。2020年,工业和信息化部等15部门印发的《关于进一步促进服务型制造发展的指导意见》中明确提出定制化服务,而以需求促进生产的C2M(顾客对工厂)电子商务模式将成为制造业供给侧结构性改革的重要手段之一,并提供新的思路和途径。C2M这种去库存、去中间商、以量定产的新型商业模式,不仅使得各方价值最大化。对于制造型企业而言,C2M模式能够提高传统生产要素的生产率,倒逼企业的生产线、供应链、内部管理制度乃至整个商业模式变革。

4）在线数字服务发展将进入快车道

2020年,在新冠肺炎疫情冲击下,线上交易快速增长,以互联网和现代通信技术为依托的数字服务,如信息传输、计算机和通信服务出现逆势增长,在线教育培训、在线运营服务、在线金融服务、在线认证、互联网医疗等成为电子商务服务行业的热点。数字服务引领的生活类服务成为中国小微企业恢复增长的重要途径,电子商务平台通过一系列创新手段缓解了服务业线下需求不足或不稳定的困境,促进了企业复工复产和兴业兴商。未来在线数字服务将出现快速增加态势,利用新一代技术作为手段为客户直接提供在线服务逐渐普及。

5）共享经济为电子商务生态的构建提供保障

随着中国共享经济的进一步发展,现代电子商务生态的构建也面临着全新的发展机遇。现代共享经济是在信息网络技术发展的基础上逐步发展起来的。共享经济发展模式优势非常明显,既能实现经济精准变革,为消费者提供更多精准化、及时化的商品与服务,同时也可以充分调动资源的开发利用,提高资源的利用效率。共享经济作为电子商务的进一步深化,可以调动供需双方的交易成本,加之去中介化,促进企业间资源共享,优化资源配置,避免市场的恶性竞争。因此,共享经济与电子商务的紧密结合将会是电子商务发展的一个重要趋势。

6）直播电商成为电子商务营销新标配

新冠肺炎疫情发生后,直播电子商务这一全新营销形式发展迅速,逐渐成为企业带货的重要方式,成为电子商务营销的标配。大多数企业都意识到直播不仅可以带动线上销售,同样能为线下门店导流,而且通过直播进一步增加用户黏性,让品牌的文化底蕴更为丰满地呈现在用户面前。阿里研究院相关研究报告显示,约75%的品牌商认为,直播电子商务未来1年仍将持续保持增长态势;68.3%的品牌商表示,因为围绕直播电子商务的服务机构会越来越多,直播电子商务生态会越来越丰富;62.3%的品牌商表示,未来平台会给予更多流量支持;此外,还有57.3%的品牌商表示,未来消费者对直播电子商务会越来越推崇,渐渐会养成直播购物的习惯。

随着直播用户群体越来越成熟,对直播内容的需求也变得更加专业化。"二八原则"(即花20%的力气,实现80%的效果)将难以适用于市场,需求曲线进一步扁平化,垂直细分领域的需求在未来将产生无限潜力。直播电子商务将要进入精细化的深耕阶段,对专业性要求更高,分工将会越来越细化。

练习题

一、判断题

1. 网络商务信息是指通过计算机传输的商务信息,包括文字、数据、表格、图形、影像、声音以及内容能够被人工或计算机察知的符号系统。( )
2. 电子商务的核心是人。( )
3. 电子商务是一种以消费者为导向,强调个性化的营销方式。( )

二、选择题(可多选)

1. 下列关于电子商务与传统商务的描述,正确的是( )。

A. 传统商务受到地域的限制,通常其贸易伙伴是固定的,而电子商务充分利用Internet,其贸易伙伴可以不受地域的限制,选择范围很大

B. 随着计算机网络技术的发展,电子商务将完全取代传统商务

C. 客户服务只能采用传统的服务方式,电子商务在这一方面还无能为力

D. 客户购买的任何产品都只能通过人工送达

2. 电子商务以满足企业、商人和客户的需要为目的,增加(　　),改善服务质量,降低交易费用。

A. 交易时间　　　　　B. 贸易机会　　　　　C. 市场范围　　　　　D. 服务传递速度

3. 电子商务实质上形成了一个(　　)的市场交换场所。

A. 在线实时　　　　　B. 虚拟　　　　　　　C. 全球性　　　　　　D. 网上真实

三、问答题

1. E-Commerce 和 E-Business 的区别有哪些?

2. 试述电子商务活动中三流分离的各种可能性。

2 电子商务运作体系

[学习目标] 理解电子商务运作体系的框架结构;了解参与电子商务活动的实体;掌握电子商务的交易模式;了解各类电子商务企业各职能部门与业务对应关系。

2.1 电子商务的运作体系

电子商务运作体系的框架结构是指实现电子商务从技术到一般服务层所应具备的完整的运作基础。

2.1.1 电子商务技术设施的3个层次

1) 网络层

网络层是指网络基础设施,即所谓的"信息高速公路",是实现电子商务的最底层的硬件基础设施,它包括远程通信网(Telecom)、有线电视网(Cable TV)、无线通信网(Wireless)和互联网(Internet)。这些网络都在不同程度上提供电子商务所需的传输线路。目前这些网络基本上是独立的,研究部门正在研究将这些网络连接在一起。就目前来说,大部分电子商务的运作还是基于互联网。

2) 信息发布与传输层

在网络层提供的信息传输线路上,根据一系列传输协议来发布传输文本、数据、声音、图像、动画、电影等信息。最常用的信息发布所应用的是万维网(WWW)、文件传输协议(FTP)、Gopher、Telnet及News。文件的传输一般有电子邮件、电子数据交换(EDI)、FTP或点对点档案传输等。

3) 一般商业服务层

一般商业服务层是为了交易而提供的通用业务服务,是所有的企业、个人从事贸易活动时都会用到的服务,所以也称为基础设施。它主要包括:安全、电子支付、电子认证、商品目录服务、物流信息等。

2.1.2 电子商务应用的4个支柱

1) 技术标准

技术标准是信息发布、传递的基础,是网络上信息一致性的保证。为了保证商务活动数据或单证能被不同国家、行业贸易伙伴的计算机识别处理,一定要有数据格式的一致约定。电子商务标准体系包括公共标准、网络标准、应用平台标准和应用技术标准。我国电子商务技术应用标准包含了4个方面:EDI标准、商品编码标准(HS)、通信网络标准和其他相关的标准。

2) 公共政策

公共政策是指政府制定的促进电子商务发展的宏观政策,包括互联网络的市场准入管理、内容管理、电信及互联网络收费标准的制定、电子商务的税收政策等。

3) 法律规范

法律维系着商务活动的正常运作,网络活动必须受到法律制约。法律制定的成功与否直接关系到电子商务活动能否顺利开展。电子商务的法律规范涵盖了知识产权保护、电子合同、电子签名、网络犯罪等诸多方面。

4) 网络安全

如何保障电子商务活动的安全,一直是电子商务能否正常开展的核心问题。作为一个安全的电子商务系统,首先必须具有一个安全、可靠的通信网络,以保证交易信息安全、迅速地传递;其次必须保证数据库服务器的绝对安全,防止网络黑客闯入盗取信息及传播计算机病毒。为此制定了一系列安全标准,如安全套接层(SSL)、安全 HTTP 协议、安全电子交易(SET)等,并采用了电子签名和电子认证、防火墙等比较成熟的安全手段。

2.1.3 电子商务系统的基本框架

从宏观层面上看,各个不同企业之间的分工协作以及企业和消费者之间的商品交换构成了整个社会的电子商务活动体系。企业电子商务系统的核心是电子商务应用系统,它的基础是不同的服务平台及软硬件环境,它们构成电子商务应用系统的运行环境。电子商务系统的基本框架由底层到高层可以归纳为图 2-1 所示的形式。

电子商务应用系统					电子商务应用
(网络信息发布、B2B 交易、C2C 交易、网络银行、搜索引擎等)					
电子商务服务平台					商务服务基础环境
安全 (Firewall 等)	电子支付 (SET/SSL 等)	电子认证 (CA)	目录服务 (LDAP 等)	物流信息 (Logistics)	
电子商务应用开发支持平台					软件及开发环境
操作系统 (Windows、Unix、Linux等)	网络通信协议 (TCP/IP、WAP等)	开发语言 (PHP、JAVA、C++等)	对象组件 (JavaBeans、EJB 等)	大数据 (Big Data)	人工智能 (AI)
计算机硬件					硬件环境
(服务器、交换机、不间断电源等)					
网络基础设施					网络环境
(互联网、有线电视网、无线网络)					
社会环境					社会环境
(技术标准、公共政策、法律规范、网络安全)					

图 2-1 电子商务系统的基本框架

2.1.4 企业电子商务系统的基本组成

从微观层面上看,企业电子商务系统包含以下几个方面:电子商务应用系统,电子商务服务平台,电子商务基础平台以及企业内部信息系统。企业电子商务系统的组成部分如图 2-2 所示。

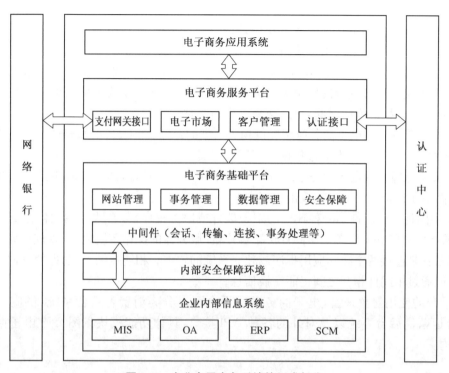

图 2-2 企业电子商务系统的组成部分

1) 电子商务应用系统

电子商务应用系统是电子商务系统的核心,处于整个系统的顶层。它搭建在 Web 服务器上,面向电子商务系统的最终用户。它有两个基本功能:一是接受用户的各种请求,并传递给应用系统;二是将应用系统的处理结果以不同的形式进行表达,并将其提供给不同的用户信息终端。

2) 电子商务服务平台

电子商务服务平台的基本作用是为企业电子商务应用系统提供服务,增强系统的服务功能。它包含以下内容:

(1) 电子市场　在网站上搭建虚拟的电子市场,通过图片和文字介绍向消费者展示企业的产品和服务。如果消费者有购买愿望,那么要提供购货单证和购物车,以方便其结算。

(2) 支付网关接口　支付网关接口是电子商务系统和银行之间的专用接口。当消费者选择银行卡在线支付时,网站应提供支付网关接口,帮助消费者连接到他的发卡行并完成资金的转移。

(3) 客户管理　对客户登记的资料以及购货记录进行整理和跟踪管理,提供有效的售后服务,挖掘出有价值的客户。

(4) 认证接口　为保证在线交易买卖双方身份的真实性,就需要通过认证中心来确认双方的身份。电子商务系统需要与 CA 认证中心建立接口,将企业和交易客户的信息传递给认证中心,由认证中心完成交易双方身份的识别。

3) 电子商务基础平台

电子商务基础平台为企业电子商务应用提供运行环境、管理工具以及中间件,保证电子商务系统具有高扩展性、高可靠性和集中控制能力。电子商务基础平台一般包含以下几部分:

(1) 网站管理 网站管理的基本作用是进行站点维护、系统管理、系统备份,还包括系统状态的监控、系统性能调整、用户访问授权、客户访问历史记录等。

(2) 事务管理 电子商务活动涉及大量的联机事务处理,这要求电子商务系统具备很强的事务处理性能。事务管理的作用包括两个方面:一是保证分布式环境下事务的完整性和一致性;二是缩短系统的响应时间,提高交易过程的实时性。

(3) 数据管理 为电子商务应用提供相关数据的存储、加工、备份和表达。同时为应用程序提供开发接口。数据管理通过数据库管理系统实现。

(4) 安全保障 为电子商务系统提供安全可靠的运行环境,防止或减少系统遭受攻击的可能,提高系统抗拒非法入侵或攻击的能力。

(5) 中间件 中间件是一种独立的系统软件或服务程序,分布式应用软件借助这种软件在不同的技术之间共享资源。中间件位于客户机/服务器的操作系统之上,管理计算机资源和网络通信,它是连接两个独立应用程序或独立系统的软件。相连接的系统,即使它们具有不同的接口,但通过中间件相互之间仍能交换信息。

从平台的使用对象来看,电子商务基础平台可以分为消费者后台系统、供应商后台系统、平台运营商后台系统以及对外的各种 API 接口,具体功能模块见图 2-3 电子商务基础平台架构。

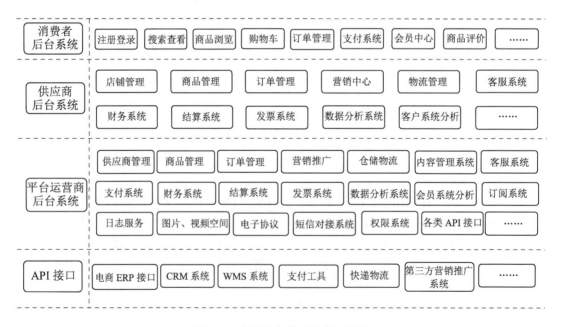

图 2-3 电子商务基础平台架构图

4) 企业内部信息系统

企业电子商务服务平台需要与企业内部信息系统实现对接,将从外部获得的信息及时反馈到企业内部信息系统中。企业可以通过内部信息系统组织企业内部生产和管理。企业内部信息系统主要包括管理信息系统(MIS)、企业资源计划(ERP)、办公自动化(OA)、供应链管理(SCM)等。

2.2 参与电子商务活动的实体

在传统商务活动中,买卖双方是面对面交易,信息流、资金流和物流是在同一时间、同一地点完成的。例如:消费者了解商品信息、询价是信息流,消费者付款给卖方是资金流,卖方将商品交付给消费者便完成了物流。因此传统商务活动"一手交钱,一手交货",把信息流、资金流和物流一次性完成了。

在电子商务交易中,买卖双方是不见面的交易,要实现完整的电子商务还会涉及很多方面,除了企业、消费者外,还要有银行、配送中心、认证机构、政府机构等实体的加入。因此整个电子商务过程并不是物理世界商务活动的翻版,不同的实体在电子商务中发挥着重要的不可或缺的作用。

(1) 企业　企业通过它的网络营销平台向消费者发布信息,展示产品或服务项目,为消费者提供售前(咨询)、售中(洽谈、订单)和售后服务(客户管理、技术支持、退货、维修)。企业的网络营销平台在得到消费者的订单后,还需要迅速将此信息传送到企业内部管理信息系统,以指导企业有关部门组织采购、生产以及仓储,并在信息流的引导下,将货物发往物流配送中心。

(2) 消费者　消费者登录到企业的网络营销平台了解商品信息、进行询价。

(3) 银行　如果消费者想使用银行卡等电子支付手段付款,就需要银行的参与。消费者付款时需要通过他的开户银行(发卡银行)将货款汇给企业的开户银行(收单银行)。

(4) 物流配送中心　企业在收到消费者汇来的货款后,通知物流配送中心将货物配送给消费者。

(5) CA认证中心　企业网站如要采用信息的加密传输,就需要申请CA认证。认证中心是数字证书发放、管理的机构。为了保证信息传输的安全,在信息加密传输时,交换信息的双方需要验证对方的CA证书。

(6) 政府　为了保证企业营销网站的合法性,政府管理部门需要对企业网站进行备案、监管。如果企业从事外贸业务,还需要向政府管理部门申请电子报关。

在电子商务交易过程中,信息流、资金流和物流被分离了,它们通过不同的渠道来协同完成其任务。消费者登录到企业的网络营销平台了解商品信息、进行询价属于双向互动的信息流。消费者付款时需要通过他的开户银行将货款汇给企业的开户银行,这是反向流动的资金流。企业通知物流配送中心将货物配送给消费者,这是正向流动的物流。

2.3 电子商务的交易模式

2.3.1 企业与消费者之间的电子商务模式

企业与消费者之间的电子商务(B2C)是指企业以互联网为主要服务提供手段,实现公众消费和提供服务,并保证与其相关的付款方式的电子化的电子商务运营模式。B2C电子商务模式主要适用于网上商店。B店指在天猫商城、京东商城、苏宁易购等网上商城开的店,有些店的名称上会带有旗舰店、专营店、专卖店的称呼。

B店的申请主体必须是企业,需要提供营业执照、对公银行账号、纳税人识别号。B店商家还需要提供商品的商标认证证书,对其销售的商品都提供正规税务发票并且支持7天无理由退换货服务。

B2C电子商务有3个基本组成部分:为客户提供在线购物场所的网上商店;负责为客户所购商品进行配送的物流配送系统;负责货款结算的电子支付系统。

消费者在不同的网上商店购物其流程可能会略有差异,但大部分网上商店进行网上购物的操作流程是相似的。网上商店前后台业务流程如图2-4所示。

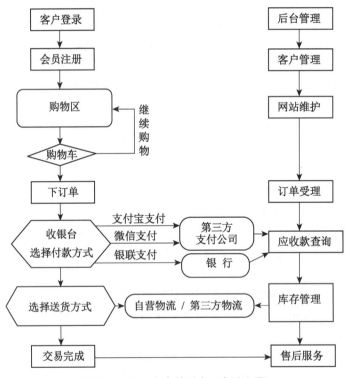

图2-4 网上商店前后台业务流程图

1)网上商店的系统结构

网上商店也称虚拟商店、在线商店,是商家直接面向消费者的场所。网上商店中陈列着琳琅满目的虚拟商品,由精心编制的文字和图片来描述它们所提供的产品和服务,它们均拥有网络数据库,提供在线交易。一旦消费者决定购买则发出订货单,企业据此安排生产、组织送货。

网上商店可以分为两大部分:第一部分是消费者可以接触到的部分——网上商店的前台部分,即客户在网上商店中选择商品,通过购物车核对所购物品的品种数量,下电子订单,进行电子支付,选择付款方式和送货方式等一系列过程。第二部分是网上商店的后台管理部分,包括网站的维护与更新、客户关系管理、订单管理、电子支付平台、库存管理和商品配送系统等。

2)用户注册

网络消费者在第一次访问所选定的网上商店进行购物时,先要在该网上商店注册姓名、地址、电话、E-mail等必要的客户信息,以便获得用户名和密码,然后才能在网上商店进行相关的操作。当新用户注册后,店铺的管理员会及时核实用户的信息,判断是真实的用户还是虚假的用户。

3) 网上单证的类型及作用

网上商店的单证是商家与客户之间交易的凭证,一个设计完美的单证体系既要做到让客户能体会到在本商店网上购物的方便性,也要让网上商店的管理者能够准确处理订单数据。

常见的网上单证有以下几种类型:身份注册类、普通信息交流类、信息发布类、专业商务操作类等。

（1）身份注册类单证的操作,买家在目标网站注册成为用户或会员,用于各网站收集客户信息和确认客户身份。一般各个网站的会员注册窗口就是身份注册类单证。

（2）普通信息交流类网上单证的操作,完成向目标网站发送相关需求、建议或向该网站管理人员咨询问题,用于网站自身或为第三方客户进行需求调查或收集客户反馈信息。

（3）信息发布类单证的操作,完成使用目标网站提供的信息发布服务单证发布信息,往往作为一项服务与网站相应发布空间相联系。

（4）专业商务操作类单证的操作,由网上商店营销人员完成专业商务流程中出现的单证的制单,如发票、发货单、提货单、装箱单等。

4) 购物车的功能

购物车将伴随网络消费者在网上商店进行购物,商店最后按照客户购物车的信息确定客户的订单。根据一般网上商店的单证后台处理的流程,购物车应该具备如下功能:

（1）自动跟踪并记录消费者在网上购物过程中所选择的商品,并在购物车中显示这些商品的清单以及这些商品的一些简要信息,如品名、编号、单价、数量等。购物车显示模块主要采用Cookie技术来实现。Cookie被称为客户端持有数据,这是存储在Web客户端的小文本文件,是Web服务器跟踪在网上购物的客户操作的简便方法。

（2）允许购物者可以随时更新购物车中的商品,包括修改商品的数量或者删除某种已选择的商品等,同时所涉及的相关商品的信息也应该同步被修改。

（3）自动累计客户购物的总金额,并按消费者选择的送货方式和资金结算方式计算相应的服务费用,最后显示该客户本次消费的总金额。

（4）在完成对客户所选购的商品的数据进行校验的基础上,根据客户所购买的商品生成订单,并检查数据的完整性和一致性。

客户在购物车的界面中,在购买的商品左边的小方框里点击一下打钩,然后点击结算,系统会直接转到确认订单信息的界面。这时要填写收货地址,如需要开具发票,还需要提供发票类型信息,如果是企业,还需要提供单位名称、纳税人识别号,还可以给卖家留言。最后提交订单,系统跳转到支付结算界面。

5) 支付结算

一般网上商店常用的支付结算方式有:第三方支付平台(如支付宝、微信)支付、银行卡付款等。淘宝客户如果选择用支付宝付款,货款会暂存在支付宝的系统中,当店主发货,客户收货并在淘宝后台"已买到的宝贝"中"确认收货"后,货款即会转入店主的支付宝账户。

6) 物流配送

在客户提交订单后,管理员会核对客户是否支付了货款,然后安排发货,联系物流快递企业配送。网上销售无形商品与销售实物商品的物流配送有很大的不同。

(1) 无形商品的物流配送　网络本身具有信息传递的功能,又有信息处理的功能,因此无形商品和服务(如信息、计算机软件、视听娱乐产品等)就可以通过网络浏览、下载等形式直接向消费者提供。无形商品和服务的电子商务主要有 4 种:网上订阅模式、付费浏览模式、广告支持模式和网上赠予模式。

(2) 实物商品的物流配送　在互联网上成交的实物商品,其实际产品和劳务的交付仍然要通过物流配送方式,不能够通过电脑的信息载体来实现。卖家需要根据商品的性质选择第三方快递企业,如果是保质期长、耐挤压不怕摔的商品,可以选择"三通一达"(申通、圆通、中通、韵达快递)等收费较低的快递企业送货,但是对于不耐储藏和运输的生鲜农产品,应选择京东快递或顺丰快递来送货。

7) 收货与清算

客户在收到寄来的商品后,应及时验货,如发现问题应及时通过即时通信工具(如阿里旺旺等)与卖家交涉。如果交涉不成功,可以将交涉记录提交给淘宝店小二或人工客服进行投诉。当淘宝店小二或人工客服认为买家的理由充分时,可以立即将货款返回给买家,让其退货,然后淘宝店小二或人工客服再跟卖家交涉。当客户验货完毕后,再次登录网站,进入"已买到的宝贝",选择商品确认付款,并填写评价意见。这时卖家才真正收到货款。

2.3.2　企业与企业之间的电子商务模式

企业与企业之间的电子商务模式(B2B)是指企业使用互联网或专用网络与供应商、客户(企业或公司)之间进行的交易和合作。尽管国内目前在企业对消费者的网上购物方面热热闹闹,从网站的宣传和各种媒体的报道都表现了极大的热情和关注,但大多数的交易还是在企业之间发生的。2021 年全国电子商务交易额 42.3 万亿元,其中,商品类电子商务交易额 31.3 万亿元;服务类电子商务交易额 11 万亿元;合约类电子商务交易额为 1.18 万亿元。因此可以看出企业之间的电子商务有着巨大的需求和旺盛的生命力,是电子商务的主体。

绝大多数企业间的电子商务是通过大型交易平台进行的。企业与企业之间的电子商务模式又可以分成两种类型,即综合式 B2B 和垂直型 B2B。

1) 综合式 B2B

综合式 B2B 网站是指这样一些交易平台:它们为买卖双方创建起一个信息和交易的平台,买者和卖者可以在此分享信息、发布广告、竞拍投标、进行交易。之所以称这些网站为"综合式网站",是因为它们涵盖了不同的行业和领域,服务于不同行业的从业者。综合式 B2B 模式追求的是"全",这一模式能够获得收益的机会很多,而且潜在的用户群落也比较大,所以它能够迅速地获得收益。但是其风险主要体现在用户群是不稳定的,被模仿的风险也很大。国内综合式 B2B 网站有阿里巴巴(china.alibaba.com)和环球资源(www.globalsources.com),图 2-5 为环球资源网站的首页。

2) 垂直型 B2B

垂直网站可以将买方和卖方集合在一个市场中进行交易。之所以称之为"垂直"网站,是因为这些网站的专业性很强,它们将自己定位在一个特定的专业领域内,如 IT、化学、钢铁或农业。垂直网站是将特定产业的上下游厂商聚集一起,让各阶层的厂商都能很容易地找到物料供应商或买主。在美国由三大汽车厂形成的汽车零件交易网便是一种垂直市场,汽车厂不但能很快地找到有足够货源的零件供应商,供应商也可更迅速地将产品销售出去,甚至库存品

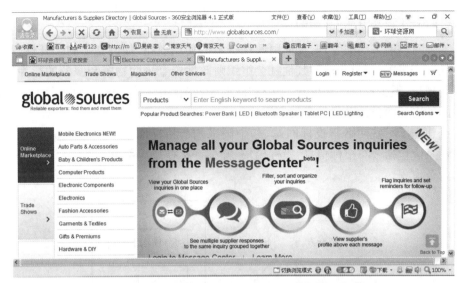

图 2-5　环球资源网站

也可通过拍卖的方式售出。在国内有不少垂直型 B2B 网站，如有料网(www.youliao.com)、中纸网(www.chinapaper.net)、纺织网(www.texnet.com.cn)、上海中昊化工网上交易中心(shpudong050713.11467.com)等。垂直型 B2B 模式追求的是"专"。垂直网站吸引的是针对性较强的客户，这批针对性较强的客户是这些网站最有价值的财富，是真正的潜在商家，这种市场一旦形成，就具有极大的竞争优势。所以垂直网站更有聚集性、定向性，它较喜欢收留团体会员，易于建立起忠实的用户群体，吸引着固定的回头客。结果是垂直网站形成了一个集约化市场，它拥有真正有效的客户。

2.3.3　企业与政府之间的电子商务模式

企业与政府之间的电子商务(B2G)主要包括：政府机构通过互联网进行工程的招投标或政府采购；政府为企业通过网络办理征税、报关、出口退税、商检等业务。这样可以提高政府机构的办事效率，使政府的工作更加透明、廉洁。企业与政府之间的电子商务应用举例如下：

1) 政府网上招标

招标是由采购方或主办单位发出通知，说明准备采购的商品或兴办工程的要求，提出交易条件，邀请卖主或承包人在指定的期限内提出报价。投标是一种严格按照招标方规定的条件，由卖主或承包人在规定的期限内提出报价，争取中标达成协议的一种商务方式。网络招投标是通过互联网完成招标和投标的全过程，它的优点是：

(1) 网络招投标体现了"公开、公平、竞争、效益"的原则。电子招标网络系统的可靠性和安全性可以避免招投标过程中的暗箱操作现象，使不正当交易、招标人虚假招标、私泄标底、投标人串通投标、贿赂投标等腐败现象得以制止。

(2) 网络招投标减轻了招投标过程中的信息发布、信息交换等方面的负担，提高了工作效率，缩短了招投标周期，降低了招投标过程中的成本，节约了资源。

(3) 实行网络招投标可以实现标书审核的电子化,既可以扩大招标范围,获得更大的主动权,又充分体现了"择优录取"的原则。

为了加强对政府采购的管理,提高财政性资金的使用效益,促进交易的公开性,我国一些地方政府的国家机关、事业单位和其他社会组织财政性资金采购物资和服务的行为都受到法律的约束和规范,不少省市已陆续开始实行"政府采购"政策。随着政府对电子商务的重视,企业与政府间的电子商务活动将越来越广泛。

我国已建立了一些网络招投标网站,如中国采购与招标网(www.chinabidding.com)等。网络招投标系统包括公布招标信息、投标模块、开标评标模块等部分。图2-6显示了一个网络招投标的业务流程。

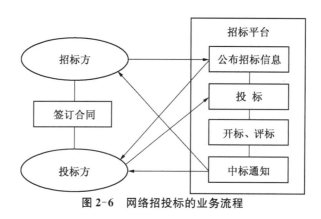

图 2-6 网络招投标的业务流程

2) 电子海关

中国电子口岸运用现代信息技术,将国家各行政管理机关分别管理的进出口业务信息流、资金流、物流电子底账数据集中存放到公共数据中心,在统一、安全、高效的计算机物理平台上实现数据共享和数据交换。每个进出口企业可以在网上直接向海关、检疫、外贸、工商、税务等政府机关申办各种进出口和行政管理手续,从而彻底改变了过去企业为了办理一项进出口业务而往返于各部门的状况,实现了政府对企业的"一站式"服务。

电子海关有如下优点:

(1) 提高海关的管理效率,减轻工作强度,改善通关质量,减少通关时间。

(2) 促进企业进出口贸易,杜绝逃税现象;如果海关和银行能够联网,就可以掌握进出口商品的真实价格和交易额,有效制止用假发票欺骗海关的行为。

(3) 提高行政执法透明度,是政府部门行政执法公平、公正、公开的重要途径。

在我国一些海关(如上海、青岛、南京、杭州、宁波、深圳、拱北、黄埔)已经率先实行了电子报关,凡是有报关权的企业并具有联网条件的,均可向海关进行电子申报。

2.3.4 消费者与消费者之间的电子商务模式

消费者与消费者之间的电子商务(C2C)的特点是消费者借助网络交易平台进行个人交易,实践中较多的是个人C店,如淘宝(www.taobao.com),或进行个人拍卖二手商品的网店,如易趣(www.eachnet.com)、闲鱼 App。

C店指的是在淘宝等平台上开的店,淘宝C店的资质要求很低,只要注册淘宝会员,通过实名认证并且使用个人的身份证进行验证,申请支付宝账号,再开通阿里旺旺,就可以免费拥有一家淘宝个人店铺。C 店进行网上销售的操作流程与 B 店是相似的,可以参照 B2C 部分的业务流程。

但是从事个人拍卖二手商品的网店的业务流程与 C 店则有所不同。网络拍卖的竞价形式有两种,即正向竞价和逆向竞价。其交易方式有两种:竞价拍卖(如易趣、网易)和竞价拍买(如八佰拜,www.800buy.com.cn),有的网站可能同时兼有几种交易方式,其中竞价拍卖为正向竞价模式,而竞价拍买为逆向竞价模式。

在大多数拍卖网站上,未注册的客户只能在网站上浏览物品,不能参与竞标,也不可以提供物品出售。只有注册成为会员后才可以使用网站提供的所有功能与服务。其原因在于注册成为会员代表了买卖双方的基本诚意,增加了出售物品与竞价求购的可信度,防止了一人多户的情况。图 2-7 为易趣的拍卖系统流程。

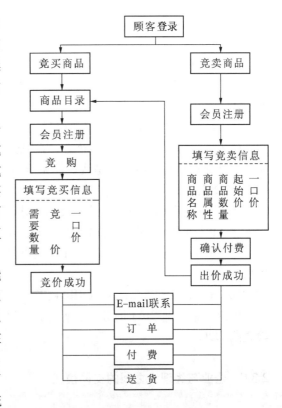

图 2-7 易趣的拍卖系统流程

(1) 拍卖 卖方在网站上发布商品拍卖信息,如拍卖品的名称、商品属性、商品数量、拍卖价、拍卖的期限及拍卖品的图片;拍卖价分为一口价和起始价两种。卖方提供结算和货运方式;在拍卖过程中,卖方可以随时检查投标情况。在拍卖结束后,网站将通知卖方竞价的结果;卖方的联系方式会被转送给中标人以利于双方联系。在收到网站的通知后,卖方应在 3 天内和中标人联系送货事宜并付给拍卖网站手续费。

(2) 竞买 购买者查询感兴趣的拍卖品,选用不同竞价规则出价,当竞买方收到网站的中标通知后,需填写购物单、填入送货信息并实施支付,然后等候收货。

2.3.5 线上与线下融合的交易模式

线上与线下融合的交易模式(Online To Offline,O2O)的特点是将线下商务的机会与互联网结合在一起,让互联网成为线下交易的前台,消费者线上下单、线下体验的一种购物模式。前提条件是企业已经建有实体店(或体验店),如此线下服务就可以用线上来揽客,消费者可以通过线上来挑选产品和服务、交易和在线结算,信息流全都可以在网上进行。消费者通常在线上进行多方面的信息比较,同时也需要在线下体验,由于网络为消费者与企业的互动提供了高效又廉价的手段,线上营销功能得以实现。消费者在实体店体验产品,再返回到网上下单。下单之后又可分为两种情况,一种是企业将订单详情反馈到当地实体店,由实体店负责送货、安装、维护等一系列服务。另一种是由企业直接发货,实体店只负责服务。这种模式的优势在于一方面能够通过互联网提高企业的知名度,最大限度地发挥网络营销效益;另一方面也可以确保售后服务质量,更好地处理消费者、经销商和企业三者之间的关系。

O2O 模式运营的秘诀在于：

① 对企业的门户网站进行再造与有效运营，将其变成企业以产品为中心的信息平台。

② 将信息平台与线下店的产品信息同步化，并对渠道进行优化，提高渠道效率。

③ 围绕企业的信息平台，持续进行精准营销和社会化传播，大幅度提高传播效率，降低营销成本。

④ 未来的目标是随时随地发现目标客户，让客户随时随地可以成交。

O2O 交易就是以消费者为核心，为消费者提供更便利的服务，及时满足消费者的需求，至于客户在哪里成交？线上还是线下都无所谓了。

O2O 模式又可以细分为多种具体类型：

① Online To Offline：是线上交易到线下消费的体验。

② Offline To Online：是线下营销到线上交易。

③ Online To Offline To Online：是线上交易或营销到线下消费体验再到线上消费体验。

④ Offline To Online To Offline：是线下营销到线上交易再到线下消费的体验。

国内首家 O2O 电子商务开创者是拉手网，随后又出现苏宁易购 O2O、大众点评 O2O、保险直购 O2O。

2.3.6 企业与经理人之间的交易模式

企业与经理人之间的电子商务交易模式（Business to Manager，B2M）与 B2B、B2C 电子商务交易模式有着本质的不同，其根本的区别在于企业面对的不是企业，不是最终消费者，而是职业经理人。现阶段已经出现一大批职业经理人，他们不必受雇于某个企业，但这并不妨碍经理人为某个企业提供服务，一个经理人甚至可以为几个企业提供服务。比如说保险业的职业经理，他的手上可能会有好多客户，他可以给 A 客户推销太平洋的财产保险、给 B 客户推销中国人寿的重大疾病保险、给 C 客户推销平安的车险，职业经理人通过为企业提供服务而获取佣金。

在 B2M 模式中，企业通过网络平台发布该企业的产品或者服务，经理人通过企业的网络平台获取这些信息，然后为该企业提供产品销售或者服务，企业通过经理人达到销售产品或者获得服务的目的。

2.3.7 B2B2C 电子商务交易模式

B2B2C 是一种新型电子商务交易模式，来源于目前的 B2B、B2C 模式的演变和完善，把 B2B 交易模式和 B2C 交易模式完美地结合起来，第一个 B 指的是商品或服务的供应商，第二个 B 指的是经销商，C 表示消费者。B2B2C 模式实际上是一个多用户商城 B2B 及 B2C 的集合，在这个电子商城里，商户既可以进行 B2B 交易（批发），也可以进行 B2C 交易。

B2B2C 交易模式把产业链条上的"供应商—经销商—消费者"连接在一起。将生产、分销、终端零售的资源进行全面整合，将企业、个人用户不同需求整合在一起，缩短了销售链。从营销学角度上来说，销售链条中环节越少越好。该模式让商户在 B 端市场充当买方，一转身又在 C 端市场转成卖方的角色，B2B2C 平台把商户直接推送到与消费者面对面的前台，减少了中间环节和成本,让供应商和经销商获得更多的价值;通过 B2B2C 模式的电子商务企业构建自己的物流供应链商城系统,提供统一的服务,从而让消费者受益。

2.3.8 消费者对工厂(或农场)的电子商务模式

C2F 电子商务模式(Customer to Factory,C2F)指消费者按照自己的需求向工厂或农场订购商品的模式,生产企业根据客户的订单需求生产产品,然后将产品配送给消费者。C 指的是消费者,F 指的是工厂或农场,也就是终端消费者直接面对工厂或农场下单进行订购指定的商品。C2F 属于电子商务实践中产生的一种新型电子商务模式,农场通过电商平台发布产品相关信息(农产品品种、规格、质量、产地、预计成熟期等)并进行预售。消费者根据自身需求预订产品,农场根据预售情况组织生产,采收农产品后直接配送给消费者。

C2F 电子商务模式更具个性化,更适合高端化定制产品。C2F 电子商务模式将消费者与工厂或农场通过互联网络直接连接起来,以消费需求为主导,使工厂或农场实现按需生产,降低生产成本,减少中间环节,避免库存积压,重构了供需关系。通过需求端来引导产品的结构调整,使工厂或农场实现按需生产,消除中间环节带来的反馈速度慢以及信息扭曲,减少盲目投资,避免库存积压,让消费者与工厂或农场实现双赢。

2.3.9 新零售模式

新零售模式是指以互联网为依托,以信息技术(大数据、物联网、人工智能等先进技术)为手段,以消费者体验(满足消费者各种各样需求的购物场景)为核心,对商品的生产、流通与销售过程进行升级改造,进而重塑业态结构与生态圈,将线上、线下的人、货、场三要素重构,对线上服务、线下体验以及现代物流进行深度融合的零售新模式。

线上网店的优点是:消费者可以货比三家,仔细询问商品的一切特性,不用跑腿,节省时间。缺点是:线上无法满足用户体验。在买到手之前,消费者看得见但摸不着;快递要耗费一些时间,快递增加成本。

实体店的优点是:消费者可以立马鉴别消费品的真伪、食品的生产日期、衣服的颜色。鞋子的大小、合不合适可以当场试出来,而且想买马上就能拿到。缺点是:实体店有时候没有你想要的商品,或者商品价格要比网上贵一些。此外,实体店运营受时间、空间的约束,无法满足客户随时购物,且实体店运营成本较高,扩展受限。

新零售则是将线上网店和线下实体店结合起来,并通过智能物流进行无缝连接,根据线上订单灵活分配就近实体店发货,降低快递成本,提高快递速度,大幅度提高消费者的体验。线上线下加上现代物流合在一起,才能真正创造出"新零售"。

新零售的典型是上海的盒马鲜生,它成为阿里巴巴对线下超市完全重构的新零售业态。盒马鲜生以线下体验门店为基础,并将其作为线上平台盒马 App 的仓储、分拣及配送中心,通过将线上线下业务完全一体化,来满足周边 3 km 范围内的消费者对生鲜食品采购、餐饮以及生活休闲的需求。消费者可以在体验门店直接采购商品,也可以在 App 上下单,盒马专业配送团队提供最快 30 min 送达的极致配送服务,将产品直接免费送到消费者手中。消费者既能在实体店体验网购的快乐,也能让网购享受实体店的便捷,这才是"新零售"的最大意义。

【知识拓展 2.1】

盒马鲜生的故事

2.4 各类电子商务企业职能部门与业务对应关系

店铺电子商务企业一般是依托第三方平台进行开店，比如在淘宝、京东上开设店铺，一般以中小企业为主，属于 B2C 模式；自营垂直电子商务企业主要自建平台，自主经营，比如叮咚买菜、百果园、网易严选等，也属于 B2C 模式。平台型电子商务企业主要招募商家入驻，为商家从事电子商务提供技术支撑，比如传统电子商务平台淘宝、京东等，移动电子商务平台有赞商城等，属于 B2B 模式。

不管是哪类电子商务企业，其销售的核心公式是：

$$销售额 = 访客数(UV) \times 转化率 \times 客单价$$

其中：

$$转化率 = 下单转化率 \times 支付转化率$$

影响销售额的还有一个重要因素是复购率。企业所有的工作都是围绕如何提升这 4 个因素展开的。因此各种类型电子商务企业需要合理调整业务部门，使之与电子商务的交易流程相匹配，便于开展各项业务。

1) 店铺电子商务企业内部各部门与业务对应关系

为了更好地理解电子商务交易流程与企业各部门的关系，这里以店铺电子商务企业为例，画出下列企业内部职能部门与业务对应关系图，图 2-8 显示了根据电子商务交易流程，店铺电子商务企业需要配置哪些对应的职能部门，职能部门的岗位职责，以及各职能部门绩效考核的重点指标。

企业的组织结构呈扁平型，各职能部门之间属于协同关系，整个运作属于链式流程，每个环节都很重要，每个环节考虑的都是客户满意这个指标，是客户思维具体体现。当下流行的抖音、快手、小红书、拼多多等平台都属于移动电子商务中的社交电子商务，其本质就是电子商务，遵循电子商务销售额的公式，在运营中演变为五大关键行动，即推广获客、成交转化、客户留存、增购复购、分享裂变等，其基本部门与上述基本一致，但具体分工会更细化，运营部门则更需强大些。

2) 自营电子商务企业内部职能部门与业务对应关系

自营电子商务企业需要有独立的技术部门来保障商城的运行稳定性和根据市场需要开发新功能；同时运营部门较为强大，因为他们业务模式的重点在于站外获客，其余部门功能类似，具体如图 2-9 所示。

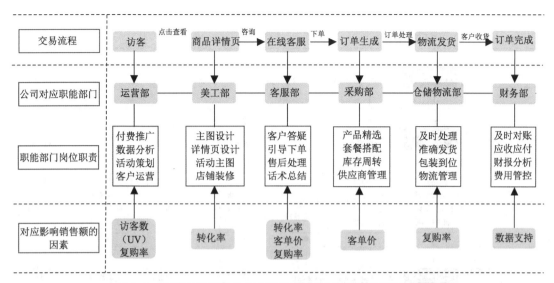

图 2-8 店铺电子商务企业交易流程与公司职能部门对应关系图

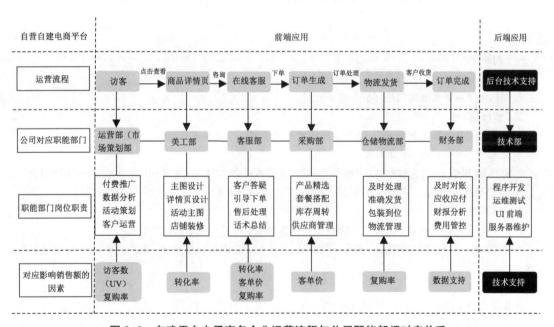

图 2-9 自建平台电子商务企业运营流程与公司职能部门对应关系

3) 平台电子商务企业内部职能部门与业务对应关系

平台电子商务企业与前两者则有所不同,其运营模式是搭建平台,吸引商家入驻,属于技术驱动型,会设有强大的技术部门、招商部门、商家管理部门、运营部门等。运营部门主要职责是站外引流、异业合作、活动策划、广告运营等,属于大运营的概念,其范围远超前两者,比如天猫在百度投放广告、淘宝与小红书做链接、"双11"大促、"618"大促等都属于运营;其主要盈利模式是商家佣金和站内推广费,盈利能力取决于交易规模。平台电子商务企业运营流程与公司各职能部门对应关系如图 2-10 所示。

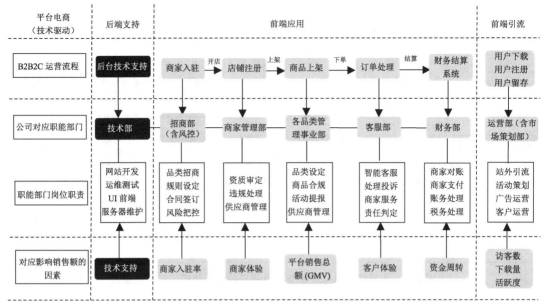

图 2-10 平台电子商务企业运营流程与公司职能部门对应关系

练习题

一、判断题

1. 两个企业通过网络进行交易肯定是 B2B 模式。 （ ）
2. 制约电子商务发展的瓶颈环节是电子支付。 （ ）

二、选择题

1. 一个企业在天猫上开了一个网店，这属于电子商务的（   ）模式。
   A. B2C   B. C2C   C. B2G   D. B2B
2. 网上采购中，（   ）为卖方和买方提供了一个快速寻找机会、快速匹配业务和快速交易的电子商务社区。
   A. 电子交易平台   B. 门户网站   C. ERP 系统   D. SCM 系统

三、问答题

1. 目前有几种电子商务交易模式？哪种模式在整个电子商务市场所占比例最大？
2. 浏览淘宝、京东、拼多多网站，选购一种商品，比较一下它们的价格差异、质量差异、包装与快递服务的区别。

四、操作题

在华夏大学生在线（www.gx1828.com）找一个你感兴趣的版块发帖。既可以自己写一个新帖，也可以转别人的帖，并尝试在发帖中加入图片，如果图片超过 800 KB，请用图形编辑软件（如 Photoshop、iSee）将图片缩小到 800×600 像素以下再上传。

二、技术支持篇

3 电子商务技术基础

[学习目标] 掌握计算机网络基础知识、网络软硬件设施;掌握计算机网络的分类、互联网概念、IP地址与域名系统及移动电子商务技术;了解App、微信小程序、元宇宙等常见的电子商务支持平台;了解与客户的互动支持技术。

以互联网为核心的计算机网络技术是电子商务的技术支撑。在电子商务活动所涉及的计算机网络技术中,包括了网络传输技术、Web开发技术、网络数据库技术、网络安全技术、网络资金支付技术等。Web网站以及智能移动终端是目前人们应用电子商务的一种主要工具,人们进行电子商务活动时,往往要先登录Web网站或利用移动终端。

电子商务发展需要网络平台与网络技术支持,因此开展电子商务就需要对涉及电子商务领域的互联网络技术及无线网络有所了解或掌握。

3.1 网络基础知识

计算机网络是伴随着计算机技术与通信技术的发展而发展的,既是两者有机结合的产物,也是电子商务运作的基础平台,是电子商务有效实施的必要保障。计算机网络的形成过程是从简单地为解决远程计算、信息收集和数据处理的专用联机系统开始的,随着计算机技术和通信技术的发展,又在联机系统的基础上,发展到把多台独立的计算机连接起来,组成以共享资源为目的的计算机网络。这样就进一步扩大了计算机的应用领域,促进了计算机技术、通信技术等在各个领域的飞速发展。

3.1.1 计算机网络的概念与功能

1) 计算机网络的定义

计算机网络是指利用通信设备和线路将分布在不同地理位置的具有独立功能的多台计算机系统互联,遵照网络协议及网络操作系统进行数据通信,实现资源共享和信息传递的系统。

2) 计算机网络的功能

计算机网络技术使计算机的作用范围和其自身的功能有了突破性的发展。计算机网络虽然各种各样,但一般都具有如下功能:

(1) 数据通信　数据通信是计算机网络最基本的功能之一,利用这一功能,分散在不同地理位置的计算机就可以相互传输信息。该功能是计算机网络实现其他功能的基础。

(2) 资源共享　对于用户所在站点的计算机而言,无论是硬件还是软件,性能总是有限的。个人电脑用户,可以通过使用网络中的某一台高性能的计算机来处理自己提交的某个大型复杂的问题,还可以像使用自己的个人电脑一样,使用网上的一台高速打印机打印报表、文档等。更重要的资源是计算机软件和各种各样的数据库。用户可以使用网上的大容量磁盘存储器存放自己采集、加工的信息,特别是可以使用网上已有的软件来解决某个问题,各种各样的数据资源更是取之不尽。随着计算机网络覆盖区域的扩大,信息交流已越来越不受地理位置、时间的限制,使得人类对资源可以互通有无,大大提高了资源的利用率和信息的处理能力。

(3) 信息集中和综合处理　将分散在各地计算机中的数据资料适时集中或分级管理,并经综合处理后形成各种报表,提供给管理者或决策者分析和参考,如自动订票系统、政府部门的计划统计系统、银行财政及各种金融系统、数据的收集和处理系统、地震资料收集与处理系统、地质资料采集与处理系统等。

(4) 分布式处理　对于综合性的大型问题可采用合适的算法,将任务分散到网络中不同的计算机上进行分布式处理。特别是对当前流行的局域网更有意义,可以利用网络技术将微机连成高性能的分布式计算机系统,使它具有解决复杂问题的能力。

(5) 提高系统的可靠性和可用性　当网中的某一处理机发生故障时,可由别的路径传输信息或转到别的系统中代为处理,以保证用户的正常操作,不因局部故障而导致系统的瘫痪。又如某一数据库中的数据因处理机发生故障而消失或遭到破坏时,可从另一台计算机的备份数据库中调出来进行处理,并恢复遭破坏的数据库,从而提高系统的可靠性和可用性。

以上只是列举了一些计算机网络的常用功能,其中资源共享和数据通信是计算机网络最主要的,也是最基本的功能。随着计算机应用的不断发展,计算机网络的功能和提供的服务也将不断地增加。

3.1.2　计算机网络的组成

计算机网络由通信子网和资源子网组成,即计算机网络的二级结构,如图3-1所示。

通信子网包括专门负责通信处理的通信控制处理机、通信线路和其他通信设备,承担着全网的数据传输、转发和通信控制等通信处理工作,但不提供信息资源和计算能力。通信子网主要由通信控制处理机、通信链路及其他设备(如调制解调器等)组成。通信链路是用于传输信息的物理信道以及为达到有效、可靠的传输质量所需的信道设备的总称。通常情况下,通信子网中的链路属于高速线路,所用的信道类型可以是有线信道或无线信道。

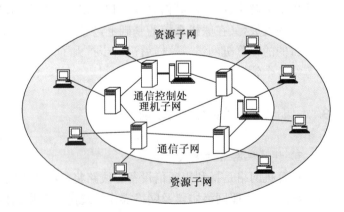

图 3-1　计算机网络的二级结构

资源子网负责全网的数据处理和计算,向用户提供各种网络资源和网络服务,最大限度地共享网络中的各种软、硬件资源。资源子网主要由主机、终端以及相应的 I/O 设备、各种软件资源和数据资源构成。主机(HOST)可以是大型机、中型机、小型机、工作站或微型机,它通过高速通信线路与通信控制处理机相连。主机系统拥有各种终端用户要访问的资源,它负担着数据处理的任务。终端(Terminal)是用户进行网络操作时所使用的末端设备,它是用户访问网络的界面。终端设备的种类很多,如微机、智能手机、平板电脑(PAD)、显示器和键盘,另外还有网络打印机、传真机等。

计算机网络系统主体可分为硬件和软件两大部分。一般而言,计算机网络的硬件可分为5类:网络服务器、网络工作站、网络交换互联设备、防火墙和外部设备;软件分为系统软件和应用软件。

1) 网络服务器

网络服务器是一台可被网络用户访问的计算机,它可为网络用户提供各种资源,并负责管理这些资源,协调网络用户对这些资源的访问。服务器是局域网的核心,网络中可共享的资源大多集中在服务器中,如大容量磁盘、高速打印机、网络数据库等。通过服务器,同域网上的用户可以共享文件、共享数据库、共享外部设备等。

服务器可以是个人计算机,也可以是工作站或小型计算机。由于服务器是为网络上的所有用户服务的,在同一时刻可能有多个用户同时访问服务器,因此充当服务器的计算机应具有较高的性能,即速度快、内存大、硬盘容量大等。

按照提供的服务不同,可把服务器分为 Web 服务器、文件服务器、电子邮件服务器、数据库服务器和视频服务器等。

2) 网络工作站

网络工作站是指能使用户在网络环境上进行工作的计算机。网络工作站通常被称为客户机。在局域网上,一般都是采用微型机作为网络工作站。

网络工作站同一般所说的工程工作站在概念和功能上具有较大的区别。平常所说的工作站,如 SUN 工作站、SGI 工作站等是指专门用于某一项工作的工作站,如用于 CAD 设计、图形设计与创作等,这些工作站一般称为工程工作站。网络工作站则泛指供用户在网络环境下工作的、可为用户操作使用网络服务的所有计算机。

网络工作站的作用就是让用户在网络环境下工作,并运行由网络上文件服务器提供的各种应用软件。在网络中,服务器一般只存放共享数据或文件,而对这些信息或文件的运行和处理则是由工作站来完成的。

3) 网络交换互联设备

网络交换互联设备较多,下面介绍常用的设备。

(1) 网络适配器(NIC) 俗称"网卡",是计算机和网络线缆之间的物理接口。网卡一方面将发送给另一台计算机的数据转变成在网络线缆上传输的信号并发送到线缆上;另一方面又从网络线缆接收信号并把信号转换成在计算机内传输的数据。每一台上网的服务器或工作站上都至少装有一块网卡,才能进行网络通信,实现网络信息存取。

(2) 调制解调器(Modem) 俗称"猫",具有调制和解调功能,基本的原理是通过模拟线路来传送数字信号。前者是将计算机内的数字信号转换成模拟信号(D/A 转换),后者则将模拟信号转换成数字信号(A/D 转换)。狭义的调制解调器是指电话调制解调器,广义的调制解调器包括 ADSL 猫、有线电视猫、电猫、光电转换器等。

(3) 交换机(Switch) 交换机是集线器的升级换代产品。从外观上看,它与集线器基本上没有多大区别,都是带有多个端口的长方形盒状体。交换机是按照通信两端传输信息的需要,用人工或设备自动完成的方法把要传输的信息送到符合要求的相应路由上的技术统称。

交换机拥有一条很高带宽的总线和内部交换矩阵。交换机的所有端口都挂接在这条总线上。控制电路收到数据包以后,处理端口会查找内存中的 MAC 地址(网卡的硬件地址)对照表以确定目的 MAC 的网卡(NIC)挂接在哪个端口上,通过内部交换矩阵直接将数据包迅速传送到目的节点。这样可充分利用带宽,数据传输速率高。这也是交换机为什么会很快取代集线器的重要原因。

(4) 网桥(Bridge)　能对不同类型的局域网实行桥接,实现互相通信,但又能有效地防止各自网内的通信不会流到别的网络。网桥有时也用在同一网络内,可以隔离不同的网段,把不需要越出网段的通信限制在段内,避免网络传输的负担过重。

(5) 路由器(Router)　是一种多端口设备,可用于连接不同传输速度并运行于多种环境的局域网和广域网。网络与网络的连接,都是通过路由器实现的,路由器为通过它的数据包选择合适的路径以到达目的地。

(6) 网关(Gateway)　网关是本地网络的标记,数据从本地网络跨过网关,就代表走出该本地网络。所以,网关也是不同体系结构(不同协议或者不同大小)的网络间的通信设备。它能将局域网分割成若干网段、连接相关的局域网以及将各广域网互联而形成了互联网。

4）防火墙

防火墙指的是一个由软件和硬件设备组合而成,在内部网和外部网之间、专用网与公共网之间的界面上构造的保护屏障。它是一种计算机硬件和软件的结合,使互联网与内联网之间建立起一个安全网关(Security Gateway),从而保护内部网免受非法用户的侵入。防火墙主要由服务访问规则、验证工具、包过滤和应用网关 4 个部分组成。

防火墙的主要功能有以下几个方面:

(1) 强化安全策略。

(2) 能有效地记录互联网上的活动。

(3) 限制暴露用户点。防火墙能够隔开网络中的一个网段与另一个网段,这样,能够防止影响一个网段的问题通过整个网络传播。

(4) 防火墙是一个安全策略的检查点。所有进出的信息都必须通过防火墙,防火墙便成为安全问题的检查点,使可疑的访问被拒绝于门外。

5）外部设备

外部设备属于可被网络用户共享的硬件资源。通常情况下是一些大型的、昂贵的外部设备,如大型激光打印机、绘图设备、大容量存储系统等。

6）计算机网络软件

计算机网络系统是在网络软件的控制下工作的。网络软件是一种在网络环境下运行的控制和管理网络工作的软件系统。一般而言,网络软件是一个软件包,它包括供服务器使用的网络软件和供工作站使用的网络软件两个部分,每一部分都包括几个程序。互相通信的计算机必须遵守共同的协议,因此网络软件必须实现网络协议,并在协议的基础上提供网络功能。

根据网络软件的作用和功能,可把网络软件分为网络系统软件和网络应用软件。

(1) 网络系统软件　网络系统(Network Operating System,NOS)软件是控制和管理网络运行及网络资源使用的网络软件,它为用户提供访问网络和操作网络的人机接口。被广泛使用的网络操作系统包括应用于 PC 服务器端的 Windows、Unix、Linux 和应用于移动端的 Android(安卓)、iOS(苹果)、Harmony(鸿蒙)等。

(2) 网络应用软件　网络应用软件是指能够为网络用户提供各种服务的软件,用于提供或获取网络上的共享资源,如浏览软件、传输软件、远程登录软件等。

3.1.3　计算机网络的分类

计算机网络可以从不同的角度进行分类,可根据网络的覆盖范围、网络的交换功能、网络的拓扑结构、网络的用途以及传输媒体等分类。按网络覆盖的范围分类,实际上是按网络传输的距离进行分类。传输技术随信息传输距离不同而不同。根据覆盖的范围可把网络分成局域网、城域网和广域网。

(1) 局域网(Local Area Network,LAN)　局域网的分布距离一般在数千米以内,其基本特征是属于某一个单位团体所建立与管理,一般是一个机构内部的网络,或是大学校园网。

(2) 城域网(Metropolitan Area Network,MAN)　城域网是介于局域网和广域网之间的一种区域性网络,其分布距离一般在 10～100 km,覆盖一个城市或地区。城域网为多个局域网提供高速的连接途径,实现大量用户间的数据、语音、图像、视频等多种信息的传输,也可作为公共设施运作。

(3) 广域网(Wide Area Network,WAN)　广域网的地理分布距离大,一般在数百千米以上,其通信线路一般由通信部门提供。广域网可以是一个国家或一个洲际网络,规模庞大而复杂,它可以将多个局域网和城域网连接起来,甚至可以把世界各地的局域网连接起来,实现远距离资源共享和低价高速的数据通信。

3.2　互联网简介

互联网(Internet)是全球性的、最具影响力的、分布于世界各地的、基于"全球统一"规则(协议)的计算机互联网络。它既是世界上规模最大的互联网络,也是世界范围内的信息资源库。通过它把一个五彩缤纷的世界展现在世人面前,其已深入政治、经济、科学、技术、文化、卫生乃至人们的现实生活。利用互联网进行市场调查、产品介绍、信息咨询、商务洽谈、合同签订、网上购物、货币支付、售后服务、网络金融活动等已成为人们崇尚的理念。

3.2.1　互联网的组成及主要功能

1) 互联网的组成

互联网是通过分层结构实现的,从上至下可以大致分为物理网、协议、应用软件和信息4 层。

(1) 物理网　物理网是实现互联网通信的基础,它的作用类似于现实生活中的交通网络,像一个巨大的蜘蛛网覆盖着全球,而且不断在延伸和加密。

(2) 协议　在互联网上传输的每个信息至少遵循 3 个协议:传输协议(TCP)、网际协议(IP)和应用程序协议。TCP 负责管理被传送信息的完整性;IP 负责将信息发送到指定的接收机;应用程序协议几乎和应用程序一样多,如电子邮件传输协议(SMTP)、远程登录(Telnet)、文件传输协议(FTP)和超文本传输协议(HTTP)等,每一个应用程序都有自己的协议,它负责将网络传输的信息转换成用户能够识别的信息。

(3) 应用软件　实际应用中,我们是通过一个个具体的应用软件与互联网打交道的,每一个应用软件的使用代表着要获取互联网提供的某种网络服务。例如,通过 QQ 你可以寻找抒发情感的网上朋友;使用浏览器可以访问互联网上的 WWW 服务器,享用图文并茂的网页信息。

(4) 信息　信息是指音讯、消息、通信系统传输和处理的对象,泛指人类社会传播的一切内容。它是网络的主体,互联网能够迅速地发展和膨胀完全依赖它丰富的信息和资源。

2) 互联网的主要功能

互联网的主要功能是资源共享,根据资源共享的不同方式,互联网提供以下几种信息服务:

(1) 万维网服务　万维网(World Wide Web,WWW)是由无数网络站点、网络数据库和网页等在线资源组合成的巨大信息库。万维网技术是一种以图形界面和超文本链接方式来组织网站页面的技术,采用超文本标记语言(Hyper Text Markup Language,HTML)和超文本传输协议(Hyper Text Transfer Protocol,HTTP),直观地向用户展示文本、图像、动画、视频、音频等多媒体,利用超链接将不同网站的网页链接成一张逻辑上的信息网,用户可以方便地基于一个站点网页的链接跳转到另一个站点的网页。

万维网由蒂姆·伯纳斯·李于 1989 年发明,他设计了统一资源标识符(URI)、HTTP 和 HTML,编写了第一个网页浏览器、网站服务器和服务器软件。从此让互联网从只能传输计算机代码、文字、数字及符号的时代进入可以展示文本、图像、动画、视频等多媒体的五彩缤纷的时代。

万维网的特点包括:以 HTML 与 HTTP 为基础,通过浏览器访问,使用统一资源定位系统指定信息位置,采用交互式浏览和查询方式,支持多种媒体、分布式的信息资源。

万维网提供统一资源定位系统让用户通过浏览器访问不同类型的网站信息,无论网站处于哪个国家,无论基于什么操作系统(Windows、Unix、Linux、Android、iOS),无论基于什么 Web 服务器(Apache、IIS、Nginx),网络浏览器都可以访问。

(2) 电子邮件服务　电子邮件是一种用电子手段提供信息交换的通信方式,使用电子邮件作为通信工具,用户可以用非常低廉的价格,以非常快速的方式与世界上任何一个角落的网络用户联系。用户可以登录电子邮件系统收发以电子文件格式编写的信件。

电子邮件的优点是:不受距离和自然条件的限制,信息传递快、效率高,故障率低,通信资费便宜,使用范围广泛,支持多国语言。用户可以向多个收件地址发送同一份邮件;发送电子邮件时可以附加多种格式的文件,可以是图片、声音、视频以及压缩文件等;可以转发收到的电子邮件。

电子邮件的地址格式为:User-name@Domin-name,其中:User-name 表示用户名;@是电子邮件地址所特有的符号(读"At"),表示位于;Domin-name 表示接收电子邮件的主机域名(对方电子邮件服务器的域名)。电子邮件采用存储转发机制,其服务器可以在瞬间将电子邮件发送到收件人的信箱中。简单邮件传送协议(Simple Mail Transfer Protocol,SMTP)用于保证不同操作系统的计算机之间能有效地传送邮件,邮局协议(Post Office Protocol,POP3)允许用户通过计算机访问邮件服务器并取走存放在里面的邮件。

(3) 文件传输服务　文件传输服务采用文件传输协议(File Transfer Protocol,FTP)。所谓文件传输指的是将远程文件复制到本地计算机(下载 Download),或将本地文件复制到远程计算机(上载 Upload)。远程文件一旦复制到本地计算机上,便属于本地文件,与远程系统无关,用户可以对该文件进行读写等操作。

互联网上存在一些匿名的 FTP 服务器,这类服务器用于向公众提供文件拷贝服务。这些匿名 FTP 服务器构成了互联网的巨大信息资源。任何人可以以用户名 Anonymous（匿名）来访问匿名 FTP 服务器。如果是非匿名 FTP 服务器,用户则需要输入用户名、密码、端口号才能访问。在浏览器的地址栏填入 FTP 服务器的统一资源定位器（URL）地址,如：ftp://ftp.shengyuan.com/、ftp://ftp.isi.edu/,按回车键,系统就运用 FTP 协议建立连接,若连接成功,浏览器窗口里就会显示出服务器里的文件目录,用户可以用鼠标的左键点击文件夹进入目录,用鼠标的左键点击文件,选择下载。

（4）远程登录服务　远程登录（Telnet）可以使本地计算机连接到另一个远程计算机上,执行远程计算机上的程序。登录以后的本地计算机就像是远程计算机的终端,可以使用远程计算机允许使用的各项功能。远程登录通常需要一个合法的账户。常见的远程登录方法有安全外壳协议（SSH）、虚拟网络控制台（VNC）、远程桌面协议（RDP）等,常见的远程登录软件（客户端）有远程桌面连接（Mstsc）、XShell、MobaXTerm、Teamviewer、向日葵远程控制等。

3.2.2　IP 地址

互联网中 IP 地址是一个极为重要的概念。为确保互联网上每台主机（能提供互联网服务的计算机）在通信时都能互相识别,每台主机都必须有一个唯一的地址来标识,即用 IP 地址表示该主机在网络上的位置。IP 地址也称为主机网际协议地址,这犹如电话系统中每台接入电话网络的具有标识效用的唯一性电话号码。一般用户在拨号上网时,由互联网服务提供商（ISP）自动随机分配一个 IP 地址,而且每次拨号时 IP 地址都不固定,这就叫作动态 IP 地址。一般大型网站都向他们的域名服务商申请一个固定不变的 IP 地址,称为固定 IP 地址。

1）IPv4 地址

（1）IPv4 地址的组成　IPv4 地址的层次结构组织包含两部分：网络地址与主机地址,前者用以区分在互联网上互联的各个网络；后者用来表示同一网络上的不同计算机（或主机）。IP 地址由 32 位二进制数构成,分为 4 段（4 个字节）,每段 8 位（1 个字节）,可以用小于 256 的十进制数来表示,段间用圆点隔开。

例如,192.168.8.128（二进制数为：11000000.10101000.00001000.10000000）。

IP 地址具有如下两个重要特点：

① 每台主机的 IP 地址在整个互联网中是唯一的。

② 网络地址在互联网范围内统一分配,主机地址则由该网络本地分配,即当一个网络获得一个网络地址后,可以自行对本网络中的每台主机分配主机地址,主机地址只需在本网络中唯一即可。

（2）IPv4 地址的分类　为适应不同规模网络的需要,IPv4 地址通常分为 5 类。其中：A 类以"0"开头,用于有大量主机的超大型网络；B 类以"10"开头,用于有较多主机的大、中型网络；C 类以"110"开头,用于主机数量不多的小型网络；D 类以"1110"开头,用于多目地址的广播传递；E 类以"1111"开头,主要用于研究和试验,不供一般使用。其中,A、B、C 类为基本类,基本类所规定的网络地址与主机地址的空间分别与它们的相应长度相关。表 3-1 给出了基本类 IPv4 地址空间列表。

表 3-1 基本类 IPv4 地址空间列表

类	第一字节	网络号位数	最多网络数	主机号位数	最多主机数	地址范围	子网掩码
A	1～126	7	126	24	16 777 214	1.0.0.0～127.255.255.255	255.0.0.0
B	128～191	14	16 382	16	65 534	128.0.0.0～191.255.255.255	255.255.0.0
C	192～223	21	209 750	8	254	192.0.0.0～223.255.255.255	255.255.255.0

2) IPv6 地址

目前我们使用的 IPv4 核心技术属于美国。它的最大问题是网络地址资源有限,从理论上讲,可以编址 1 600 万个网络、40 亿台主机。但采用 A、B、C 三类编址方式后,可用的网络地址和主机地址的数目大打折扣,以致目前的 IP 地址近乎枯竭,无法再分配。IP 地址的不足,严重地制约了我国及其他国家互联网的应用和发展。

IPv6 是"Internet Protocol Version 6"的缩写,它是 IETF(Internet Engineering Task Force)从 20 世纪 90 年代初开始制定的用于替代现行版本 IPv4 的下一代 IP 协议。

如果说 IPv4 实现的只是人机对话,而 IPv6 则扩展到任意事物之间(物联网)的对话,它不仅可以为人类服务,还将服务于众多硬件设备,如家用电器、传感器、远程照相机、汽车等,它将是无时不在、无处不在地深入社会每个角落的真正的宽带网,而且它所带来的经济效益将非常巨大。

(1) IPv6 地址格式　IPv4 地址是类似 A.B.C.D 的格式,它是 32 位,用"."分成四段,用十进制表示(称之为点分十进制表示法);而 IPv6 地址类似 X:X:X:X:X:X:X:X 的格式,它是 128 位的,用":"分成 8 段,用十六进制表示(冒号十六进制表示法);可见,IPv6 地址空间相对于 IPv4 地址有了极大的扩充。

RFC2373 中详细定义了 IPv6 地址,按照定义,一个完整的 IPv6 地址的表示法为:xxxx:xxxx:xxxx:xxxx:xxxx:xxxx:xxxx:xxxx

例如:2001:0000:1F1F:0000:0000:0100:11A0:ADDF

其中 A、D、F 等字母代表十六进制数字,相当于十进制的 10、13 和 15。

为了简化其表示法,每段中前面的 0 可以省略,连续的 0 可省略为"::",但只能出现一次。

例如:

1080:0:0:0:8:800:200C:417A 可简写为 1080::8:800:200C:417A

类似于 IPv4 中的表示法,IPv6 用前缀来表示网络地址空间,比如:

2001:251:e000::/48 表示前缀为 48 位的地址空间,其后的 80 位可分配给网络中的主机,共有 2 的 80 次方个主机地址。

(2) IPv6 地址作用域　IPv6 地址指定给接口,一个接口可以指定多个地址。

IPv6 地址作用域:

① link local 地址本链路有效。

② site local 地址本区域(站点)内有效,一个 site 通常是个校园网。

③ global 地址全球有效,即可汇聚全球单播地址。

(3) IPv6 地址分类

① unicast 单播(单点传送)地址。

② multicast 组播(多点传送)地址。

③ anycast 任播(任意点传送)地址。

IPv6 没有定义广播地址,其功能由组播地址替代。

3) IPv6 网站访问

(1) 安装 IPv6 协议　打开控制面板,依次进入"网络和 Internet"—"网络连接"—右击"本地连接",在弹出的属性对话框中点击"安装",然后选择"协议",点击"添加",就可以将 IPv6 安装到项目列表中。

(2) 设置 IPv6 地址　打开控制面板,依次进入"网络和 Internet"—"网络连接"—右击"本地连接",在弹出的属性对话框中双击"Internet 协议版本 6(TCP/IP)",在其属性框中选择"手动",输入 IPv6 地址"3FFE:FFFF:7654:FEDA:1245:BA98:3210:4562"。

(3) 测试 IPv6 设置　按"Win+R"打开运行对话框。输入 CMD,在弹出的 MSDOS 窗口中输入"ipconfig"命令来查看本地的所有 IP 地址配置情况。

(4) 配置 ISATAP 隧道　完成后,打开浏览器,输入网址"http://ipv6.jmu.edu.cn/"进行 IPv6 的测试,在页面上将会显示"您当前正在使用 IPv6 访问本站"。

3.2.3　域名系统

域名系统(Domain Name System,DNS)是互联网的一项核心服务,它作为可以将域名和 IP 地址相互映射的一个分布式数据库,能够使人们更方便地访问互联网,而不用去记住能够被机器直接读取的 IP 数字串。

互联网域名系统是一个树形结构,其形式如下:com(企业)、net(网络运行服务机构)、gov(政府机构)、org(非营利性组织)、edu(教育)。域由 InterNic 管理,其注册、运行工作目前由 Network Solution 公司负责。

由于 IP 地址不易记忆,用户使用颇感不便。为此互联网引进了便于记忆的、富有一定含义的字符形地址——域名。在互联网上,域名是用有意义的名字来对应地标识计算机的 IP 地址。

域名在互联网上是不能重复的,为此互联网规定了一套命名机制,称为域名系统(Domain Name System,DNS)。域名和 IP 地址之间存在一对一或多对一的关系,因为一个企业网站只有一个 IP 地址,但是可以有多个域名。对于大多数人而言,只要有了域名,无须知道 IP 地址就可以访问网站。

互联网的域名系统是一种分布型层次式的命名机制。域名由若干子域构成,子域间以圆点相隔,最右边的子域是顶级域名,从右向左层次逐级降低,最左边的子域是主机名。

图 3-2　域名的组成

图 3-2 所示是东南大学 Web 服务器的域名 www.seu.edu.cn,其顶级域名是 cn,表示这台主机在中国域;二级域名 edu 表明该主机属于教育机构;seu 则是东南大学的网名;最左边是 www 表示为 Web 服务。若要登录东南大学校园网的 Web 服务器,用它的域名或 IP 地址均可以,但域名更显得直观、便于记忆。域名无大小写之分。

1) 国际顶级域名

国际顶级域名可分成两大类,一类表示机构类别,如表 3-2 所示;另一类表示国家及行政区,如表3-3所示。需要说明的是 tv、cc、ws、bz 原本是一些国家的顶级域名,但由于这些小国的电子商务水平很低,这些资源不能得到有效利用,而其又能引申出一些含义,如 tv——电视、cc——commercial company 等,一些精明的公司便买断了这些国家的域名经营权,然后在国际上出售这些域名。

2008年6月,国际域名管理机构 ICANN 批准了一项建立无限多顶级域名的提案。按照该提案,企业可以使用如 ibm、ebay 等品牌作为顶级域名,团体则可以使用 news、sports、bank、bet 等作为顶级域名。巴黎市将与巴黎的多家企业签约,联合使用 paris 顶级域名;柏林也将创建 berlin 顶级域名。

表3-2 机构类别的顶级域名

域名	类别	域名	类别
com	商业机构	biz	商业机构
edu	教育机构(美国)	int	国际组织
gov	政府部门(美国)	org	非营利性组织
mil	军事部门(美国)	info	信息服务机构
net	网络服务机构	name	个人网站
coop	合作组织	aero	航空
pro	医生、律师、会计专用	museum	博物馆

表3-3 国家及行政区的顶级域名(部分)

域名	国家或行政区	域名	国家或行政区	域名	国家或行政区
uk	英国	au	澳大利亚	us	美国
ca	加拿大	ch	瑞士	in	印度
cn	中国	hk	香港	fr	法国
de	德国	sg	新加坡	jp	日本
it	意大利	tw	台湾	ru	俄罗斯
mx	墨西哥	mo	澳门	ws	西萨摩亚
tv	图瓦卢	cc	Cocos群岛	bz	伯利兹

2) 中国的二级域名

中国的域名管理机构是中国互联网络信息中心(CNNIC)。中国互联网络的二级域名分为"类别域名"和"行政区域名"两类。"类别域名"有6个,如表3-4所示;"行政区域名"有34个。我国互联网络域名体系中各级域名可以由字母(A—Z,a—z,大小写等价)、数字(0—9)、连接符(-)或汉字组成,各级域名之间用实点(.)连接,中文域名的各级域名之间用实点或中文句号(。)连接。

表 3-4 中国二级域名按类别分类

域 名	类 别	域 名	类 别
ac	科研机构	gov	政府部门
edu	教育机构	org	非营利性组织
com	工、商、金融等企业	net	互联网络服务机构

资料来源：中国互联网络信息中心,www.cnnic.net.cn

中国互联网络按行政区域分配的二级域名设定了 34 个,每个省一个(包括香港、澳门、台湾),如北京 bj,上海 sh,天津 tj,江苏 js 等,但是实际上很少有单位申请该类二级域名。

2003 年 3 月 17 日,国家信息产业部宣布 cn 二级域名已经全面开放注册,即用户在顶级域名 cn 下可以直接申请注册二级域名,如 www.XXXX.cn,其中 XXXX 为用户自行决定的二级域名。

3）中文域名

在 CNNIC 的中文域名系统中,在顶级域名"CN"之外暂设"中国""公司"和"网络"三个中文顶级域名。其中注册"中国"的用户将自动获得"cn"的中文域名。如"龙.cn""龙.中国""中国频道.公司"和"中国频道.网络"等等。中文通用域名的长度限制在 20 个汉字以内,首尾不能有非法字符,如＋、@、& 等,不得含有危害国家及政府的文字,允许使用中文、英文、阿拉伯数字及"-"号等字符;汉字中文通用域名兼容简体与繁体,无须重复注册。中文通用域名具有很鲜明的中国特色,但目前中文通用域名使用率偏低。

4）统一资源定位器

统一资源定位器(Uniform Resource Locator,URL)由三部分组成:协议类型、主机名及路径、文件名。通过 URL 可以指定的资源主要有以下几种:http、ftp、gopher、telnet、file 等。

(1) 协议 指定使用的传输协议,如 HTTP 协议,它也是目前 WWW 中应用最广的协议。

① file 资源是本地计算机上的文件,格式 file://。

② ftp 通过 FTP 访问资源,格式 ftp://。

③ http 通过 HTTP 访问该资源,格式 http://。

④ https 通过安全的 HTTPS 访问该资源,格式 https://。

⑤ mailto 资源为电子邮件地址,通过 SMTP 访问,格式 mailto://。

⑥ flashget 通过支持 Flashget(专用下载链接)协议的 P2P 软件访问该资源(代表软件:快车),格式 Flashget://。

⑦ thunder 通过支持 thunder(专用下载链接)协议的 P2P 软件访问该资源(代表软件:迅雷),格式 thunder://。

⑧ news 通过 NNTP 访问该资源。

(2) 主机名(Hostname) 是指存放资源的服务器的域名系统(DNS)主机名或 IP 地址。

(3) 端口号(Port) 整数,可选,省略时使用方案的默认端口,各种传输协议都有默认的端口号,如 http 的默认端口为 80。如果输入时省略,那么使用默认端口号。有时候出于安全或其他考虑,可以在服务器上对端口进行重定义,即采用非标准端口号,此时,URL 中就不能省略端口号这一项。

(4) 路径(Path) 由零或多个"/"符号隔开的字符串,一般用来表示主机上的一个目录或文件地址。

注意，Windows 主机不区分 URL 大小写，但是 Unix/Linux 主机区分大小写。

3.3 无线网络与移动通信

3.3.1 无线网络

1）无线网络简介

无线网络是指采用无线传输媒体如无线电波、红外线等传输信息的网络。它与有线网络的最大的不同是传输媒介的不同。

无线网络技术涵盖的范围很广，既包括远距离无线连接的全球语音和数据网络，也包括为近距离无线连接的红外、蓝牙及射频（RF）、微波及近距离无线通信（NFC）等一系列技术。通过无线连接方式，可实现手机、笔记本电脑、iPad、个人数字助理（PDA）、智慧卡、机器人、无人机以及各种带有传感或控制器的设备互相连接，交换数据或互操作。

2）无线网络分类

无线网络有多种分类方式，按传输距离将其分为以下两种：

（1）无线局域网　无线局域网（WLAN）是指把分布在数千米范围内的不同物理位置的计算机设备连在一起，实现通信和资源共享的网络系统。传统的计算机组网的传输媒介主要依赖铜缆或光缆，构成有线局域网。但有线网络在某些场合要受到布线的限制，其布线、改线工程量大，网中各节点不可移动。特别是当要把相离较远、地形复杂的节点连接起来时，敷设专用线路时就有施工难度大、费用高、耗时多等缺点。

WLAN 就是为解决有线网络以上问题而出现的。WLAN 利用电磁波发送和接收数据，而无须线缆介质。WLAN 的数据传输速率已达 1 000 Mb/s，传输距离可远至 20 km 以上。它能使用户在本地创建无线连接（例如，在医院、校园或公司大楼里，或在机构、港口、火车站等公共场所）。无线联网方式是对有线联网方式的一种补充和扩展，使网上的计算机具有可移动性，能快速、方便地解决有线方式不易实现的网络联通问题。

（2）无线个域网　无线个域网（WPAN）使人们能为个人操作空间（POS）设备，如手机与各种用于监测生命与体能指标（如心跳、脉搏、血压、血糖、体温、心电与计步等）可穿戴设备等之间建立无线通信。它的特点是距离为 10 m 范围内，实现活动半径小、业务类型丰富、无线无缝连接的无线通信组网，相关设备通常价格便宜、体积小、易操作和功耗低。

WPAN 的主要技术有蓝牙、射频识别（RFID）、紫蜂（ZigBee）、超宽带（UWB）和红外线通信等，用于实现低复杂性、低能耗、交互性强且能与 IEEE 802.11 网络共存与融合。

3）无线网络的应用

无线网络几乎能应用到军事、教育、科学、商务及社会生活的各个领域，具体体现在以下两个方面：

（1）电子商务领域　移动交易、移动交通、即时通信、移动办公、移动金融服务、移动库存管控和物流服务、移动视频业务、移动定位业务、移动银行、移动游戏、移动远程医疗等。

（2）电子政务领域　移动行政事项办理、移动行政执法、移动基层治理、移动投诉查处、移动安全保护等。

【知识拓展 3.1】

无线网络的应用

3.3.2 移动通信技术

所谓移动通信,是指通信双方或至少有一方处于运动中进行信息交换的通信方式。显然,这是一种在人们生活和工作中非常实用的通信方式。例如,固定点与移动体(如汽车、轮船、飞机)之间、移动体与移动体之间、人与活动中的人或人与移动体之间的信息传递,都属于移动通信。

移动通信技术至今已经过了 5 代发展历程,孕育了无线网络。

1) 第一代移动通信技术

第一代移动通信技术(1G)以模拟式"蜂窝"网为主要特征,从 20 世纪 70 年代末 80 年代初开始商用化。代表性的系统有北美的"高级移动电话服务"(Advanced Mobile Phone Service,AMPS)、欧洲的"全通路通信系统"(Total Access Communication System,TACS)两大体系。

2) 第二代移动通信技术

第二代移动通信技术(2G)兴起于 20 世纪 90 年代,它将手机从模拟通信转移到数字通信,是以数字技术为主体的移动商用网络。其中引入了文本加密、短信息服务(SMS)、图片多媒体信息服务(MMS)等数据服务。主要业务是语音,提供数字化的语音及低速数据业务。

3) 第三代移动通信技术

第三代移动通信技术(3G)是能支持语音数据综合和移动多媒体服务的宽带数字移动网络。3G 提供了更高容量、更快速度的数据传输速率,实现了移动电话、互联网、计算机和各种家电的综合。不仅为用户提供传统的语音通信,还能提供移动上网、视频点播、视频电话、远程教学等多种个性化、全球化和多媒体化的通信服务。

4) 第四代移动通信技术

第四代移动通信技术(4G)的概念可称为宽带接入和分布网络,具有非对称的超过 2 Mb/s 的数据传输能力。它包括宽带无线固定接入、宽带无线局域网、移动宽带系统和交互式广播网络。4G 比 3G 具有更多的功能,4G 移动通信可以在不同的固定平台、无线平台和跨越不同的频带的网络中提供无线服务,可以在任何地方用宽带接入互联网(包括卫星通信和平流层通信),能够提供定位定时、数据采集、远程控制等综合功能。

5) 第五代移动通信技术

第五代移动通信技术(5G)是 4G 之后的延伸和发展。国际电信联盟(ITU)定义了 5G

的三大类应用场景：①增强型移动宽带（eMBB），主要面向移动互联网流量爆炸式增长，为移动互联网用户提供更为极致的应用体验；②超高可靠低时延通信（URLLC），主要面向工业控制、远程医疗、自动驾驶等对时延和可靠性具有极高要求的垂直行业应用需求；③海量机器类通信（mMTC），主要面向智慧城市、智能家居、环境监测等以传感和数据采集与互操作、互控制为目标的应用需求。

3.3.3 物联网

1) 物联网简介

物联网（Internet of Things，IoT）指通过传感设备及其他基于物体－物体通信模式的无线自组织网络，将物体与互联网相连接进行信息交换和通信，以实现对物体的智能化感知、智能化识别、跟踪、定位、监控和管理的智能网络。物联网可以通过各种传感器、射频识别技术、卫星定位系统、地理信息系统、激光扫描器等信息传感设备，按相关协议，将各种物体通过有线与无线方式与互联网连接，从而进行通信和信息交换。

2) 物联网的总体架构

物联网在功能架构上可分为感知网络、接入网络、中间件层和应用层4层，如图3-3所示。它表明物联网是以互联网为骨干网，加上各类传感器组成的感知网和接入网，对各类应用提供支持。各层子网的功能如下：

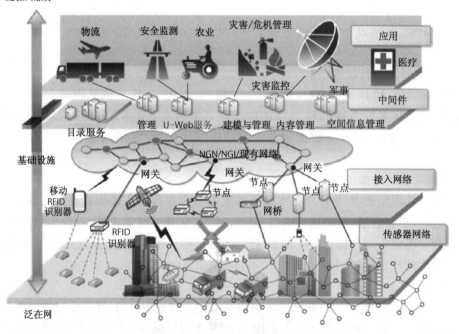

图3-3 物联网4层架构示意图

（1）感知层 感知层是由遍布各种建筑、楼宇、街道、公路桥梁、车辆、地表和管网中的各类传感器、二维条形码、RFID标签和RFID识读器、摄像头、GPS/北斗、M2M设备及各种嵌入式终端等组成的传感器网络。

传感器（Sensor）是一种检测装置，能感受到被测量的信息，并能将感受到的信息按一定规律变换成为电信号或其他所需形式的信息输出,以满足信息的传输、处理、存储、显示、记录和控制等要求。传感器是测量系统中的一种前置部件,它由敏感元器件(感知元件)和转换器件两部分组成,有的半导体敏感元器件可以直接输出电信号。传感器通常与微处理器或经通信部件与远端处理系统互联。

(2) 接入层　接入网络是各类有线与无线节点、固定与移动网关组成的融合体,可通过互联网、广电网、通信网等接入骨干网。感知层的数据由此接入,实现多场景应用的大规模复杂形态的数据传输,这对物联模式的接入容量与服务质量有较高要求。接入网与骨干网的融合体现了感知层、支撑层与应用层的结合,并能适应现有网络和下一代网络(NGN/NGI)的发展。

(3) 中间件层　中间件层的功能是屏蔽异构、数据预处理和互操作,提供跨系统、多应用间的资源共享。

(4) 应用层　应用层在上述3层的支持下将物联网技术与各行业应用相结合,实现多种智能化应用,如物流、安全监测、农业、灾害监测、危机管理、军事、医疗护理等领域。物联网通过应用层支持跨行业、跨领域、跨系统间的信息协同、共享、交互等功能,最终实现与各行业技术的深度融合。

【知识拓展 3.2】

物联网在电子商务领域的应用

3.4　支持平台

3.4.1　Web 信息平台

短信通知广泛应用于企业的会员通知和公司员工通知,比如会员的会员到期通知或者续费通知,公司员工的工资条通知或者公司企业宣传,使用者可以利用网页版群发短信平台,很轻松地完成通知短信发送。

目前市面上有两个发送通知短信的方法,一种是电脑运行程序;另一种是网页版的 PaaS 模式(也就是常说的网页版短信平台)。两种模式,网页版的实用性更强。网页版模式既不用安装软件,也不需要时常更新,非常的便捷。

3.4.2　App

App 就是应用程序(Application)的缩写,指安装在智能手机上的各种应用程序,为用户提供更丰富的使用体验的主要手段。手机应用程序的运行需要与相应的手机系统配套,主要的手机操作系统包括:苹果公司的 iOS、谷歌公司的 Android(安卓)以及华为公司的 Harmony(鸿蒙)。

在中国常用的手机 App 包括微信、钉钉、QQ、今日头条、微博、大众点评、美团、小红书、支付宝、铁路12306、抖音、快手、酷狗音乐、高德地图、百度地图、墨迹天气、豆瓣、携程旅行、交管12123,等等。

在国外常用的手机 App 包括 Facebook,TikTok,Instagram,WhatsApp,Line,YouTube,ZOOM,Snapchat,Uber 等。

3.4.3 微信小程序

微信小程序是一种不需要下载安装即可使用的应用。它实现了应用"触手可及"的梦想,用户扫一扫或者搜一下即可打开应用,也体现了"用完即走"的理念,用户不用关心是否安装太多应用的问题。应用将无处不在,随时可用,但无须安装卸载。对于开发者而言,微信小程序开发门槛相对较低,难度不及 App,能够满足简单的基础应用,适合生活服务类线下商铺以及非刚需低频应用的转换。微信小程序能够实现消息通知、线下扫码、公众号关联等七大功能。其中,通过公众号关联,用户可以实现公众号与微信小程序之间相互跳转。

3.4.4 元宇宙

元宇宙是在虚拟现实(VR)、增强现实(AR)、扩展现实(XR)、人工智能(AI)、5G 通信、区块链技术、云计算、数字孪生等新技术基础上构建的一个与真实世界平行的集体虚拟共享空间。虚拟现实技术是一种可以创建和体验虚拟世界的计算机仿真系统,它利用计算机生成一种模拟环境,是一种多源信息融合的、交互式的三维(3D)动态视景和实体行为的系统仿真。使用者佩戴 3D VR 眼镜,通过无线方式连接到网络终端,采用双手柄控制,就可以虚拟分身的方式进入由计算机模拟、与真实世界平行的虚拟三维空间,并带来前所未有的超强社交体验,所以使用者在元宇宙可以获得与如今用电脑或手机完全不一样的全新体验,可以在虚拟的三维网络空间中邀请朋友和家人聚在一起,学习、工作、购物、旅游、游戏等。元宇宙将是下一代网络平台,从数字孪生,到数字原生,再到虚实相生,在元宇宙中可以实现很多现实世界里没有的东西,会产生新的货币市场、资本市场和商品市场,产生很多新的商业模式。

元宇宙具有如下的特点:

(1) 虚拟身份　使用者可以申请一个或多个元宇宙身份,使用者可以设定在元宇宙中的身份及三维形象。

(2) 虚拟场景　元宇宙中呈现的是由计算机模拟出来的 3D 人文环境。

(3) 沉浸式体验　在元宇宙中使用者通过虚拟现实和增强现实技术可以获得充足的沉浸感,可以看到立体的(3D)、全方位(上下左右前后)的动态场景,让人感觉很真实。

(4) 开放性　元宇宙没有时间与空间的限制,使用者可以在任何地点、任何时间进入元宇宙,进入后可自由参与元宇宙中的互动活动。

3.5 与客户的互动支持技术

3.5.1 即时通信工具

1）阿里旺旺

阿里旺旺是将淘宝旺旺与阿里巴巴贸易通整合在一起的一个新品牌。它是淘宝和阿里巴巴为商人量身定做的免费网上商务沟通软件/聊天工具,可以帮助用户轻松找客户,发布、管理商业信息,及时把握商机,随时洽谈做生意,简洁方便。在淘宝(或天猫)平台上,消费者可以随时点击阿里旺旺"和我联系"的图标,与店家的客服人员发起对话。阿里旺旺具有如下一些功能:

(1) 发送即时消息,就能立刻与对方沟通,了解买卖交易细节。
(2) 即使不在线也不会错过回复消息,一旦上线,就能收到离线消息,确保询问"有问有答"。
(3) 含有免费语音聊天功能和视频聊天功能,但需要外接麦克风和摄像头。
(4) 支持照片及文件传输功能。
(5) 消息记录漫游时间支持1年。阿里旺旺的界面如图3-4所示。

图3-4 阿里旺旺的界面

2）微信

微信（WeChat）是腾讯公司推出的一个为智能终端提供即时通信服务的免费应用程序。微信支持跨通信运营商、跨操作系统平台通过网络快速发送语音、视频、图片、表情和文字，同时，通过单击相应按钮，可以使用"聊天""通讯录""收藏""微信文件""扫一扫""朋友圈""微信公众号""小程序面板"等功能，还具有添加朋友、发起群聊、收付款、钱包、视频通话、发送位置、语音输入、发红包、转账等实用功能。

3.5.2 腾讯会议

腾讯会议是腾讯云旗下的一款音视频会议软件，具有300人在线会议、全平台一键接入、音视频智能降噪、美颜、背景虚化、锁定会议、屏幕水印等功能。该软件通过网络提供实时在线视频会议，共享屏幕，支持在线文档协作。发起人可以提前预订会议，并将预订会议的信息及链接通过微信发送给参会成员；会议的主持人可以管理成员、设置"全体静音"、通过"聊天"系统发送文字信息，创建讨论组、等待室管理，会议主持人还可以录制会议的实况视频。

在腾讯会议中，会议成员可以以语音方式或视频方式发言或做报告，做报告时还可以打开一些文件（Word、PPT甚至电影等短视频）进行展示，并采用共享屏幕的功能分享给所有与会成员，腾讯会议的共享屏幕功能如图3-5所示。

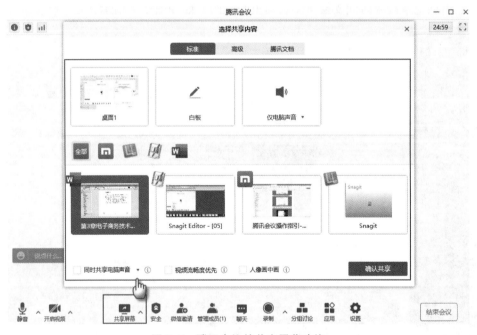

图3-5　腾讯会议的共享屏幕功能

3.6 区块链技术

区块链是基于对等网络（P2P）环境下的一种匿名的分布式账本。它的技术源于比特币，具有去中心化、不可篡改、全程追溯、共识保障、公开透明等特点。2008年，中本聪第一次提出了数据块的概念,在对等网络上利用分布式时间戳和哈希指针,实现了一种所有交易都打包在公开的数据块,并形成链记账的支付系统。

依据区块链现有的技术现状,区块链演进分为三个阶段,第一阶段区块链1.0——比特币;第二阶段区块链2.0——以太坊;第三阶段区块链3.0——超级账本。它运用哈希算法来保证数据的真实有效(不可篡改),运用非对称加密算法来生成公钥与私钥以及数字签名,运用梅克尔树方法通过分叉树快速验证某个数据块,运用智能合约的方法定义承诺协议,一个合约由一组代码(合约的函数)和数据(合约的状态)组成,并且运行在区块链上。中本聪成功打包出第一个数据块——"创世区块",后一个区块的头部都包含前一个区块的加密散列、时间戳和事务数据,这样就形成一个前后数据区块链接的单增的分布式数据库。

3.6.1 区块链的类型

在不同的应用场景中,区块链满足不同的需求,按照去中心化的程度,区块链通常划分为公有链、联盟链和私有链。

1) 公有链

公有链是指向全球开放、任何人都可以下载查看账本,并将自己的数字币进行交易且获得有效确认,也可以自己的算力参与达成共识过程的区块链。这是一种完全去中心化的、公开数据块的分布式的块链技术,任何人都可以随时加入或退出数据块的生成与认证,而不需要通过中心节点注册、认证和授权,因此又称为全网公开、无用户授权机制的区块链。公有链以比特币、以太坊为代表。公有链主要具有以下特点:

(1) 链上所有的数据公开,全世界任何人都可以随时查看整个数据链的所有交易记录。

(2) 支持大规模的网络和数据扩展,所有节点地位平等,任何参与者都可以自由选择是否参与数据验证、挖矿等环节。

(3) 比特币的工作量证明是一个消耗节点算力的过程,所以挖矿过程通常需要耗费巨大的能源。

2) 联盟链

联盟链是一种部分去中心化(又称多中心化)、仅对特定群体公开的分布式数据块链技术,通常由多个实体或组织共同发起建立的区块链系统,链上数据的读写权限受到预定义的一组节点控制,达成的共识需要10个预选节点中的5个来确认,因此这是一种允许授权的节点加入网络,可根据权限查看信息,往往被用于机构间的区块链,被称为联盟链或行业链。最早的具有代表性的联盟链是全球几家大型银行联合建立的R3 CEV区块链联盟。联盟链具有以下特点:

(1) 区块链访问受限,只有经过相应功能的授权的节点才可以访问数据、参与系统的区块的生成工作,而不是公开参与挖矿的方式。

(2) 由于特定的节点范围达成共识,区块的生成不需要耗费巨大的能源。

3) 私有链

私有链是一种完全中心化、交易数据写入区块的权限由一个特定组织中心机构来控制的许可区块链,而读取数据的权限则根据需要有选择性地对外开放。私有链具有以下特点:

(1) 区块的生成不依赖复杂的共识计算,计算敏感度低,维护成本低。

(2) 信任机制为中心机构自行背书,因而不需要激励机制,数据吞吐量大。

3.6.2 区块链技术的层次模型

层次模型不仅为区块链技术的发展指明了方向,而且为理解该技术提供了清晰的脉络。与互联网层次模型类似,区块链的功能模型包括应用层、合约层、激励层、共识层、网络层和数据层,每一层的功能如下:

(1) 应用层　结合区块链的未来发展趋势,通过可编程来实现广泛的各种应用,包括金融领域的广泛应用,例如数字货币、跨境支付,以及社会领域的各种场景应用,包括教育、版权、溯源等。

(2) 合约层　通过封装区块链系统的各类脚本代码、算法形成智能合约,实现在区块链虚拟机之上的商业逻辑,来支撑应用层的金融和社会各类场景的诸多应用。

(3) 激励层　通过设计适度的经济激励机制,吸引大规模的节点参与到区块链共识达成过程中来,实现节点自身利益最大化和区块链系统去中心化的安全和有效性目标相一致。

(4) 共识层　实现了在分布式的环境下高效的区块数据的共识,包括了各类共识算法。

(5) 网络层　包括了区块链系统的组网方式、消息传播协议、数据验证机制,确保区块链系统中任何一个节点可以参与区块数据的记账和验证过程。

(6) 数据层　区块链最底层,记录交易数据,然后应用梅克尔树、散列函数、时间戳、非堆成加密等方法,在满足一定条件的情况下,形成公开、透明的链状结构的数据储存库。

【知识拓展 3.3】

国内区块链技术的典型场景应用

3.6.3 比特币

比特币(Bitcoin)是一种 P2P 类型的虚拟的加密数字货币,诞生于中本聪 2009 年初发布的一个对等网络环境下的电子现金系统,点对点的传输实现了一个全新的去中心化的电子现金支付系统。比特币意味着全新的数字货币发行系统,系统的运行在 P2P 网络之上,具备分布广、扩散强的特点。

与其他的电子货币不同,比特币不依靠特定机构发行,它依据特定算法产生。比特币经济的参与者,他们的交易由比特币网络中众多节点构成的分布式数据库来确认并记录,并使用密码学的设计、通过算力来确保各个环节的安全性。P2P 的去中心化特性与算力可以确保无法通过大量制造比特币来人为操控币值。基于密码学的设计可以使比特币只能被真实的拥有者转移或支付。这同样确保了货币所有权与流通交易的匿名性。

比特币发行总量共 4 200 万个,具有稀缺性,比特币网络通过"挖矿"来生成新的比特币。

所谓"挖矿"实质上是用计算机解决一项复杂的数学问题,来保证比特币网络分布式记账系统的一致性。比特币网络会自动调整数学问题的难度,让整个网络约每 10 min 得到一个合格答案。随后比特币网络会新生成一定量的比特币作为区块奖励,奖励获得答案的人。

比特币运行 10 多年,价格翻了 2 000 万倍,1 枚比特币的价格从 2010 年的 0.003 美元逐步上涨到 2017 年 12 月的 17 300 美元,2015 年 Coinbase 成为美国第一家合规化的比特币交易所,约有 16 万商户接受比特币付款,微软允许用户在网上使用比特币支付应用、在线商店购物、游戏和视频。

2014 年 3 月,中国央行发布《关于进一步加强比特币风险防范工作的通知》,要求各个银行和第三方支付机构关闭境内比特币交易平台的账户,中国央行等七部委发公告称中国禁止虚拟货币交易。

【知识拓展3.4】

比特币的相关概念

练习题

一、判断题

1. 以互联网为核心的计算机网络技术是电子商务的技术支撑。( )
2. 计算机网络按传输介质可划分为 WAN、LAN 和 MAN。( )
3. 在计算机网络中,所有的主机构成了网络的资源子网。( )
4. 网络上的主机名既可以用它的域名来表示,也可以用它的 IP 地址来表示。( )
5. URL 的内容包括协议服务器名称、路径及文件名。( )
6. IP 地址与域名是表示主机的两种符号系统,一个 IP 地址可以对应多个域名,但一个域名只能对应一个 IP 地址。( )
7. 如果说 IPv4 实现的只是人机对话,而 IPv6 则扩展到任意事物之间(物联网)的对话,它不仅可以为人类服务,还将服务于众多硬件设备。( )
8. 用匿名 FTP 登录时,不允许上传文件。( )
9. 防火墙可以限制通过互联网访问内部网,但不能限制通过内部网访问互联网。( )
10. 物联网的关键技术有传感器技术、通信操控技术、接入互联网技术、公共技术、自动识别技术、室内外定位技术等。( )
11. 比特币的拥有者如果忘记自己的私钥,可以申述找回自己的比特币。( )

二、选择题

1. 下列表示广域网的是( )。
   A. WLAN   B. WAN   C. MAN   D. LAN
2. 比特币运行依赖分布式共识算法,通过矿工破解谜题提供( )以及相应的激励实现的。
   A. 工作量证明   B. 挖矿时间   C. 挖矿难度   D. 破解技巧
3. 目前,每个 IPv4 地址由( )个二进制位构成。
   A. 4   B. 8   C. 32   D. 64

4. WWW 是指( )。
A. World Wide Wait　　　　　　　　　　B. Web Wide World
C. World Wide Web　　　　　　　　　　D. World Wade Web

5. www.baidu.com 是互联网上的( )。
A. 域名　　　　B. 邮件地址　　　　C. IP　　　　D. ISP

6. 浏览 Web 网页,应使用的软件是( )。
A. 资源管理器　　　B. 浏览器软件　　　C. 电子邮件　　　D. Office 2000

7. 使用匿名 FTP 服务,用户登录时常常使用( )作为用户名。
A. anonymous　　B. 主机的 IP 地址　　C. 自己的 E-mail 地址　　D. 节点的 IP 地址

8. 以下统一资源定位器的写法完全正确的是( )。
A. http：//www.teach.com\\que\\que.html　　B. http//www.teach.com\\que\\que.html
C. http://www.teach.com/que/que.html　　D. http//www.teach.com/que/que.html

9. EDI 的中文译名为( )。
A. 电子商务　　B. 电子数据交换　　C. 报文数据格式　　D. 电子贸易

10. 区块链的类型有( )。
A. 虚拟货币　　B. 公有链　　C. 联盟链　　D. 私有链

11. 阿里旺旺的功能包括( )。
A. 发送即时消息　　　　　　　　　　B. 支持照片及文件传输功能
C. 不在线就会错过回复消息　　　　　D. 可以视频聊天

12. 有关域名系统的论述正确的有( )。
A. 在目前的 IPv4 中,IP 地址是用 4 个字节的数字来表示互联网上主机的地址
B. IP 地址由网络标识和主机标识两部分组成
C. IP 地址中 A 类网络的权限级别比 B 类网络高
D. 把域名翻译成 IP 地址的软件称为 DNS

13. WWW 的主要特点有( )。
A. 以超文本标注语言与超文本传输协议为基础　　B. 易于使用
C. 采用交互式浏览和查询方式　　　　　　　　　D. 分布式的信息资源

14. 微信的功能有( )。
A. 发起群聊　　B. 视频通话　　C. 语音输入　　D. 转账

三、问答题

1. 什么是计算机网络?其主要功能是什么?
2. 计算机网络中资源子网由哪些部分组成?包含哪些设备?
3. 请简要对比阿里旺旺与微信的主要差别。
4. 元宇宙有哪些特点?
5. 区块链可以划分为几种类型?各自的特点是什么?

四、操作题

1. 打开 https://mp.weixin.qq.com,单击右上角的"立即注册",注册一个订阅号。在订阅号里发表一篇介绍自己学校的文章,并发布到朋友圈中。

2. 用自己的手机打开 WLAN 网络,查找免费 Wi-Fi 热点,并尝试将自己的手机接入 Wi-Fi,享受免费上网服务。

4 电子商务系统开发

[学习目标] 在领会电子商务系统规划与设计的基础上,熟悉与电子商务系统开发相关的前端、后端和安全技术并了解最新的技术进展;掌握电子商务系统部署与管理的基本流程,重点了解云服务器及其部署、Web 服务器部署、域名申请与解析、电子商务安全协议等。

4.1 电子商务系统规划与设计

电子商务系统设计可以分为整体设计、功能与结构设计、艺术性设计等方面。具体而言,就是需要确定系统的结构、栏目的设置、整体风格、颜色搭配、版面布局以及文字图片的呈现方式等。只有在系统开发之前把这些都考虑到了,才能在开发过程中胸有成竹,较好地实现目标,满足用户的需要。

4.1.1 电子商务系统开发流程

由于当前电子商务系统绝大部分都是 B/S 模式,系统一般以网站的形式存在,因此,初次接触电子商务系统开发的学生或爱好者容易陷入一个认识上的误区,把电子商务系统开发理解成网页制作。其实电子商务系统的设计与开发是一个系统工程,需要遵循一定的开发流程,紧密结合电子商务的领域特点和业务逻辑,按部就班地开展工作,这样才能设计、开发出符合要求、令人满意的电子商务系统。

根据软件工程学知识和电子商务系统开发工程实践,本章将电子商务系统的开发流程归纳为电子商务系统规划与设计、电子商务系统开发、电子商务系统部署与管理三个阶段,每个阶段又有一些子阶段,如表 4-1 所示。

表 4-1 电子商务系统开发流程

阶段		主要工作内容与阶段成果
规划与设计	系统规划	电子商务系统策划书或规划报告
	需求分析	电子商务系统建设目标、需求说明书、功能模块图等
	系统设计	电子商务系统设计说明书
系统开发		电子商务系统(网页文件、后台代码、数据库等)
部署与管理	系统发布	域名申请、服务器准备、文件上传与发布
	系统推广与维护	电子商务系统推广、日常管理与维护等

实际的电子商务系统开发流程并不一定严格按照标准流程来进行,不同类型的网站可能

有不同的侧重阶段，比如大型商业网站更注重规划与分析，更强调严格的软件生命周期管理；而个人网站则更侧重开发与部署，一般采用敏捷开发模式。

在标准的软件生命周期中，系统规划、系统分析与系统设计是在系统开发阶段之前完成的工作，对于电子商务系统开发，这些工作也是不可或缺的，分别对应的是电子商务系统规划、需求分析和设计。在系统规划阶段要对系统的可行性、经济与社会效益等进行分析与预测，撰写系统策划书或者系统建设规划。在需求分析阶段对系统的业务需求进行全面系统的分析，确定系统的建设目标和主要功能需求，该阶段完成后将产生系统建设目标、需求说明书和功能模块图等文档。

电子商务型和信息管理型系统的设计阶段非常重要，这类系统其实就是一个 Web 应用系统，应该严格按照系统设计与开发的步骤去完成，一般包括总体设计、数据库设计、业务逻辑设计、界面设计等环节，有兴趣的同学请参阅有关电子商务系统设计与开发方面的书籍。网络营销型商务系统的设计阶段更多是强调界面的设计，包括布局、色彩、Logo 等方面。本环节最终需要提交系统设计说明书。

有了系统设计说明书，就可以着手搜集与系统开发有关的资料与素材了，有些素材可以通过网络或其他途径收集，有些素材需要自己动手设计与制作。有了资料和素材的准备，方可进行网页的制作与网站的开发工作，这是一个复杂而细致的过程，需要多动手才能积累经验。

系统开发完成，你的页面还只能自己欣赏，如何让全世界的人都可以通过浏览器看到你的系统界面呢？这就需要将系统部署到服务器上，只有将页面文件发布到 Web 服务器上，才能够让远程用户访问。在实际操作中，系统部署需要经过域名申请、服务器准备和文件上传与发布三个步骤。

系统发布后，更需要经常的维护与更新，保持内容的新鲜。只有不断补充新的内容，才能吸引浏览者，而有计划有步骤地进行系统推广也是网站获得有效访问的重要手段。

4.1.2 电子商务系统整体设计与功能结构设计

电子商务系统整体设计阶段需要解决的事项包括：提出系统架构建议、选择技术组合、决定项目建设方式（外包还是自建等）等。目前常见的电子商务系统（网站）一般采用前后端分离的技术架构，前端一般采用 H5＋CSS＋JS 技术构建跨屏应用，后端一般采用 JAVA、Python 等构建 API 接口来连接数据库和前端并实现相关功能逻辑。

如果决定采用项目外包，合作伙伴（如软硬件服务提供商）和合作方式的选择是需要重点考虑的内容。一般中小企业采用在公有云购买云服务器，然后将电子商务系统的建设和维护委托给专业公司来进行；而大企业则可以考虑价格较高的私有云方式，然后选择自己设计并维护电子商务系统。

电子商务系统功能与结构设计的主要工作是绘制电子商务系统的功能结构图以及系统（网站）的主要信息内容与导航的策划。图 4-1 所示是某网络营销型电子商务系统（网站）的功能结构图。

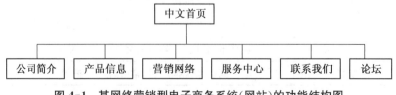

图 4-1　某网络营销型电子商务系统（网站）的功能结构图

4.1.3 电子商务系统艺术性设计与布局设计

1) 艺术性设计

让电子商务系统有一个统一的风格与形象是很重要的。要做出美观、形象统一的网站,有意识地让网站的风格、色彩、字体、排版等保持一致是非常重要的一环,商务网站还需要考虑网站的视觉设计与企业形象识别系统(CIS)的统一。

2) 布局设计

如前所述,电子商务系统大部分以网站的形式存在,网页的布局设计工作是保证电子商务系统具有统一形象的重要环节。不同类型网页的基本构成元素是不同的。一般网页的构成包括导航栏、网站标志、网站 Banner、主要内容区及页脚版权信息等,如图4-2所示。

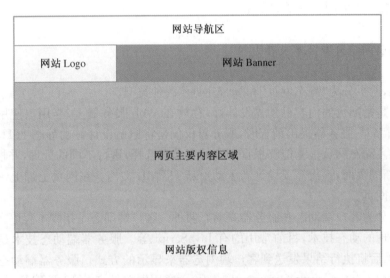

图 4-2 电子商务系统(网站)整体布局示意图

(1) 导航栏的设计一般从网站总体角度来进行,是整个系统设计中比较独立的部分。一般来说,导航在各页面中出现的位置是比较固定的,而且风格也较为一致。导航栏的位置一般有 4 种:左侧、右侧、顶部和底部。有时候在同一个页面中运用了多种导航,比如在顶部设置了主菜单,在页面左侧设置了折叠菜单,同时又在页面底部设置了多种链接,这样可以增强网站的可访问性。导航的另一个功能是用于表示当前网页在网站中的位置。

(2) 网站标志是一个站点的象征,又称为站点 Logo。一个好的站点标志,跟企业商标一样,可以更好地树立站点形象。网站标志一般放在网站的左上角,访问者一眼就能看到它。其尺寸通常有 3 种:88×31 像素、120×60 像素、120×90 像素。

(3) Banner 是横幅广告,可以位于网页顶部、中部或者底部,一般横向贯穿整个或者大半个页面。常见的尺寸是 480×60 像素或 233×30 像素,一般是使用 GIF、JPG 格式的图像文件,也可以是 Flash 动画。

(4) 页脚是放置网站版权信息的地方,也可以用于呈现联系方式或其他栏目。

(5) 内容区域可以采用传统的两栏("厂"字形布局)、三栏模式("国"字形布局),也可以采用当前流行的兼容触屏的单栏模式。

4.2 电子商务系统开发技术

随着软件技术的创新发展,电子商务系统开发技术也在不断地发展,从最初的 ASP(Active Server Pages,动态服务器页面)、JSP(Java Server Pages,JAVA 服务器页面)、PHP(Hypertext Preprocessor,超文本预处理器),到后来.NET、J2EE(JAVA2 平台企业版)等遵循三层结构或 MVC 模式的开发框架,再到当前的前后端分离的技术架构。目前,前端一般采用 H5+CSS+JS 技术构建跨屏应用,除了 PC 端的网站,更强调 iPad、移动端 App 和各类小程序的开发;后端一般采用 JAVA、Python、PHP 等构建 API(Application Programming Interface,应用程序编程接口),同时分布式数据库、K-V 数据库和数据中台技术正在逐步取代传统的关系型数据库;安全技术方面,传统的数字签名和数字认证技术成为基本技术,https 成为标配,OAuth2 认证技术成为用户认证的主流。

4.2.1 电子商务系统开发技术发展历程

一般来说,网页分为"静态网页"和"动态网页"两种类型。

静态网页是指网页的内容已预先设计好,存放在 Web 服务器上,当用户使用浏览器通过 HTTP 协议向 Web 服务器提出请求时,服务器仅仅是将原已设计好的静态 HTML 文档传送给用户浏览器。动态网页是指能够根据用户的要求和选择,进行不同的处理,并根据处理的结果,自动生成新的页面,不再需要设计者手动更新 HTML 文档。在网页上加上一些动画和视频并不是动态网页。

动态网页分为客户端动态和服务器端动态两种。客户端动态是指脚本程序在客户浏览器解释执行而实现的动态技术,目前常用的有 JavaScript 等。服务器端动态技术是指在服务器上解释执行,然后将执行结果发送到客户端浏览器来显示的方式。服务器端动态技术更加多样,最初是通过 CGI(Common Gateway Interface,通用网关接口)和 DHTML(Pynamic HTML,动态 HTML)等方式来实现,然后出现了在 HTML 代码中嵌入动态代码并在服务器端的容器中执行的方式。曾经流行的 ASP、JSP 和 PHP 以及随后崛起的 Node.js 等均属于这类技术。由于代码嵌入方式无法完成企业级的应用开发和集成开发的要求,以.NET(asp.net、c#)和 J2EE(Struts、Spring 框架)为代表的 Web 应用开发平台成为第二阶段的主流技术,类似的有 Python 的 Django 框架和 PHP 的一些框架。同一时期,还出现了分操作系统(安卓、iOS、黑莓等)的移动 App 开发技术和工具。

随着移动端应用的崛起,跨屏跨操作系统的前后端分离技术成为电子商务系统开发的主流,以 VUE 框架为代表的前端脚手架风靡一时,最常用的前端开发工具也从 Dreamwear 变为了 HBuilder,而后端的 API 接口目前一般采用 JAVA、Go、PHP、Python 等语言来开发,出现了诸如 JAVA 微服务架构、Python 的 Fastapi 框架等开发工具。

服务器端动态技术一般还需要用到数据库技术,常见的 Web 应用开发使用的数据库包括 MySQL、SQLServer、MongoDB 等。而对于系统集成,一般 XML(Extensible Markup Language,可扩展标记语言)和 JSON(JavaScript Object Notation,JavaScript 对象表示法)技术是系统间通信标准的首选。各种技术的发展历程如表 4-2 所示。

表 4-2　电子商务系统开发技术发展历程

项目	第一阶段		第二阶段		第三阶段（当前）	
	技术	工具	技术	工具	技术	工具
前端	HTML，Flash动画	Dreamwear，Firework，Flash	HTML，CSS，Node.js，App开发	Dreamwear，PS，AppMakr，MobileRoadie，DevmyApp	H5，CSS3，JS，VUE框架	HBuilder，PS
后端	ASP，JSP，PHP	VisualStudio，Zend Studio	.NET，J2EE（Struts/Spring），Django	VisualStudio，XCODE，MyEclips	API接口，JAVA微服务，FastAPI	VSCode，IDEA，PyCharm
数据库与数据传输	Oracle，Access，XML	OfficeAccess，OralceDatabaseClient	SQLServer，MySQL，MongoDB，XML，JSON	SQLServer Management，MongoDBCompass，Sqlyog	MongoDB，MySQL，Redis，ES JSON	Navicat，Postman，DataGrip，Another RedisDesktopManager
服务器与安全	SSL，SET	IIS6，Tomcat，PGP	SSL，RESTful	IIS8，Tomcat，JBoss，Apache	SSL，OAuth2，RESTful，Redirect	Nginx，Apache，DigiCert

对应于各种开发技术，都有一些常用的开发工具，例如：前端最常用的是 HBuilder，图片处理软件最常用的是 Photoshop，后端一般根据采用的技术而使用 VSCode、IDEA、PyCharm 等，数据库客户端一般使用 Navicat，API 接口调测一般使用 Postman。开发电子商务系统（网站）要根据实际情况选用不同的技术和开发工具。

4.2.2　前端开发技术

Web 前端开发者需要用到 HTML、CSS 和 JavaScript 3 种语言，因为一个 H5 网页的组成离不开这三样东西。其中 HTML 定义网页的内容，控制着一个网页的框架结构；CSS 规定网页的布局，控制着网页的样式；JavaScript 对网页行为进行编程，控制着网页的交互逻辑。随着前端技术的发展，上述 3 种技术也有许多变化，如 Vue 框架通过 <template>、<script>、<style lang='scss'> 标签将三者合并到一个.vue 文档中，而微信小程序的一个页面则包含同名的.js、.wxml（类似 HTML）、.wxss（类似 CSS）、.json 4 个文件。

1) HTML

HTML 是超文本标记语言（Hyper Text Markup Language）的缩写，HTML 文件（即网页的源文件）是一个放置了标记的纯文本（ASCII 码）文件，通常的扩展名为.html 或.htm。自 1990 年以来，HTML 就一直被用作 Web 的信息表示语言，用于描述网页的格式设计和它与 Web 上其他网页的连接信息。一个 HTML 文档是由一系列的元素和标签组成，在 HTML 中每个用来作标签的符号都是一条命令，它告诉浏览器如何显示文本。这些标签均由"<"和">"符号以及一个字符串组成，不区分大小写。使用 HTML 语言描述的文件，需要通过 Web

浏览器显示出效果。而浏览器的功能是对这些标记进行解释，显示出文字、图像、动画和播放声音。

HTML5 是 HTML 语言的最新版本，由 W3C(World Wide Web Consortium，万维网联盟)与 WHATWG(万维网超文本应用技术工作组)合作开发，目标是成为 HTML、XHTML(Extensible Hyper Text Markup Language，可扩展的超文本标记语言)以及 HTML DOM(Document Object Model，文档对象模型)的新标准，减少对外部插件的需求(比如 Flash)，大部分现代浏览器(如 Safari、Chrome、Firefox、Opera、Edge 等)已经具备了某些 HTML5 新特性的支持，如用于绘画的 canvas 元素、新的特殊内容元素 nav。广义论及 HTML5 时，实际指的是包括 HTML、CSS 和 JavaScript 在内的一套技术组合。用 HTML5 搭建的站点与应用可以兼容 PC 端(电脑端)与移动端、Windows 与 Linux、安卓与 iOS(苹果公司开发的移动操作系统)，它可以轻易地移植到各种不同的开放平台、应用平台上。

下面是一个最基本的 HTML 文档的代码：

```
<HTML>                                              开始标签
  <HEAD>                                            头标签
    <TITLE>电子商务概论</TITLE>                      定义标题
  </HEAD>                                           头标签结束
  <BODY>                                            体标签开始
    <div>欢迎访问本网站</div>                        插入块元素和文字
    <img src = "./images/smile.jpg">                插入图片
    <p>想查看本书教案，
    <a href="http://www.docin.com/p-12184177.html">点击这里</a>
                                                    插入超链接
    </p>
  </BODY>                                           体标签结束
</HTML>                                             结尾标签
```

2) CSS

CSS 是英文 Cascading Style Sheets 的缩写，是一种样式表语言，用于控制网页的样式和布局，一般译为级联样式表或层叠样式表，是能够实现网页表现与内容分离的一种样式设计语言，有较强的易读性。相对于传统 HTML，CSS 能够对网页中对象的位置排版进行像素级的精确控制，拥有对网页对象和模型样式编辑的能力，并能够进行初步交互设计，是目前基于文本展示最优秀的表现设计语言。

CSS 通过盒子模型对网页上的块元素(如 DIV)进行布局，有浮动布局和定位布局两种方式，与传统中通过表格(Table)布局定位的方式不同，它可以实现网页页面内容与表现相分离。

CSS 是开放网络的核心语言之一，由 W3C 规范实现跨浏览器的标准化，样式可以通过定义保存在外部.css 文件中，同时控制多个网页的布局，这意味着开发者不必经历在所有网页上编辑布局的麻烦，节省了大量的工作。

CSS3 是最新的 CSS 标准，由 W3C 对其规范进行开发，CSS3 被划分为可以独立更新的多个模块，其中最重要的 CSS3 模块包括选择器、框模型、背景和边框、文本效果、2D/3D 转换、动画、多列布局、用户界面等。CSS3 完全向后兼容,可以理解为 CSS3 与 CSS2 相比只是多了一些样式而已,如圆角(border-radius 属性)、边框阴影(box-shadow 属性)。CSS3 完全向后兼容,最新的浏览器已经实现了相当多的 CSS3 属性,浏览器如果不兼容 CSS3 的话,就会以传统 CSS 样式的方式显示。

任何一种文本编辑工具都可用来编写 CSS,如 Windows 下的写字本、记事本;或其他专门用于编辑网页文本的工具,如 IntelliJ IDEA、Eclipse、MyEclipse、sublime text、VS Code;此外还有专门针对前端开发的软件,如 HBuilder。

3) JavaScript

JavaScript 简称 JS,是一种具有函数优先的轻量级、解释型或即时编译型的编程语言。JavaScript 是世界上最流行的脚本语言,它灵活轻巧,兼顾函数式编程和面向对象编程,是 Web 前端开发的唯一选择,在 PC、手机、平板上浏览的所有网页,以及无数基于 HTML5 的手机 App,其交互逻辑都是由 JavaScript 驱动的。

JavaScript 有很多框架(函数库),比如 jQuery、AngularJS、React 等。Query 库是最常用的与数据交互有关的库,包含以下特性:HTML 元素选取,HTML 元素操作,CSS 操作,HTML 事件函数,JavaScript 特效和动画,HTML DOM 遍历和修改,AJAX,Utilities。可以通过下面的标记把 jQuery 添加到网页中:

```
<head>
<script type="text/javascript" src="jquery.js"></script>
</head>
```

4) Vue

Vue 是一套用于构建用户界面的渐进式框架。与其他大型框架不同的是,Vue 被设计为可以自底向上逐层应用。Vue 的核心库只关注视图层,不仅易于上手,还便于与第三方库或既有项目整合。另一方面,当与现代化的工具链以及各种支持类库结合使用时,Vue 也完全能够为复杂的单页应用提供驱动。

Vue 所关注的核心是 MVC 模式中的视图层,同时,它能方便地获取数据更新,并通过组件内部特定的方法实现视图与模型的交互。通俗地讲,Vue 就是一个已经搭建好的空屋,与单纯使用 jQuery 这种库比,可以更好地实现代码复用,减少工作量。

理论上说,使用原生 JavaScript 或 jQuery 能满足大部分的前端开发需求,而开发大型系统,使用 Vue 框架能极大地提高开发效率,但近年来,各种 Vue 的变种、第三方库和各种脚手架的涌现,使得基于 Vue 的前端加基于 RESTful 的接口的前后端分离的电子商务系统开发方式成为几乎"唯一"选项。

4.2.3 后端开发技术

1) API 技术

API(Application Programming Interface,应用程序编程接口)是一些预先定义的接口(如函数、HTTP 接口),或指软件系统不同组成部分衔接的约定。API 用来提供应用程序与开发人员基于某软件或硬件得以访问的一组例程,而又无须访问源码,或理解内部工作机制的细节。API 架构已经成为目前互联网产品开发中常见的软件架构模式,并且诞生很多专门 API

服务的公司，如：全查查（https://quanweidu.com/）、百度 APIStore（http://apistore.baidu.com/）。

当前 API 一般指的是 RESTful 风格的接口。RESTful 是一种网络应用程序的设计风格和开发方式，基于 HTTP，可以使用 XML 格式定义或 JSON 格式定义。RESTful 适用于移动互联网厂商作为业务接口的场景，实现第三方 OTT（Over The Top，过顶传球，一般指越过运营商通过互联网向用户提供各种应用服务）调用移动网络资源的功能，动作类型为新增、变更、删除所调用资源。RESTful 的每一个 URI 代表一种资源，客户端与服务器端之间的交互在请求之间是无状态的，从客户端到服务器端的每个请求都必须包含理解请求所必需的信息。

RESTful 客户端使用 GET、POST、PUT、DELETE 4 个表示操作方式的动词对服务端资源进行操作。GET 用来获取资源，POST 用来新建资源（也可以用于更新资源），PUT 用来更新资源，DELETE 用来删除资源。对应的接口类型也就有 4 种，一般常见的是 GET 和 POST 两种类型的接口。

2）JAVA 微服务

传统的 Web 开发模式，所有的功能打包在一个包里，基本没有外部依赖（除了容器），部署在一个 JEE 容器（Tomcat、JBoss、WebLogic）里，包含了 DO/DAO，Service，UI 等所有逻辑。这种方式比较适合需求明确的项目或小型项目，开发集中简单，方便管理。但是对于需求复杂或不够明确的项目来说，系统的稳定性、扩展度、灵活性都差强人意。所以就需要分布式开发，也就是微服务架构了。微服务的目的是有效地拆分应用，实现敏捷开发和部署。

随着微服务理念的兴起，JAVA 微服务架构如雨后春笋般的出现，如 Spring Boot、Swagger、Helidon、Eclipse MicroProfile、Cricket、Jersey 等。

Spring Boot 是 Spring 的一个特定版本，是 JAVA 微服务的入门级框架，它通过对配置细节的处理，使微服务构建更加简便，一般是具有 JAVA 基础的程序员的首选。

Swagger 是一个规范和完整的框架，用于生成、描述、调用和可视化 RESTful 风格的 Web 服务。与其说 Swagger 是一种 JAVA 微服务架构，不如说它是一个 API 生态系统，核心是 OpenAPI 规范，它不局限于 JAVA，比如 Python 的 FastAPI 就内嵌了 Swagger。

3）数据库

数据库技术已成为电子商务系统建设的核心技术之一。数据库是以一定的组织方式存储在一起的相关数据的结合，它能以最佳的方式、最少的数据冗余为多种应用服务，程序和数据具有较高的独立性。

在电子商务系统中，产品资料管理、数据资料管理、客户资料管理和分析、物流配送管理等都离不开网络数据库的支持。按照数据库管理系统的类型可分为关系型数据库和非关系型数据库。

关系型数据库最重要的特点是使用结构化查询语言（Structured Query Language，SQL）。SQL 的理论于 1974 年被提出，由于它具有一体化、功能丰富、使用方式灵活、语言简洁易学等优点，很快得以推广。它的功能包括查询、操纵、定义和控制 4 个方面，是一个综合、通用、功能强大的关系型数据库语言。目前常用的关系型数据库有 SQL Server、Oracle 和 MySQL 等。

随着互联网 Web2.0 网站的兴起，传统的关系数据库在应对 Web2.0 网站，特别是超大规模和高并发的 SNS(Social Networking Services,社交网络服务)类型的 Web2.0 纯动态网站已经显得力不从心,暴露了很多难以克服的问题。而非关系型数据库则由于其本身的特点得到了非常迅速的发展。NoSQL(Not Only SQL)意即"不仅仅是 SQL",是一项全新的数据库革命。随着 Hadoop 等分布式文件系统和 Spark 等大规模并行处理架构的渐趋成熟,NoSQL 近年来处于快速发展时期。常见的非关系型数据库有 Redis、Memcache、MongoDB、Neo4j、ES、Milvus 等,以 MongoDB 为永久存储,以 Redis 为应用缓存已经成为当前流行网站的标配。

4.2.4 安全技术

由于互联网的开放性,以互联网为基础的电子商务所带来的安全问题远比传统商务安全问题复杂得多。随着信息化进程的加快,病毒泛滥、黑客破坏、信息窃取、信息篡改、身份假冒、交易抵赖、交易欺诈等电子商务安全问题也日益严重起来。在考虑电子商务安全需求时,除了要考虑计算机系统与网络通信系统的安全,还要考虑商务系统所特有的交易安全需求。一般来说,电子商务中必须重视的问题还包括如何确保交易过程的安全,如何保证电商活动中隐私数据的安全等。

中国互联网络信息中心(CNNIC)在 2021 年 8 月发布的第 48 次《中国互联网络发展状况统计报告》显示:"截至 2021 年 6 月,61.4%的网民表示过去半年在上网过程中未遭遇过网络安全问题,遭遇个人信息泄露的网民比例最高为 22.8%;遭遇网络诈骗的网民比例为 17.2%;通过对遭遇网络诈骗网民的进一步调查发现,虚拟中奖信息诈骗仍是网民最常遭遇的网络诈骗类型,占比为 40.8%,遭遇网络购物诈骗的比例为 31.7%,遭遇钓鱼网站诈骗的比例为 21.8%"。这说明电子商务安全状况仍不容乐观,防止网络诈骗与个人信息泄露等成为亟须解决的问题。

1) 电子商务安全的要素

电子商务安全是一个复杂的系统问题,在开展电子商务的过程中会涉及以下几个安全性方面的要素:可靠性、真实性、机密性、完整性、不可否认性。

电子商务系统的可靠性是指为防止计算机失效、程序错误、传输错误、硬件故障、系统软件错误、计算机病毒与自然灾害等所产生的潜在威胁,通过控制与预防等来确保系统安全可靠。

交易的真实性是指商务活动中交易者身份是真实有效的,也就是要确定交易双方是真实存在的。网上交易的双方可能素昧平生、相隔千里,要进行成功交易的前提条件是要能确认对方的身份是否真实可信。真实性通常采用电子签名、数字证书等技术来实现,而近年来基于人脸识别等 AI 技术的应用,使得实名认证成为可能,大量的在线政务或商务服务依赖于这一技术的普及。

信息的机密性是指交易过程中必须保证信息不会泄露给非授权的人或实体。电子商务的交易信息直接代表着个人、企业的商业机密。电子商务是在一个较为开放的网络环境中,商业保密就成为电子商务全面推广应用的重要障碍,因此必须要预防非法的信息存取和信息在传输过程中被非法窃取,确保只有合法用户才能看到数据,防止泄密事件。

信息的完整性是指数据在传输或存储过程中不会受到非法修改、删除或重放,以确保信息的顺序完整性和内容完整性。

交易的不可否认性是指保证发送方不能否认自己发送了信息,同时接收方也不能否认自已接收到信息。在电子商务的应用环境中,通过手写签名与印章进行鉴别已不可能,就需要用其他方法实现交易的不可抵赖。

2) 加密与数字签名

信息加密就是采用数学方法与一串数字(密钥)对原始信息(明文)进行编码,产生密文的一系列步骤。通过数据加密技术可以在一定程度上提高数据传输的安全性,保证传输数据的完整性。对信息进行加密解决了信息安全传送的问题,而要防止他人破坏传输的数据,还要确定发送信息人的身份,就需要电子签名(也称数字签名)技术。

一个数据加密系统包括加密算法、明文、密文以及密钥。将明文转成密文的程序称作加密程序,使得加密后在网络上公开传输的内容对于非法接收者成为无法理解的符号(密文)。合法的接收方运用其掌握的密钥,对密文进行解密得到原始信息,所用的程序称为解密程序,是加密的逆过程。

数据加密算法有很多种,密码算法标准化是信息化社会发展的必然趋势,是世界各国保密通信领域的一个重要课题。按照发展进程来分,加密算法经历了古典密码、对称密钥密码和公开密钥密码阶段。古典密码算法有替代加密、置换加密;对称加密算法包括 DES(Data Encryption Standard,数据加密标准)和 AES(Advanced Encryption Standard,高级加密标准);非对称加密算法包括 RSA(Rivest Shamir Adleman)、背包密码、McEliece(麦克黎斯)密码、Rabin(拉宾)、椭圆曲线、ElGamal(盖莫尔)、D-H 矩阵(Denavit Hartenberg Matrix)等。目前在数据通信中使用最普遍的算法有 DES 算法和 RSA 算法等。

对称加密又称为单钥加密或私钥加密,即收发信双方同用一个密钥去加密和解密数据,常见的对称加密算法为 DES 和 IDEA(International Data Encryption Algorithm,国际数据加密算法)等算法,目前广泛使用的是 3DES(Triple DES,TDEA:Triple Data Encryption Algorithm,三重数据加密算法)。对称加密算法对信息编码和解码的速度很快,效率也很高,但也存在如下问题:首先密钥需要细心保存,如果密钥泄露,以前的所有信息都失去了保密性,致使以后发送者和接收者进行通信时必须使用新的密钥。

非对称加密又称为公开密钥加密或双钥加密。1977 年麻省理工学院的 3 位教授(Rivest、Shamir 和 Adleman)发明了 RSA 公开密钥密码系统,它是最常用的一种不对称加密算法。RSA 公开密钥密码系统使用一对不同的密钥,给别人用的就叫公钥,给自己用的就叫私钥。这两个可以互相并且只有为对方加密或解密,用公钥加密后的密文,只有私钥能解。

电子签名技术采用电子签名来模拟手写签名,解决了电子商务中不可否认的安全需求。电子签名可以保证接收者能够核实发送者对电子文件的签名,发送者事后不能抵赖对文件的签名,接收者不能伪造对电子文件的签名。它能够在电子文件中识别双方交易人的真实身份,保证交易的安全性和真实性以及不可否认性,起到与手写签名或者盖章同等作用。电子签名主要有 3 种应用广泛的方法:RSA 签名、DSS(Digital Signature Standard,数字签名标准)签名和 Hash(哈希,数字摘要算法)签名。

PGP(图 4-3(a))是广泛应用于文件加密(图 4-3(b))、电子邮件加密、电子签名、可信 Web 等领域的一款软件。PGP 加密由一系列散列、数据压缩、对称密钥加密,以及公钥加密的算法组合而成,其每个公钥均绑定唯一的用户名和/或者 E-mail 地址,通过一个自动密钥管理服务器来进行密钥的可靠存放,但最新的 Windows 版本(如 Win10)对 PGP 的兼容性存在较大的问题,正在被各类云可信服务解决方案取代。

图 4-3　PGP 主界面与安全电子邮件设置选项

【知识拓展 4.1】

PGP 加密软件的使用

3) 数字证书与认证机构

数字证书又称为数字凭证或数字标识(Digital Certificate,Digital ID),也被称作 CA(Certification Authority)证书,实际是一串很长的数学编码,包含有客户的基本信息及 CA 的签字,通常保存在计算机硬盘或 IC 卡中。数字证书一般是由 CA 认证中心签发的,证明证书主体(证书申请者获得 CA 认证中心签发的证书后即成为证书主体)与证书中所包含的公钥的唯一对应关系。它提供了一种在互联网上验证身份的方式,是用来标识和证明网络通信双方身份的数字信息文件。在网上进行电子商务活动时,交易双方需要使用数字证书来表明自己的身份,并使用数字证书来进行有关的交易操作。通俗地讲,数字证书就是个人或组织在互联网的身份证。

CA 是认证机构的国际通称,它是对数字证书的申请者发放、管理、取消数字证书的机构。CA 的作用是检查证书持有者身份的合法性,并签发证书(用数学方法在证书上签字),以防证书被伪造或篡改。认证机构相当于一个权威可信的中间人,它的职责是核实交易各方的身份,负责电子证书的发放和管理。理想化的状态是,上网的每一个企业或者个人都要有一个自己的网络身份证作为唯一的识别。而这些网络身份证的发放、管理和认证就是一个复杂的过程,也就是所谓的 CA 认证。DigiCert 公司是一家高保证数字证书提供商,为新兴物联网市场提供值得信赖的 SSL、私有和托管 PKI 部署以及设备证书,许多一线互联网公司都使用其服务。而 Let's Encrypt 是一家新兴的免费的数字证书认证机构,旨在以自动化流程消除手动创建和安装证书的复杂流程,并推广使万维网服务器的加密连接无所不在,为安全网站提供免费的 SSL/TLS 证书。该机构由互联网安全研究小组(简称 ISRG)提供服务,2015 年与 Linux 基金会合作发布了用以实现新的数字证书认证机构的协议,被称为自动证书管理环境(ACME),并提供了可免费生成证书的 acme.sh 实现。

电子商务系统的数字证书一般可向阿里云或腾讯云申请,也可使用类似 acme.sh(https://github.com/acmesh-official/acme.sh/)的国外免费服务来获取。以阿里云(https://www.aliyun.com/product/cas)为例,提供的 SSL 证书(SSL Certificates)为网站和移动应用(App)及小程序提供数据 HTTPS 加密协议访问,保障数据的安全,装载 SSL 证书产品后自动激活浏览器中显示"锁"型安全标志,地址栏以"https"开头。阿里云提供 SSL 证书(服务端和客户端),且均支持 ECC(Ellipse Curve Ctyptography,椭圆加密算法)、RSA 或 SM(国家商用密码)3 种加密方式。图 4-4 为阿里云免费 SSL 证书申请页面,其数字证书由 DigiCert 公司提供。

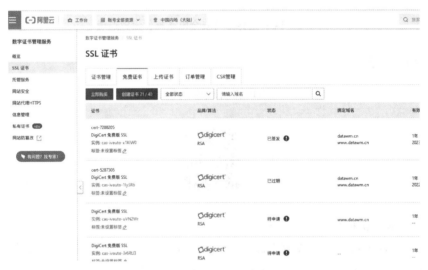

图 4-4　阿里云免费 SSL 证书申请页面截图

4.3　电子商务系统部署与管理

4.3.1　云服务器概念

云计算是指 IT 基础设施的交付和使用模式,是指通过网络以按需、易扩展的方式获得所需的资源(硬件、平台、软件)。提供资源的网络被称为"云"。"云"中的资源在使用者看来是可以无限扩展的,并且可以随时获取、按需使用、随时扩展、按使用付费。"云"是一个计算资源池,通常为一些大型服务器集群,包括计算服务器、存储服务器、带宽资源等。"云计算"将所有的计算资源集中起来,通过网络提供给用户。这使得应用提供者无须为烦琐的细节而烦恼,能够更加专注于自己的业务,有利于创新和降低成本。

云服务器(又称云计算服务器或云主机)是云计算在基础设施应用上的重要组成部分,它整合了互联网应用三大核心资源：计算、存储与网络，面向用户提供公用化的互联网基础设施服务，能提供基于云计算模式的按需使用和按需付费的服务器租用服务，用户可以通过 Web 界面或 App 的自助服务平台部署所需的服务器环境。云服务器与传统的虚拟主机不同，是新一代的主机租用服务，在一组集群主机上虚拟出多个类似独立主机的部分，有效地提高了虚拟主机的安全稳定性；整合了高性能服务器与优质网络带宽，有效地解决了传统主机租用价格偏高、服务品质参差不齐等问题。

云服务器可较好地满足用户对主机租用服务低成本、高可靠、易管理的需求，使用云服务器就像使用水、电、煤气等资源一样便捷、高效，无须提前采购硬件设备，而是根据业务需要随时购买，可以有效帮助用户降低 IT 成本，提升运维效率。近年来，云服务器已经成为主流电子商务系统部署的首选方式。

4.3.2 云服务器部署

目前国内外云服务器运营商主要有 AWS(Amazon Web Services，亚马逊云科技)、阿里云、腾讯云等。一般的云服务器部署流程包括服务商选择、硬件选择、操作系统选择等。

1）服务器硬件的选择

目前各家云服务商都支持根据自身情况自主配置选型，以阿里云 ECS 云服务器为例，支持线路(服务器地点)、CPU(中央处理器)核心数目、硬盘大小、内存大小等的配置。

阿里云的个人用户配置包括入门型、基础型、通用型、进阶型等。入门型建议配置 1 核 CPU、1GB 内存，搭配 40 GB 高效云盘和 1 Mb/s 公网带宽，适用于访问量较小的个人网站初级阶段；通用型建议配置 2 核 CPU、4 GB 内存，搭配 40 GB 高效云盘和 2 Mb/s 公网带宽，能满足 90％云计算初级用户的需求，适用于企业运营活动、并行计算应用、普通数据处理。

针对企业级的用户，阿里云提供了以下应用场景下的实例配置建议：均衡性能、高网络收发包应用、高性能计算、高性能端游、手游与页游、视频转发、直播弹幕、关系型数据库、分布式缓存、NoSQL 数据库、Elastic Search、Hadoop、Spark、Kafka、机器学习、视频编码、渲染等。一般来说，企业级服务器的通用建议配置至少为 8 核 CPU、32G 内存，100G 系统盘，加挂 500G 数据云盘，内网带宽 20 Gb/s。再根据具体需求调整配置以适应各种类型和规模的企业级应用，如计算集群、依赖内存的数据处理一般增加内存到 128G 或更高，数据分析和计算类应用一般需要购买 GPU(图形处理器)，而用于生产环境的中小型数据库系统、缓存、搜索集群等类别的应用则建议购买相应的专业服务器，此外，如果有海量图像、视频、文本的存储需求的则建议购买对象存储。

2）操作系统的选择

操作系统是网站服务器软件系统的基础平台，目前市场上服务器操作系统主要有 Windows 系列和 Linux 系列两大类，企业要根据自己的需要和技术能力进行科学的选择。Windows 系列最新版为 Windows Server 2022，但常用的版本为 Windows Server 2012 R2。Linux 系列目前常用的有 CentOS 和 Ubuntu，目前 CentOS 最新版本为 8.4，Ubuntu 最新版本为 21.04，一般服务器常用的版本有 CentOS 6.8、CentOS 8.2、Ubuntu 18.04、Ubuntu 20.04 等。云服务商一般会提供常用的操作系统镜像供安装使用，也有镜像市场以满足特定场景需要。

4.3.3　Web 环境部署

Web 环境部署与所选择的硬件环境和操作系统环境密切相关,也与期望实现的功能密切相关。部署内容包括 Web 服务器配置、数据库服务配置、相应的应用框架的搭建、网站发布、FTP 服务配置与文件上传等。常见的环境类型有 Windows Web 服务器环境(含数据库部署)、Nginx 服务(Linux 系统)、各类数据库服务、API 接口服务等。近年来,在 Linux 系统中使用 Docker 来部署服务已渐渐成为主流,Windows 目前也开始提供 Docker 版本,但应用较少。

Web 服务器是负责以 HTTP 或 HTTPS 协议与客户浏览器端进行交互的软件,它接受来自浏览器端客户的服务请求,将网站处理的结果以 Web 网页的形式发送回客户浏览器来响应。Web 服务器和操作系统之间有密切的关系。Linux 系列的操作系统常用 Nginx 或 Apache 来部署 Web 服务;Windows 系列的操作系统一般使用 Internet Information Services(IIS)来部署。不过随着 Windows 对 Docker 的支持和 Web 服务对 SSL 认证、重定向等技术的新要求,当前的 Web 服务安装与配置技术有倾向于统一采用 Docker 来部署 Nginx 或 Apache 来实现的趋势。

由于 IIS 专为 Windows 进行了优化,是 Windows 操作系统下的首选 Web 服务器。通过 Web 服务器提供的配置对话框或配置文件,可以设置缺省网站目录和缺省首页文件等。以 Windows Server 2012 R2 服务器上 IIS 的安装与配置为例,选择"开始"菜单中的"服务器管理器"命令,打开服务器管理器。单击"2 添加角色和功能"选项,打开"添加角色和功能向导"窗口,按照提示安装"Web 服务器(IIS)"。安装完成后在服务器管理器主界面选择"工具"→"Internet 信息服务(IIS)管理器"选项,即可打开 IIS 管理器,界面如图 4-5 所示。在"Internet 信息服务(IIS)管理器"中单击左侧窗格的"网站"选项,在展开的列表中右击默认站点"Default Web Site",在弹出的快捷菜单中选择"管理网站"→"浏览"菜单项,系统会启动浏览器并打开本地站点。

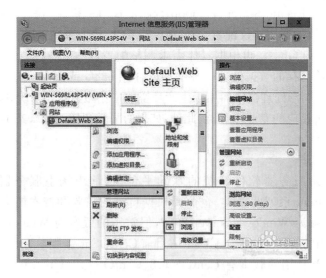

图 4-5　Internet 信息服务管理器界面

【知识拓展 4.2】

运用 Internet 信息服务(IIS)进行网站发布

4.3.4 域名申请与解析

1) 域名与域名策略

域名(Domain Name)是由一串用点分隔的名字组成的 Internet 上某一台计算机或计算机组的名称,用于在互联网上识别和定位计算机。它像品牌、商标一样具有重要的识别作用,是企业的一种无形资产,一个良好的域名可以大大提升企业的知名度。

(1) 定义域名要讲究艺术性,既要符合企业的特点,又要简洁、好记。

(2) 域名要与企业的名称、商标、产品或核心业务相关,如单位名称的中英文缩写、企业产品的注册商标、产品名称等。

(3) 可以为同一个网站申请多个域名。互联网络允许多个域名指向同一个 IP 地址。而访问者只要知道其中任何一个就行了,这无疑会大大增加网站同公众接触的概率。对一个知名企业的网站来说,这一点更加重要,最好能把相关的域名都注册下来,以防他人抢注域名或冒充你企业的网站。例如,熊猫集团早就该把 www.chinapanda.com, www.panda.com, www.chinapanda.com.cn, www.chinapanda.cn 全部注册下来。由于域名 www.chinapanda.com 被他人网站注册了,熊猫集团很被动。

(4) 域名要好记,尽量使用短小的词或容易理解的缩写作为域名,域名太长容易记错。

(5) 利用汉语同数字的谐音作为域名,往往可以达到意想不到的效果,如 www.5i5j.com, www.51job.com。

(6) 不要让你的域名和其他企业的域名相似,以免混淆。造成域名混淆的原因有两种情况:一是域名的几个部分使用连字符"-""_";二是其二级域名.com、.net 或者 cn 分属不同的企业。如 www.163.com 与 www.163.net 这两个域名就很容易混淆。

2) 域名申请

域名申请是为保证每个网站的域名或访问地址是独一无二的,需要向统一管理域名的机构或组织注册或备案的一种行为。也就是说,为了保证网络安全和有序性,网站建立后为其绑定一个全球独一无二的域名或访问地址,必须向全球统一管理域名的机构或组织去注册或者备案方可使用。国际域名管理机构是采取"先申请,先注册,先使用"的方式,只需要缴纳金额不高的注册年费,持续注册就可以持有域名的使用权。

(1) 通过 CNNIC 认证的注册服务机构申请 登录中国互联网络信息中心网站(www.cnnic.cn)使用"WHOIS 查询"系统核实域名的注册情况。当所查域名未被注册时,将提示为"你所查询的信息不存在",此时可以通过注册服务机构查询来获取(http://www.cnnic.net.cn/jczyfw/CNym/cnzcfwjgcx/)国内及海外注册服务机构的信息,选择一家满意的机构办理域名注册业务,也可以直接选择万网(http://www.net.cn/)或中国频道(http://www.china-

channel.com/)等常见注册服务机构。申请注册域名时,您应当书面形式或电子形式向域名注册服务机构提交真实、准确、完整的注册信息和申请资料。

(2) 通过 InterNIC 注册服务市场申请　申请国际域名,还可以直接登录到国际互联网域名注册管理机构(www.internic.net),通过"WHOIS"查询想申请的域名是否已经被他人注册,如果没有,那么填表申请并通过信用卡缴纳一定的费用即可。

3) 域名解析

域名注册完毕后,需要通过网站或手机客户端进行设置,将域名解析到系统所在的云服务器。域名解析是指在系统中通过域名服务器完成 IP 地址与域名的双向映射的过程。域名服务器接受一个域名,将它翻译成 IP 地址,再将这个 IP 地址返回提出域名请求的计算机;或者接受一个 IP 地址,将 IP 地址翻译成域名后返回给提出 IP 地址请求的计算机,这个过程称为域名解析。

4.3.5　电子商务安全协议

电子商务应用的核心和关键问题是交易的安全性。由于互联网本身的开放性,网上交易面临着各种危险,因此提出了相应的安全控制要求。最近几年,信息技术行业与金融行业联合制定了几种安全交易标准,它们主要包括 SSL 标准和 SET 标准等。

1) 安全套接层协议

安全套接层(Secure Sockets Layer,SSL)是一种传输层技术,由 Netscape 开发,用以保障在 Internet 上数据传输之安全,利用数据加密(Encryption)技术,确保数据在网络上传输过程中不会被截取及窃听,可以实现浏览器和服务器(通常是 Web 服务器)之间的安全通信。SSL 协议位于 TCP/IP 协议与各种应用层协议之间,为信息传输提供安全支持,是目前购物网站中经常使用的一种安全协议。简单地说,所谓 SSL 就是在和另一方通信前先讲好的一套方法,这个方法能够在它们之间建立一个电子商务的安全性秘密信道,确保电子商务的安全性,凡是不希望被别人看到的机密数据,都可通过这个秘密信道传送给对方,即使通过公共线路传输,也不必担心别人的偷窥。SSL 为快速架设商业网站提供了比较可靠的安全保障,并且成本低廉,容易架设。绝大多数的浏览器都支持 SSL,很多 Web 服务器也支持 SSL。SSL 使用的是 RSA 电子签名算法,可以支持 X.509 证书和多种保密密钥加密算法。

由于 SSL 处在互联网协议集中 TCP/IP 层的上面,实现 SSL 的协议是 HTTP 的安全版,名为 HTTPS。在 URL 前用 HTTPS 协议就意味着要和服务器之间建立一个安全的连接。例如,输入的 URL 为 https://www.amazon.com,就会同 amazon.com 建立安全的连接,这时浏览器状态栏会显示出一个锁表示已建立安全连接,如图 4-6 所示。

SSL 在客户机和服务器开始交换一个简短信息时提供一个安全的握手信号。在开始交换的信息中,双方确定将使用的安全级别并交换数字证书。每个计算机都要正确识别对方。如果客户机没有证书也没关系,因为客户机是发送敏感信息的一方。而正与客户机交易的服务器应有一个有效的证书,否则客户机就无法确认这个商务网站是否与其声称的身份相符。确认完成后,SSL 对在这两台计算机之间传输的信息进行加密和解密,这将意味着对 HTTP 请求和响应都进行加密,所加密的信息包括客户机所请求的 URL、用户所填的各种表(如信用卡号)和 HTTP 访问授权数据(如用户名和口令)等,简而言之,SSL 支持的客户机和服务器间的所有通信都加密了。在 SSL 对所有通信都加密后,窃听者得到的是无法识别的信息。

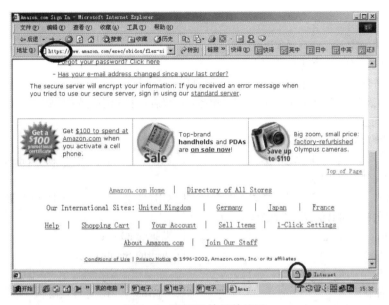

图 4-6　HTTPS 协议的使用

　　SSL 有两种安全级别：40 位和 128 位。这是指每个加密交易所生成的私有会话密钥的长度。可根据互联网 Explorer 和 Netscape 浏览器状态条上锁头的开关来判别浏览器是否进入了 SSL 会话。如果未进入，那么锁头处于打开状态。一旦会话结束，会话密钥将被永远抛弃，以后的会话也不再使用。

　　SSL 安全协议的缺点主要有：不能自动更新证书，认证机构编码困难，浏览器的口令具有随意性，不能自动检测证书撤销表，用户的密钥信息在服务器上是以明文方式存储的。另外，SSL 虽然提供了信息传递过程中的安全性保障，但是信用卡的相关数据应该是银行才能看到，然而这些数据到了商店端都被解密，客户的数据都完全暴露在商家的面前。SSL 安全协议虽然存在着弱点，但由于它操作容易，成本低，而且又在不断改进，因此在商业网站上的应用是较广泛的。

　　2）安全电子交易协议

　　电子支付涉及资金、账户、信用卡、银行等一系列对货币最敏感的部门，因此对安全有非常高的要求。安全电子交易协议（Secure Electronic Transaction，SET）于 1996 年由 Visa 与 MasterCard 两家信用卡组织联合 Microsoft、Netscape、RSA 等众多 IT 公司共同推出。SET 协议在保留对客户信用卡认证的前提下，又增加了对商家身份的认证，这对于需要支付货币的交易来讲是至关重要的。由于设计合理，SET 协议得到了 IBM、Microsoft 等许多大公司的支持，已成为事实上的工业标准。

　　SET 是一种以信用卡为基础的、在互联网上交易的付款协议书，是授权业务信息传输安全的标准，它采用 RSA 密码算法，利用公钥体系对通信双方进行认证，用 DES 等标准加密算法对信息加密传输，并用散列函数来鉴别信息的完整性。在 SET 的交易中，成员主要有持卡人（消费者）、网上商家、收单银行、支付网关、发卡银行、认证中心。SET 系统的动作是通过 4 个软件来完成的，包括电子钱包、商店服务器、支付网关和认证中心软件。这 4 个软件分别存储在持卡人、网上商店、银行以及认证中心的计算机中，相互运作来完成整个 SET 交易服务。

练习题

一、判断题

1. HTML 的中文名称是网页制作语言。　　　　　　　　　　　　　　　　　　（　）
2. MongoDB 是一种关系数据库管理系统。　　　　　　　　　　　　　　　　（　）
3. 使用云服务器的缺点是当要修改网页时，需要到服务商的机房进行操作。　（　）
4. 用 HTML 语言书写的页面只有经过 Web 服务器解释后才能被浏览器正确显示。（　）

二、选择题（可多选）

1. 常用关系型数据库不包括（　　　）。
   A. Oracle　　　　　　　B. MySQL　　　　　　C. SQL　　　　　　D. MongoDB
2. 网络图像文件的格式包括（　　　）。
   A. JPEG 格式　　　　　B. TAG 格式　　　　　C. GIF 格式　　　　D. FPX 格式
3. 目前常见的移动端智能操作系统有（　　　）。
   A. 谷歌的 Android 系统　　　　　　　　　　B. 苹果的 iOS 系统
   C. 微软的 Windows 系统　　　　　　　　　　D. 塞班的 Symbian 系统
4. 当谈到关于 Web 时，ICP 是指（　　　）。
   A. Internet 控制程序　　　　　　　　　　　B. Internet 入网服务提供商
   C. Internet 内容提供商　　　　　　　　　　D. 在 Internet 方面有能力的人

三、操作题

1. 根据所学的域名策略，为自己设想的一个商品销售网站起一个域名，然后在"万网"上查询该域名是否已被注册了，如果已被注册，那么更改域名，直到查询到该域名没有被注册为止。
2. 尝试在电脑上安装 IIS，设置一个虚拟站点。

三、商务运作篇

5 电子支付与互联网金融

[学习目标] 掌握电子货币的概念、形式与类型以及电子支付的概念、特点、系统与分类;掌握第三方支付及其分类、互联网第三方支付以及支付宝、财付通、快钱、微信支付等典型第三方支付平台;理解移动支付的概念、发展现状、发展趋势;了解移动近场支付和移动远程支付等;了解互联网金融的概念、特点、分类、现状和监管以及花呗、借呗、京东白条等互联网金融。

5.1 电子支付概述

在电子商务应用中,电子支付应用愈发显示其重要性。虽然电子商务应用亦可使用传统的支付方式,但是电子货币和在线支付有着更大的优越性。它们比传统支付方式更加方便、快捷。美国电子商务交易繁荣的一个主要因素就是信用卡的普及。电子支付工具的推广正在有力推动电子商务应用的发展。电子货币是电子支付的基础。这一节,我们首先介绍电子货币及其主要类型,然后讨论电子支付及其主要分类。

5.1.1 电子货币的概念和形式

1) 电子货币的基本概念

电子货币作为当代最新的货币形式,从 20 世纪 70 年代以来,其应用越来越广泛。电子货币是以金融电子化网络为基础,以商用电子化机具和各类交易卡为媒介,以电子计算机技术和通信技术为手段,以电子数据(二进制数据)形式存储在银行的计算机系统中,并通过计算机网络系统以电子信息传递形式实现流通和支付功能的货币。电子货币英语称之为 e-Currency,也就是指在网上用于电子商务相关领域的货币。上述电子货币不同于网络环境下的虚拟货币概念。

电子货币是随着电子交易的发展而产生的,是比各种金属货币、纸币以及各种票据更为方便快捷的一种支付工具。人们花了数百年时间来接受纸币这一支付手段,而随着基于纸张的经济向数字式经济的转变,货币也由纸张类型演变为数字类型,在未来的数字化社会和数字化经济浪潮中,电子货币将成为主宰。

人们在外出活动和消费中随身携带大量现金不安全,电子货币的出现方便了人们外出购物和消费。现在电子货币通常在专用网络上传输,通过设在银行、商场等地的 ATM 机器进行处理,完成货币支付操作。网上支付的电子货币需要安全认证、数据加密、交易确认等控制。一般来说,电子货币的具体形式包括电子现金、银行卡、智能卡和电子支票等。

2) 电子现金

(1) 电子现金概述　电子现金(E-cash 或 Digital Cash),是一种表示现金的加密序列数,它可以用来表示现实中各种金额的币值。它是一种以数据形式流通的,通过网络支付时使用的现金,但比现实货币更加方便。

(2) 比特币　比特币(Bitcoin,BTC)是由中本聪在 2008 年 11 月 1 日提出,并于 2009 年 1 月 3 日正式诞生的电子现金。比特币是一种 P2P 形式的虚拟的加密数字货币。比特币对等网络将所有的交易历史都储存在"区块链"(Blockchain)中。目前与比特币类似的数字货币已有不少,如以太币(ETH)、比特现金、瑞波币、狗狗币等,都是目前比较主流的数字货币。在中国,目前比特币等数字货币并不属于合法货币,中国禁止虚拟货币交易。

(3) 数字代币　跟数字货币相关的一个概念是数字代币(Digital Token)。Token 起源于以太坊订立的 ERC20 标准,在这个标准的基础上,任何人都可以在以太坊平台上发行属于自己的数字代币 Token,这个数字代币代表了数字资产,是具有价值的。不少专业人士认为,将 Token 翻译成代币是不够完整的,国内最早的区块链倡导者之一的元道先生则认为应该将 Token 翻译成"通证",因为其代表着"可流通的数字权益证明"。这个"可流通的数字权益证明"可以是合同、门票、证书、积分、权限、点卡、证券、资质,等等。代币仅是区块链记账系统中的一串数码,其本身没有任何内在价值,只有赋予其一定价值,才能与现实世界中的价值体系相联系。

一般来说,加密数字代币可分为两类:同质化代币(Fungible Token,FT)和非同质化代币(Non-Fungible Token,NFT)。

(4) 非同质化代币　从概念上说,NFT 是通过区块链来管理其所有权的一种独特的数字资产,包含如收藏品、游戏项目、数字艺术品、活动门票、域名,甚至是实物资产的所有权记录等。虽然比特币、以太币等主流加密资产也记录在区块链中,但 NFT 和它们不同的地方在于:任何一枚 NFT 代币都是不可替代且不可分割的。当你购买了一枚 NFT 代币,这就代表你获得了它不可抹除的所有权记录和实际资产的使用权。例如你购买了一件艺术品,它可以被展示被复制,但只有你是它的实际拥有者。NFT 可以买卖,就像有形资产一样。NFT 是数字世界中"独一无二"的资产,它可以被买卖、被用来代表现实世界中的一些商品,但它存在的方式是无形的。

【知识拓展 5.1】

非同质化代币为什么会受到投资者关注?

(5) 数字人民币　数字人民币,字母缩写按照国际使用惯例暂定为"e-CNY",是由中国人民银行发行的数字形式的法定货币,由指定运营机构参与运营并向公众兑换,以广义账户体系为基础,支持银行账户松耦合功能,与纸钞硬币等价,具有价值特征和法偿性,支持可控匿名。数字人民币的概念有两个重点:一是数字人民币是数字形式的法定货币;二是和纸钞、硬币等价,数字人民币主要定位于现金类支付凭证(M0),也就是流通中的现钞和硬币。数字人民币将与实物人民币长期并存,主要用于满足公众对数字形态现金的需求,助力普惠金融。

(6) 电子现金的属性　电子现金带来了纸币在安全和隐私性方面所没有的计算机化的便利。电子现金的应用开辟了一个全新的市场,在西方发达国家,电子现金正在尝试取代纸币作为网上支付的主要手段之一。电子现金是电子化的现金,它具有以下 4 个属性:

① 货币价值:电子现金必须有一定的现金、银行授权的信用或银行证明的现金支票进行支持。当电子现金被一家银行产生并被另一家所接受时不能存在任何不兼容性问题。如果失去了银行的支持,电子现金会有一定风险,可能存在支持资金不足的问题。

② 可交换性:电子现金可以与纸币、商品或服务、网上银行卡、银行账户存储金额、支票或负债等进行互换。电子现金的发行商倾向于电子现金在一家银行使用,但事实上不是所有的买方会使用同一家银行的电子现金,他们甚至不使用同一个国家银行的电子现金。因而电子现金就面临多银行的广泛使用问题。

③ 可存储性:可存储性将允许用户在家庭、办公室或途中对存储在一个计算机的外存、IC 卡或者其他更易于传输的标准或特殊用途的设备中的电子现金进行存储和检索。电子现金的存储是从银行账户中提取一定数量的电子现金,存入上述设备中,由于在计算机上产生或存储现金,因此复制电子现金非常容易,这种设备应该有一个友好的用户界面以有助于通过口令或其他方式的身份验证,以及对于卡内信息的浏览显示。

④ 重复性:必须防止电子现金的复制和重复使用。因为买方可能用同一个电子现金在不同国家、地区的网上商店同时购物,这就造成电子现金的重复使用。一般的电子现金系统会建立事后检测和惩罚机制。

(7) 电子现金支付的特点　电子现金支付方式有以下特点:

① 协议性:电子现金的应用要求银行和商家之间应有协议和授权关系,电子现金银行负责消费者和商家之间资金的转移。

② 对软件的依赖性:消费者、商家和电子现金银行都需使用电子现金软件。

③ 灵活性:电子现金具有现金特点,可以存、取、转让;它可以申请到非常小的面额,所以电子现金适用于小额交易。

④ 可鉴别性:身份验证是由电子现金本身完成的,电子现金银行在发放电子现金时使用了数字签名,卖方在每次交易中,将电子现金传送给电子现金银行,由银行验证买方支持的电子现金是否有效(伪造或使用过等)。

3) 银行卡

银行卡是由商业银行发行的具有提款、消费和转账等功能的塑料卡片。银行卡的大小一般为 85.60 mm×53.98 mm,但是也有比普通卡小 43% 的迷你卡和形状不规则的异形卡。

银行卡分借记卡(Debit Card)和贷记卡(Credit Card)两种。前者是储蓄卡,后者是信用卡。

(1) 借记卡　借记卡可以在网络或 POS 消费或者通过 ATM 转账和提款,不能透支,卡内的金额按活期存款计付利息。消费或提款时资金直接从储蓄账户划出。借记卡按等级可以分为普通卡、金卡和白金卡;按使用范围可以分为国内卡和国际卡。

(2) 贷记卡　贷记卡是指发卡银行给予持卡人一定的信用额度,持卡人可在信用额度内先消费、后还款的信用卡。它的特点是:先消费后还款,享有免息缴款期(一般为一个月),并设有最低还款额,客户出现透支可自主分期还款。客户需要向申请的银行交付一定数量的年费,各银行不相同。信用卡按使用范围可以分为国内卡和国际卡。

4) 智能卡

智能卡(Smart Card)或称集成电路卡(Integrated Circuit Card, IC卡)是一种将具有微处理器及大容量存储器的集成电路芯片嵌装于塑料基片上而制成的卡片。智能卡可以用来进行电子支付和存储信息。在芯片里可以存储大量关于使用者的信息,如财务数据、私有加密密钥、账户信息、结算卡号码及健康保险信息等。

智能卡具有的优点主要包括如下两个方面:

① 智能卡使得电子商务中的交易变得简便易行:智能卡消除了某种应用系统可能对用户造成不利影响的各种情况,它能为用户"记忆"某些信息,并以用户的名义提供这种信息。使用智能卡就再也不用记住个人识别号码(密码),无须记住个人识别号码是智能卡的一大优点。

② 智能卡具有很好的安全性和保密性:它降低了现金处理的支出以及被欺诈的可能性,提供了优良的保密性能。使用智能卡,用户不需要携带现金,就可以实现像信用卡一样的功能,而保密性能高于信用卡,因此智能卡在网上支付系统中作用更大。

5) 电子支票

电子支票(Electronic Check)是一种借鉴纸张支票转移支付的优点,利用数字传递将钱款从一个账户转移到另一个账户的电子付款形式。比起前几种电子支付工具,电子支票的出现和开发是较晚的。电子支票使得买方不必使用写在纸上的支票,而是用写在屏幕上的支票进行支付活动。电子支票几乎和纸质支票有着同样的功能。电子支票既适合个人付款,也适合企业之间的大额资金转账,故而可能是最有效率的电子支付手段。

支票是一个被广泛应用的金融工具,随着网上交易额的快速增长,给电子支票的运用带来了广阔的前景。早期开发的电子支票系统(如Netcheck、NetBill)主要适用于小额支付,后来开发的电子支票系统(如Echeck)主要向用于大额支付的方向发展,以满足B2B交易的支付需求。

(1) 电子支票支付方式的特点

① 电子支票与传统支票工作方式相同,易于理解和接受。

② 加密的电子支票使它们比电子现金更易于流通,买卖双方的银行只要用公开密钥认证确认支票即可,数字签名也可以被自动验证。

③ 电子支票适于各种市场,可以很容易地与电子数据交换系统应用结合,推动电子订货和支付。

④ 电子支票技术将公共网络连入金融支付和银行清算网络。

(2) 电子支票支付方式的优势

① 处理速度快:电子支票的支付是在与商户及银行相连的网络上高速传递的,它将支票的整个处理过程自动化了,这一支付过程在数秒内即可实现。它为客户提供了快捷的服务,减少了在途资金。在支票使用数量很大时,这一优势特别明显。

② 安全性能好:电子支票是以加密方式传递的,使用了数字签名或个人身份识别码代替手写签名,还运用了数字证书,这三者成为安全可靠的防欺诈手段。

③ 处理成本低:用电子支票进行支付,减轻了银行处理支票的工作压力,节省了人力,降低了事务处理费用。

④ 给金融机构带来了效益:第三方金融服务者不仅可以从交易双方处收取固定的交易费用或按一定比例抽取费用,它还可以以银行身份提供存款账目,且电子支票存款账户很可能是

无利率的,因此给第三方金融机构带来了收益。而且银行也能为参与电子商务的商户提供标准化的资金信息,故而可能是最有效率的支付手段。

5.1.2 电子货币的主要类型

电子货币的类型,一般可以按照不同的依据,做不同的划分。

1) 不以计算机为媒介的电子货币

不以计算机为媒介的电子货币,以储值卡(Stored-value Card)为代表。其基本模式是发行人发行存储一定价值的储值卡,消费者购买储值卡用于支付所购买的货物或服务,出售货物或提供服务的人再从发行人处回赎货币价值。卡片储值的电子货币有单一发行人发行的电子货币和多个发行人发行的电子货币。前者如1995年英国Mondex模式的货币,后者如维萨集团推出的曾在1996年奥运会中实验过的维萨货币(Visa Cash)。美国联邦储备委员会将储值卡进一步划分为线下储值卡和线上储值卡两种:①线下储值卡(Offline Stored-value Card),即交易时不用进行授权和证实的储值卡,持卡人可以直接像使用钱一样用储值卡来购物,交易的信息通常是在交易后的一段时间之后再传送给金融机构(一般是发卡人)。根据发卡是否通过设置中央资料保存设备来追踪持卡人持有的储值卡的数额,线下储值卡又分为线下不可记录储值卡(Offline Unaccountable Stored-value Card)和线下可记录储值卡(Offline Accountable Stored-value Card)。线下不可记录储值卡的交易情况记录保存在储值卡上,没有中央资料存储设备记录交易情况,如一般的电话卡、乘车卡等。线下可记录储值卡交易由发行人设置的中央资料存储设备记录交易情况,同时,储值卡上一般显示交易的情况和余额。②线上储值卡(Online Stored-value Card)。利用线上储值卡进行交易涉及线上的授权和证实。客户的资金余额保留在发行人的中央资料保存系统中,而不是记录在储值卡上,交易时,交易的信息从销售终端传到持有客户资金的金融机构,通知金融机构交易的数额和客户储值卡上的余额,金融机构进行证实,达成交易。美联储对这种储值卡做出了严格的限制,即使用储值卡必须遵守条例E的所有规定。

2) 以计算机为媒介的电子货币

以计算机为媒介的电子货币,是将货币价值储存在计算机中,通过计算机网络进行电子交易,买卖双方即使距离很远也可以进行交易,其基本模式是买卖双方通过互联网进行网上交易,双方就主要条款达成一致后,买方通过网络通知其银行向卖方付款,银行在得到买方指令并加以确认之后,向卖方付款。目前,这种电子货币还处于实验阶段,主要有DigiCash和CyberCash两种模式。

3) 我国流行的电子货币类型

目前,我国流行的电子货币主要有4种类型:

(1) 储值卡型电子货币 一般以磁卡或IC卡形式出现,其发行主体除了商业银行之外,还有电信部门(普通电话卡、IC电话卡)、IC企业(上网卡)、商业零售企业(各类消费卡)、政府机关(内部消费IC卡)和学校(校园IC卡)等。发行主体在预收客户资金后,发行等值储值卡,使储值卡成为独立于银行存款之外新的"存款账户"。储值卡在客户消费时以扣减方式支付费用,也就相当于存款账户支付货币。储值卡中的存款目前尚未在中央银行征存准备金之列,因此,储值卡可使现金和活期储蓄需求减少。

(2) 信用卡应用型电子货币 是指商业银行、信用卡公司等发行主体发行的贷记卡或准贷记卡。信用卡的普及使用可扩大消费信贷,影响货币供给量。

(3) 存款利用型电子货币　主要有借记卡、电子支票等,用于对银行存款以电子化方式支取现金、转账结算、划拨资金。该类电子化支付方法的普及使用能减少消费者往返于银行的费用,致使现金需求余额减少,并可加快货币的流通速度。

(4) 现金模拟型电子货币　主要有两种:一种是基于互联网络环境使用的且将代表货币价值的二进制数据保管在计算机终端硬盘内的电子现金;另一种是将货币价值保存在IC卡内并可脱离银行支付系统流通的电子钱包。该类电子货币具备现金的匿名性、可用于电子支付并可多次转手等特性,是以代替实体现金为目的而开发的。该类电子货币的扩大使用,能影响到通货的发行机制,减少中央银行的铸币税收入,缩减中央银行的资产负债规模等。

5.1.3　电子支付及其主要分类

1) 电子支付的概念

支付(Payment)是指货币债权从付款人向受付人的转移。而使货币债权发生转移的发起工具与流程被称为支付工具。电子支付(Electronic Payment)是以电子化方式发起、处理、接收的支付。电子支付过程中,货币债权以数字信息的方式被持有、处理、接收,由电子支付工具发起实现货币债权的转移。

2) 电子支付的特点

与传统的支付方式相比较,电子支付具有以下特点:

(1) 电子支付是采用先进的信息技术来完成信息传输的,其各种支付方式都是采用数字化的方式进行款项支付的;而传统的支付方式则是通过现金的流转、票据的转让及银行的汇兑等物理实体的流转来完成款项支付的。

(2) 电子支付的工作环境是基于一个开放的系统平台(如互联网)之上,而传统支付则是在较为封闭的系统中运作。

(3) 电子支付使用的是最先进的通信手段,如互联网、外联网;传统支付使用的则是传统通信媒介。电子支付对软、硬件设施的要求很高,如联网的计算机、相关的软件及其他一些配套设施;而传统支付则没有这么高的要求。

(4) 电子支付具有方便、快捷、高效的优势。用户只要拥有一台联网的计算机或智能手机,足不出户便可在很短的时间内完成整个支付过程。电子支付可以完全突破时间和空间的限制,可以满足 24×7(每天24 h,每周7天)的工作模式,其效率之高是传统支付望尘莫及的。

当然电子支付仍然存在一些问题,比如安全一直是困扰电子支付发展的关键性问题。在大规模地推广电子支付之前,必须解决黑客入侵、内部作案、密码泄露等涉及资金安全的一系列问题。此外还有一个支付的条件问题,用户所选用的电子支付工具必须满足多个条件,要由用户账户所在的银行提供,有相应的支付系统和商户所在银行的支持,被接收单位所认可等。如果用户的支付工具得不到各方的认可,或者说缺乏相应的系统支持,电子支付也还是难以实现。

3) 电子支付系统

电子支付系统是电子商务系统的重要组成部分,它指客户、商家、银行之间使用安全电子手段交换商品或服务,运用银行卡、电子现金、电子支票或智能卡等支付工具通过网络安全传送到银行或相应金融机构来实现电子商务结算,融购物流程、支付工具、安全技术、认证体系及银行金融体系为一体的综合系统。

一般来说,电子支付系统包括图 5-1 所示的几个方面。

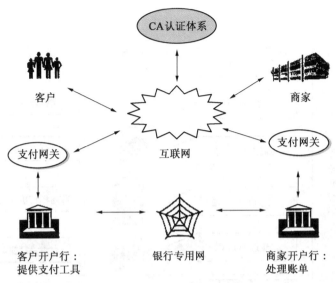

图 5-1　电子支付系统的基本构成

（1）客户　客户向商家购买商品或服务,使用支付工具来进行支付,这是电子支付系统运作的原因及起点。

（2）客户开户行　是指客户使用的支付工具所对应的银行。客户需要在该行开设账户,银行负责支付工具的兑现。

（3）商家　是指拥有债权的与客户交易的另一方。它根据客户签发的支付指令请求获取货款划拨。

（4）商家开户行　是指商家开设账户的银行,其资金账户是支付过程中资金流向的目的地。商家将客户签发的支付指令提交给他的开户行,由其开户行进行支付授权的请求以及银行之间的清算。

（5）支付网关　它是互联网和银行专用网之间的接口,实际上它是一组服务器,其主要作用是完成两者之间的通信、协议转换和进行数据加密、解密,以保护银行内部网络的安全。支付信息必须通过支付网关才能进入银行支付系统,进而完成支付的授权和获取。

（6）银行专用网　是指银行内部及银行间进行通信的专用网络,支付结算业务是通过银行专用网来完成的,具有较高的安全性。

（7）CA 认证中心　认证中心是数字证书的授权中心,为法律认可的权威机构。它为参与交易的各方进行身份验证,保证电子支付的安全。

4）电子支付的分类

电子支付的业务类型按电子支付指令发起方式分为网上支付、电话支付、移动支付、销售点终端交易、自动柜员机交易及其他电子支付等,如图 5-2 所示。

（1）网上支付　网上支付是电子支付的一种形式。广义地讲,网上支付是以互联网为基础,利用银行所支持的某种数字金融工具,发生在购买者和销售者之间的金融交换,实现从买者到金融机构、商家之间的在线货币支付、现金流转、资金清算、查询统计等过程,由此为电子商务服务和其他服务提供金融支持。

（2）电话支付　电话支付是电子支付的一种线下实现形式,是指消费者使用电话（固定电话、手机)或其他类似电话的终端设备,通过银行系统就能从个人银行账户里直接完成付款的方式。

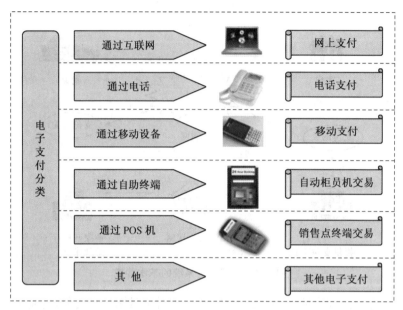

图 5-2　电子支付分类示意图

(3) 移动支付　移动支付(Mobile Payment,M-Payment)是使用移动设备通过无线方式完成支付行为的一种支付方式。移动支付所使用的移动终端可以是手机、PDA、移动 PC 等。

5) 电子支付的方式

如不考虑一些区域性的小范围电子支付(如公交一卡通、校园卡等),按运营主体划分的电子支付主要可以归纳为银行电子支付、第三方支付平台支付、以电信运营商为主体的电子支付。

(1) 银行电子支付　是指在银行账户与银行卡的基础上,利用电子技术建立银行平台,完成在线银行支付,具体包括信用卡远程支付、网络银行等。

(2) 第三方支付平台支付　第三方支付平台通过自身与商户及银行之间的桥接完成支付中介的功能,同时有的支付平台又充当信用中介,为客户提供账号,进行交易资金代管,由其完成客户与商家的支付后,定期统一与银行结算。

(3) 以电信运营商为主体的电子支付　这主要包括各种服务运营商(SP)代收费以及购买彩票、保险、水、电等公共事业服务。出于风险考虑,各运营商一般规定了代收费的单笔交易限额和每月交易额限等。

5.2　第三方支付

在电子商务应用中,第三方支付是常用的支付方式。这一节重点讨论第三方支付及其分类,以及互联网第三方支付服务,介绍支付宝、财付通、快钱、微信支付等典型第三方支付平台。

5.2.1　第三方支付及其分类

第三方支付最早源于美国的独立销售组织制度(Independent Sales Organization,ISO),

指收单机构和交易处理商委托 ISO 做中小商户的发展、服务和管理工作的一种机制。1996年，全球第一家第三方支付公司在美国诞生，随后逐渐涌现出 Amazon、Payments、Yahoo!、PayDirect、PayPal 等一批第三方支付公司。1999 年成立的北京首信和上海环迅两个企业是中国最早的第三方支付企业。2004 年 12 月，支付宝诞生，同期，易宝支付、拉卡拉、汇付天下等多家第三方支付公司诞生。

非金融支付机构，俗称第三方支付机构。"第三方支付"是具备一定实力和信誉保障的独立机构，采用与各大银行签约的方式，提供与银行支付结算系统接口的交易支持平台的网络支付模式。在第三方支付模式中，买方选购商品后，使用第三方平台提供的账户进行货款支付（支付给第三方），并由第三方通知卖家货款到账、要求发货；买方收到货物，检验货物，并且进行确认后，再通知第三方付款；第三方再将款项转至卖家账户。随着支付服务市场参与主体的日益丰富，我国涌现出一大批新兴的第三方支付机构。中国人民银行 2010 年出台的《非金融机构支付服务管理办法》将第三方支付业务定义为，在收款人和付款人之间作为中介机构提供货币资金转移服务，包括网络支付、预付卡、银行卡收单等业务。

1) 网络支付

提供网络支付服务的这种第三方支付平台是最典型的第三方支付平台，最为用户所熟知。所谓网络支付，是指利用公共网络或专用网络在收付款人之间转移货币资金的行为，包括货币汇兑、互联网支付、移动电话支付、固定电话支付、数字电视支付等。网络支付以第三方支付机构为支付服务提供主体，以互联网等开放网络为支付渠道，通过第三方支付机构与各商业银行之间的支付接口，在商户、消费者与银行之间形成一个完整的支付服务流程。提供网络支付服务的第三方支付平台还可以划分为支付网关模式和虚拟账户模式。

2) 预付卡支付

预付卡，是一种以盈利为目的而发行的、可购买商品或服务的有预付价值的卡，顾名思义是一种先付费后消费的支付模式，包括磁条、芯片等卡片形式。预付卡与银行卡相比，它不与持卡人的银行账户直接关联。目前市场上流通的一种多用途预付卡，便是由这里所提出的第二种第三方支付机构（预付卡支付服务机构）发行。该机构与众多商家签订协议，在各商家放置 POS 终端机，消费者可以凭该卡到众多的联盟商户刷卡进行跨行业消费，典型的多用途卡有斯玛特服务卡、得仕卡等。由于受所签约商户数量及硬件等因素制约，发行与受理预付卡的第三方支付平台一直未能得到很好的发展。

3) 银行卡收单

银行卡收单业务是指收单机构通过银行卡受理终端为银行卡特约商户代收货币资金的行为。其中，受理终端是指通过银行卡信息读入装置生成银行卡交易指令要素的各类支付终端，包括销售点（POS）终端、转账 POS、电话 POS、多用途金融 IC 卡支付终端、非接触式接收银行卡信息终端、有线电视刷卡终端、自助终端等类型；收单机构，是指与特约商户签订银行卡受理协议并向该商户承诺付款以及承担核心业务主体责任的银行业金融机构和非金融机构。当这里所指的银行卡收单机构为第三方支付机构时，这个第三方支付机构便是第三种提供银行卡收单服务的第三方支付机构。

中国人民银行于 2005 年 10 月颁发了《支付清算组织管理办法（征求意见稿）》，对第三方支付企业的准入门槛进行了明确的规定，对第三方支付企业进行了规范。2010 年，央行出台了《非金融机构支付服务管理办法》，确立了第三方支付相关的配套管理办法和细则，通过审核发放第三方支付牌照的方式把第三方支付机构开始纳入国家金融监管的领域内。截至

2021年5月27日,已获支付牌照的机构有228家,已注销牌照的有39家,4家目前牌照未能续展但仍未注销。在现有已获支付牌照的机构中,北京有47家获支付牌照,占比20.6%;上海有46家,占比20.2%;广东有28家,占比12.3%。

5.2.2 互联网第三方支付

当支付遇到互联网,一场革命自然不可避免。成为现实的是传统的现金支付已经"退居二线",各种在线支付方式成为人们日常消费的主要支付方式。互联网支付是指客户为购买特定商品或服务,通过计算机、手机等设备,依托互联网发起支付指令,实现货币资金转移的行为。互联网支付是一种网上交易形式,主要表现形式为网银、第三方支付、移动支付。互联网第三方支付,也称为第三方互联网支付。第三方互联网支付可以分为以下三种类型。

1)独立支付网关模式

该支付模式是指第三方支付公司为用户提供订单处理和支付服务的平台。第三方支付平台本身不会开设独立的商业网站,它分别通过消费者、商户和银行签订合同并提供服务。服务平台通常仅涉及支付和支付结算解决方案。它是一种纯粹的中介服务,是最早的第三方互联网支付服务模式。由于只提供支付服务,这种支付方式的建立相对容易,往往只需要相应的技术支持,没有强大的财务保障,但缺点是不能单独操作,必须附加到相应的在线支付平台。这种支付模式以首信易为代表。首信易成立于1999年3月,是中国第一个"中立的第三方在线支付平台"。其主要客户是企业和机构、公共服务组织、政府和社会团体,在教育考试、社区管理费支付这类服务中是优秀的,是第三方互联网支付行业的高级平台。

2)信用中介模式

为了提高双方对网上交易的信任度,确保资金和货物畅通,第三方互联网支付机构作为信用中介出现,主要提供"信用担保"和"收付"服务。买方和卖方达成交易意向后,买方应将通过第三方支付平台支付的款项存入买方提供的注册账户,然后买方确认收货并通知支付平台支付,最后支付平台将支付买方资金转移到第三方支付平台上的卖方账户。具有信用中介功能支付模式的第三方互联网支付公司通常会建立一个特殊的电子商务网站。目前,大多数第三方互联网支付平台采用"信用中介"支付模式。在促进创新的基础上,他们依靠电子商务网站为用户提供服务,同时通过提供全额预付款来提高信誉和知名度。然而,缺点是在交易期间易于存在欺诈。此支付模式以支付宝、财付通为代表,并且在第三方支付市场中占有很大份额。

3)附加到电子商务网站模式(电子商务网站内生模式)

随着提供特定产品的购物网站数量的增加,为了满足自身发展的需要,许多独立运营的电子商务平台都专门建立了第三方支付平台。这种支付模式只是电子商务网站的附加服务方法,是它所属的网站服务。与此同时,电子商务网站通常资金充足,可以提供强有力的技术支持。但是,与上述两种第三方支付模式相比,其缺点是缺乏独立性。这种支付方式主要存在于B2B、B2C电子商务模式,服务于一个特殊的电子商务平台。

5.2.3 典型第三方支付平台

下面介绍几个目前用得比较多的典型第三方支付平台。

1) 支付宝

支付宝(中国)网络技术有限公司成立于2004年,是国内的第三方支付平台,致力于为中国电子商务提供"简单、安全、快速"的在线支付解决方案。支付宝公司从建立开始,始终以"信任"作为产品和服务的核心。旗下有"支付宝"与"支付宝钱包"两个独立品牌。自2014年第二季度开始成为当前全球最大的移动支付厂商。支付宝与国内外180多家银行以及VISA、MasterCard国际组织等机构建立战略合作关系,成为金融机构在电子支付领域最为信任的合作伙伴。2019年6月,支付宝及其本地钱包合作伙伴已经服务超12亿的全球用户。2020年10月,支付宝上线了"晚点付"的"芝麻信用"功能,该功能描述为"先交易成功,次日再付款"。2021年3月30日,支付宝开放平台官宣:收钱码提现免费服务再延长3年,至2024年3月31日,且不设单笔上限和单日上限。2021年5月8日,数字人民币App更新,钱包运营机构中的"网商银行(支付宝)"已呈现可用状态。

2) 财付通与微信支付

财付通(Tenpay)是腾讯公司于2005年9月正式推出的在线支付平台,其核心业务是帮助在互联网上进行交易的双方完成支付和收款。致力于为互联网用户和企业提供安全、便捷、专业的在线支付服务。财付通只支持工商银行、农业银行、光大银行、交通银行与兴业银行的QQ信用卡。2019年9月,腾讯理财通公告称,理财通平台运营主体将由财付通迁移至腾讯全资子公司上海腾富金融信息服务有限公司。

个人用户注册财付通后,即可在拍拍网及20多万家购物网站轻松进行购物。财付通支持全国各大银行的网银支付,用户也可以先充值到财付通,享受更加便捷的财付通余额支付体验。财付通与拍拍网、腾讯QQ有着很好的融合,按交易额来算,财付通排名第二,份额为20%,仅次于支付宝。

微信支付以"微信支付,不止支付"为核心理念,为个人用户创造了多种便民服务和应用场景。微信支付为各类企业以及小微商户提供专业的收款能力、运营能力、资金结算解决方案以及安全保障。用户可以使用微信支付来购物、吃饭、旅游、就医、交水电费等。企业、商户、门店、用户已经通过微信连在了一起,让智慧生活变成了现实。微信支付已实现刷卡支付、扫码支付、公众号支付、App支付,并提供企业红包、代金券、立减优惠等营销新工具,满足用户及商户的不同支付场景。

微信支付(商户功能),是公众平台向有出售物品需求的公众号提供推广销售、支付收款、经营分析的整套解决方案。商户通过自定义菜单、关键字回复等方式向订阅用户推送商品消息,用户可在微信公众号中完成选购支付的流程。商户也可以把商品网页生成二维码,张贴在线下的场景,如广告海报。用户扫描后可打开商品详情,在微信中直接购买。

3) 快钱

快钱公司(快钱)是国内领先的独立第三方支付企业,旨在为各类企业及个人提供安全、便捷和保密的综合电子支付服务。快钱是支付产品最丰富、覆盖人群最广泛的电子支付企业,其推出的支付产品包括但不限于人民币支付、外卡支付、神州行支付、代缴/收费业务、VPOS服务、集团账户管理等众多支付产品,支持互联网、手机、电话和POS等多种终端,满足各类企业和个人的不同支付需求。截至2010年4月30日,快钱已拥有6 200万注册用户和逾45万商业合作伙伴,并荣获中国信息安全产品测评认证中心颁发的"支付清算系统安全技术保障级一级"认证证书和国际PCI DSS(Payment Card Industry Data Security Standard)安全认证。

快钱总部位于上海,在北京、广州等地设有分公司。公司拥有由互联网行业资深创业者、优秀金融界人士和顶尖技术人员所组成的国际化管理团队,在产品开发、技术创新、市场开拓、企业管理和资本运作等方面都具有丰富的经验。快钱产品和服务的高度安全性以及严格的风险控制体系深受业内专家和众多企业及消费者的好评,快钱电子支付平台采用了国际上最先进的应用服务器和数据库系统,支付信息的传输采用了128位的SSL加密算法,整套安全体系获得了美国MasterCard网站信息安全认证、美国VISA持卡人信息安全认证和美国AmericanExpress运通的DSS认证,而美国Oracle公司、VeriSign数字安全公司和ScanAlert网络安全公司每天为快钱提供全面的安全服务,确保了数以亿计交易资金往来的安全。

快钱同中国工商银行、中国建设银行、中国银行、中国农业银行、中国银联、招商银行、交通银行、中国光大银行、中国民生银行、中国邮政储汇局、华夏银行、兴业银行、中信银行、平安银行、上海浦东发展银行、上海农村商业银行、广东发展银行、广州市商业银行、广州农村信用合作社等金融机构结成战略合作伙伴,并开通VISA国际卡在线支付,服务覆盖国内外30亿张银行卡。快钱和多家国内外知名企业如网易、搜狐、百度、TOM、当当、柯达、神州数码、万网、国美、三联家电等公司达成战略合作。综合全面的支付产品,精益求精的服务理念,将使快钱赢得更多企业及消费者的信赖,以创造支付行业第一品牌。

快钱公司是国内第一家提供基于E-mail和手机号码的网上收付款服务的互联网企业,以提供在线收付款服务为核心内容,同时不断更新及拓展服务领域,本着安全、便捷的宗旨,为用户提供更良好的服务。用户可以通过银行卡、银行账户、网银转账或线下充值等方式为快钱账户充值,充值完成后即可用账户内的资金安全轻松地进行在线支付。

4)PayPal贝宝

PayPal贝宝是倍受中国亿万用户追捧的网上支付工具,即时支付,即时到账,全中文的操作界面,能通过中国的本地银行轻松提现。贝宝是由上海网付易信息技术有限公司与PayPal公司通力合作为中国市场量身定做的网络支付服务。贝宝充分利用了PayPal公司在电子商务支付领域先进的技术、风险管理与控制以及客户服务等方面的能力。

上海网付易信息技术有限公司成立于2004年8月,注册于张江高科技园区的浦东软件园。公司已同国内多家主要银行以及中国银联支付服务公司(Chinapay)等结成战略合作,为网上交易的个人与企业提供支付服务。PayPal公司成立于1998年12月,是美国eBay公司的全资子公司。PayPal利用现有的银行系统和信用卡系统,通过先进的网络技术和网络安全防范技术,在全球190个国家为超过2.2亿个人以及网上商户提供安全便利的网上支付服务。您可以在贝宝网站上了解到更多有关PayPal公司的信息。

PayPal贝宝和PayPal是独立运作的两个网站。由于中国现行的外汇管制等政策因素,PayPal贝宝仅在中国地区受理人民币业务。若是从事跨国交易的卖家,则建议使用PayPal账户。

PayPal秉持着"普惠金融服务大众"的企业理念,致力于提供普惠金融服务,通过技术创新与战略合作相结合,创造更好的资金管理方式,转账、付款或收款提供灵活选择,帮助个人及企业参与全球经济并获得成功。2021年3月8日,在线支付平台PayPal宣布,将收购数字加密货币安全存储技术公司Curv,以加快和扩大其加密货币和数字资产的计划。

PayPal是倍受全球亿万用户追捧的国际贸易支付工具,即时支付,即时到账,全中文操作界面,能通过中国的本地银行轻松提现,解决外贸收款难题,免费注册PayPal后就可立即开始接受信用卡付款。PayPal是名副其实的全球化支付平台,服务范围超过200个市场,支持的币种超过 100 种。在跨国交易中,将近 70% 的在线跨境买家更喜欢用 PayPal 支付海外购物款项。

PayPal 是全球使用最为广泛的第三方支付工具之一。它针对具有国际收付款需求用户设计的账户类型。PayPal 致力于为个人或企业提供通过电子邮件而进行的安全、简单、便捷的在线付款和收款服务。PayPal 账户是 PayPal 公司推出的安全的网络电子账户,使用它可有效降低网络欺诈的发生。PayPal 账户所集成的高级管理功能,使用户能轻松掌控每一笔交易详情。

5)易付宝

易付宝是苏宁易购旗下的一家独立的第三方支付公司,在苏宁易购的注册会员,同步拥有易付宝账户,可以在苏宁易购上直接给易付宝账户充值,付款时可用易付宝直接支付。用户把易付宝账户激活后,即可享受信用卡还款、水电煤缴费等各种应用服务。

南京苏宁易付宝网络科技有限公司,是苏宁云商集团股份有限公司旗下的独立第三方支付公司,注册资金 1 亿元。它成立于 2011 年,并于 2012 年 6 月取得中国人民银行颁发的第三方支付业务许可证。易付宝注册会员数超过 3 000 万,年交易量近 200 亿元,已和全国 20 多家主流银行建立了深入的战略合作关系,线上支付覆盖全国 100 多家银行,成为金融机构在电子支付领域最为信任的合作伙伴之一。

信用卡还款是易付宝公司推出的在线还信用卡服务,可以使用易付宝账户的可用余额、储蓄卡的快捷支付或储蓄卡的网上银行,轻松实现跨行、跨地区的为自己或为他人的信用卡免手续费还款。易付宝的信用卡还款支持中国工商银行、招商银行、中国建设银行、中国银行、交通银行、中国光大银行、南京银行、浦发银行、广东发展银行。易付宝转账汇款免手续费,并有免费短信通知,到账速度快,已覆盖 100 多家银行。使用易付宝给手机充话费,1~10 min 即可到账,易付宝充值不仅没有手续费,还会有不定期的优惠。易付宝支持余额、快捷支付、网上银行等多种支付方式。

5.3 移动支付

随着智能手机应用的普及,电子商务也进入移动电子商务时代,移动支付也越来越重要。这一节,首先讨论移动支付的概念、主要特征和发展现状,然后重点讨论移动近场支付和远程支付,最后讨论移动支付的发展趋势。

5.3.1 移动支付概述

1)移动支付的概念与内涵

移动支付是指移动客户端利用手机等电子产品来进行电子货币支付,将互联网、终端设备、金融机构有效地联合起来,形成了一个新型的支付体系。移动支付开创了新的支付方式,使电子货币开始普及。

移动支付是使用普通或智能手机完成支付或者确认支付,而不是用现金、银行卡或者支票支付。移动支付是互联网时代一种新型的支付方式,其以移动终端为中心,通过移动终端对所购买的产品进行结算支付。移动支付的主要表现形式为手机支付。移动支付是第三方支付的衍生品。第三方支付实质上作为信用中介,为交易的支付活动提供一定的信用保障,从而消除由于买卖双方信息不对称而产生的信用风险。

2) 移动支付的主要特征

移动支付的主要特征包括如下几个方面：

（1）时空限制小　互联网时代下的移动支付打破了传统支付对于时空的限制，使用户可以随时随地进行支付活动。传统支付以现金支付为主，需要用户与商户之间面对面支付，因此，对支付时间和地点都有很大的限制；移动支付以手机支付为主，用户可以用手机随时随地进行支付活动，不受时间和空间的限制，如用户可以随时随地在淘宝等网上商城进行购物和支付活动。

（2）方便管理　用户可以随时随地通过手机进行各种支付活动，并对个人账户进行查询、转账、缴费、充值等功能的管理，用户也可随时了解自己的消费信息。这给用户的生活提供了极大的便利，也更方便用户对个人账户的管理。

（3）隐私度较高　移动支付是用户将银行卡与手机绑定，进行支付活动时，需要输入支付密码或指纹，且支付密码不同于银行卡密码。这使得移动支付较好地保护了用户的隐私，其隐私度较高。

（4）综合度较高　移动支付有较高的综合度，其为用户提供了多种不同类型服务。例如：用户可以通过手机缴纳家里的水、电、气费；用户可以通过手机进行个人账户管理；用户可以通过手机进行网上购物等各类支付活动。

3) 移动支付的发展现状

早在 1999 年，国内最早的移动支付就已经出现。2002 年，银联推出了手机短信支付模式，方便用户用手机查询、缴费。2011—2012 年间，中国联通、中国移动、中国电信先后成立了电子商务公司，同时，在这一时间段，支付宝推出了条形码支付业务，拉开了移动支付的序幕。此后，微信支付、京东支付、财付通等移动支付平台大量兴起，每一个平台的功能于用户来说都大同小异，各支付平台便以红包、低风险、使用范围广等优势争夺用户，形成以支付宝为首，多家支付平台共同竞争发展的现状。

2021 年 2 月 1 日，中国银联发布了《2020 移动支付安全大调查研究报告》。报告显示，通过对全国超过 17 万人的调查分析，98% 的受访者选择把移动支付作为最常用的支付方式。调查显示，2020 年，平均每人每天使用移动支付的频率是 3 次。此外，二维码支付已经成为人们最常用的移动支付方式，用户占比超过 85%。

5.3.2　移动近场支付和远程支付

根据传输方式的不同，移动支付可分为近场支付与远程支付。

1) 近场支付

近场支付是指消费者在购买商品或服务时，即时通过手机向商家进行支付，支付的处理在现场进行，使用手机近场通信（Near Field Communication，NFC）、红外、蓝牙等通道，实现与自动售货机以及 POS 机的本地通信。NFC 是目前近场支付的主流技术，它是一种短距离的高频无线通信技术，允许电子设备之间进行非接触式点对点数据传输交换数据。该技术由 RFID 射频识别演变而来，并兼容 RFID 技术，最早由飞利浦、诺基亚、索尼主推，主要应用于手机等手持设备中。

NFC 近场支付是国际上比较主流的模式，它的优点很明显：首先是快捷，交易时间很短；

其次它很灵敏,放在读卡机上差不多放准就可以了;再次安全性非常高;另外它和普通智能卡技术完全是兼容的。近场支付一般覆盖区域电信运营商、区域电子商务、交通、金融、社保、电子消费、身份识别等领域,支付服务涉及运营商与区域银行的合作,三方在信号频率、数据安全标准等方面还有很多工作需要规范。

2）远程支付

远程支付是指通过发送支付指令(如网银、电话银行、手机支付等)或借助支付工具(如通过邮寄、汇款)进行的支付方式,如支付宝推出的支付宝钱包、亲密付、手机充值等属于远程支付。

移动远程支付一般也指线上支付,是指利用移动终端通过移动通信网络接入移动支付后台系统,完成支付行为的支付方式。根据交易对象,移动远程支付也分为远程转账(个人对个人)和远程在线支付(个人对企业)。一个典型的移动远程支付流程是:用户通过移动终端在电子商务网站购买产品后,按照商家提供的付款界面,跳转至手机银行或第三方移动支付页面完成支付。此外,通过短消息服务(Short Messaging Service, SMS)、互动式语音应答(Interactive Voice Response, IVR)等方式进行的移动支付也属于移动远程支付。

按照使用的技术类型,远程支付技术方案主要包括短信支付、客户端(无卡)支付、智能卡支付和移动终端外设支付4种。

① 短信支付:指用户通过编辑、发送短信完成的支付业务。

② 客户端(无卡)支付:指用户通过移动互联网浏览器或客户端,经互联网与支付平台交互完成支付的业务。

③ 智能卡支付:指用户通过存储支付数据的智能卡进行安全认证的远程支付业务。本章中的智能卡指集成了安全运算单元和安全存储的集成电路卡片,包括 SIM/UIM 卡、SD 卡、手机内置 SE 等形态。

④ 移动终端外设支付:指通过移动终端的外接设备完成刷卡支付的业务。

5.3.3 移动支付的发展趋势

随着移动支付的普及和不断发展,移动支付将呈现如下发展趋势:

1) 移动支付引领无现金时代

移动支付的不断普及,支付宝、微信支付等支付平台的不断发展,越来越多的用户开始使用手机进行移动支付。现如今,人们已经很少会带现金出门,毕竟随处都可以使用移动支付手段进行付款,例如:人们乘车可以扫码付款、吃饭可以扫码付款、玩乐可以扫码付款、购物也可以扫码付款。移动支付已全面渗入人们的生活当中,有时人们外出游玩仅靠一部手机就足够了。由此看来,移动支付将引领人们进入无现金时代。

2) 移动支付更重视信息安全

随着移动支付不断深入人们的生活,人们将会越来越重视其信息安全的问题。移动支付平台与人们的银行卡进行关联,保存了个人的隐私信息,一旦这些信息被泄露,将给人们的生活带来很多的麻烦,例如:个人财产可能会被窃取,财产安全得不到保障、可能会被骚扰,从而影响正常生活等。这也体现了移动支付信息安全的重要性。未来随着移动支付技术的不断完善和发展,移动支付的信息安全系数将会逐渐提高。

3）移动支付覆盖范围会扩大

移动支付应用,除了在国内快速发展外,其热潮也早已蔓延到了国外,支付宝、微信支付等移动支付平台开始逐渐在国外兴起。随着跨境电商的兴起和发展,国内消费者可以随时随地通过跨境电商平台购买外国的各类产品,当然也就需要通过移动支付平台进行结算支付。除此之外,在出境旅游方面,国内消费者也可以通过携程、同程等旅游电商平台预定国外酒店、机票等,这也需要通过移动支付平台进行结算付款。由此得知,移动支付的覆盖范围正在逐步扩大。

5.4 互联网金融

随着互联网技术、信息通信技术不断取得突破,互联网应用向金融领域的渗透推动互联网与金融不断融合,互联网金融(Internet Finance,ITFIN)已经越来越受到人们的广泛重视。这一节,我们重点讨论互联网金融的概念、分类、特点和现状以及互联网金融的典型应用。

5.4.1 互联网金融概述

1）互联网金融的概念

互联网与金融深度融合是大势所趋,将对金融产品、业务、组织和服务等方面产生更加深刻的影响。互联网金融是互联网与金融深度融合形成的新兴金融业态。互联网金融不是互联网和金融业的简单结合,而是在实现安全、移动等网络技术水平上,被用户熟悉接受后(尤其是对电子商务的接受),自然而然为适应新的需求而产生的新模式及新业务,是传统金融行业与互联网技术相结合的新兴领域。

互联网金融是由国内学者谢平等人于2012年提出的概念。互联网金融的两端,一端是传统银行、证券、保险、交易所等金融中介和市场,另一端是瓦尔拉斯一般均衡对应的无金融中介或市场情形,介于两端之间的所有金融交易和组织形式,都属于互联网金融的范畴。互联网金融与传统金融的区别不仅仅在于金融业务所采用媒介不同,更重要的在于金融参与者深谙互联网"开放、平等、协作、分享"的精髓,通过互联网、移动互联网等工具,金融业务具备透明度更强、参与度更高、协作性更好、中间成本更低、操作上更便捷等优势。

金融科技是与互联网金融相关的一个重要概念。金融科技英译为 Fintech,是 Financial Technology 的缩写,可以简单理解成为 Finance(金融)+Technology(科技),指通过利用各类科技手段创新传统金融行业所提供的产品和服务,提升效率并有效降低运营成本。根据金融稳定理事会(FSB)的定义,金融科技是基于大数据、云计算、人工智能、区块链等一系列技术创新,全面应用于支付清算、借贷融资、财富管理、零售银行、保险、交易结算六大金融领域,是金融业未来的主流趋势。

2）互联网金融的分类

现实中的互联网金融,在概念上有广义与狭义之分。广义的互联网金融是指基于互联网应用的金融创新业态,既可以是传统金融机构的互联网创新应用,也可以是互联网企业对金融业务模式的创新。狭义的互联网金融是基于互联网创新应用形成的区别于传统金融的新金融模式。根据2015年7月中国人民银行等10部委发布的《关于促进互联网金融健康发展的指导意见》,互联网金融是传统金融机构与互联网企业利用互联网技术和信息通信技术实现资金融通、支付、投资和信息中介服务的新型金融业务模式。我国互联网金融主要业态包括:互联网借贷、股权众筹融资、互联网支付、互联网基金销售、互联网保险、互联网信托、互联网消费金融。上述10部委指导意见对我国目前互联网金融主要业态的内涵以及监管责任分工做了明确的界定。

目前互联网金融包括三种基本的企业组织形式：网络小贷公司、第三方支付公司以及金融中介公司。当前商业银行普遍推广的电子银行、网上银行、手机银行等也属于此类范畴。互联网金融是传统金融机构与互联网企业（以下统称从业机构）利用互联网技术和信息通信技术实现资金融通、支付、投资和信息中介服务的新型金融业务模式。当前的互联网金融形态主要包括：第三方互联网支付、互联网小额贷款、互联网消费金融、互联网供应链金融、大数据金融、人工智能金融、区块链金融以及数字人民币等。

3）**互联网金融的特点**

互联网金融还是金融，并没有改变金融的本质，但与传统金融业务相比，目前的互联网金融发展具有以下一些主要特点：

（1）**运营网络化**　互联网金融主要依靠互联网平台开展业务，无须大量设立经营网点及配备大量人员，这与传统金融机构需要具备相当的资金规模存在明显区别。

（2）**管理数据化**　互联网金融通过互联网及相关软件，将高度分散化的企业、个人信息进行系统集中处理，形成分门别类的大数据资源，并以此为基础提供资金融通和交易服务。基于大数据的业务创新、精准营销和风险控制，已成为互联网金融发展的重要基础。

（3）**竞争服务化**　互联网金融借助于互联网突破了物理空间的限制，缩短了业务链条，可实现金融业的全面自由发展，不仅推进新业务更加便捷，业务竞争也更加激烈。服务创新是互联网业务竞争的重要优势，互联网金融业务的发展既可大而惠，也可小而美。

（4）**交易大众化**　互联网金融的市场参与者相对平民化、大众化，一般民众可通过互联网进行各种金融交易，交易流程相对简化且易于操作，这与传统金融机构进行客户分级分类、专注于大客户明显不同。交易大众化为互联网金融普惠化发展奠定了基础。

（5）**重客户体验**　互联网金融由传统的面对面柜台交易转向开放式的群体参与、互动式沟通，通过实时交互、大规模协作实现组织扁平化、去中心化，客户群信息平台化、网络化，并可以通过数据挖掘和分析，提前发现潜在客户和潜在需求，为客户提供优质高效的产品和服务体验。讲究客户体验是互联网业务创新的共同特征。

4）**互联网金融的现状**

2014年"互联网金融"首次引入政府工作报告，表述为"促进互联网金融健康发展"，监管部门表示出鼓励金融创新，推动互联网金融健康发展的态度。2015年互联网金融风险事件开始频发，P2P平台涉嫌非法融资和自融，多起爆雷事件发生，至此引发社会和监管部门关注，互联网金融正式进入监管年，2016年监管部门开始专项整治互联网金融。

2014—2018年，互联网金融连续五年被写入政府工作报告，从一系列措辞上可以看出政府对行业发展的态度，也反映了互联网金融行业经历从高速发展到规范整治的历程。2019年，我国互联网金融风险专项整治成效显著，风险形势得到根本好转。2019年的政府工作报告中，没有直接提到"互联网金融"，但是增加了"大数据、人工智能研发"这一表述。2020年，互联网金融整治进入收官阶段，明确了"金融业务一定要持牌经营"的总体要求，接下来的监管将定位于建立长效监管机制。

金融领域的性质决定了其监管的特殊性，"金融科技"一词使互联网重新回归技术领域，服务于金融业务，互联网金融行业需要新的技术来重构生态，让科技成为底层的驱动力。结合

"金融服务一定要持牌经营",显然,未来金融科技在监管下,将作为科技服务输出者,而不是金融服务输出者存在。

传统金融机构为了适应互联网金融发展的趋势,陆续通过互联网渠道开展了金融业务,例如商业银行互联网存贷款、互联网保险业务等等。在2020年以前,监管部门主要针对非金融机构领域的互联网金融乱象进行整治,在互联网保险领域也出台了相关管理办法;2020年底,多项监管条例陆续颁布,体现了监管部门开始着手对持牌金融机构的互联网金融业务进行规范管理。从各项政策内容来看,主要针对当前金融机构开展互联网业务时存在的一些问题进行规范整治,维护市场秩序,以防范金融机构经营风险和保护消费者权益为主要目的。

经过2016—2020年的整治,各类互联网金融高风险平台得到了有序处置,P2P平台实现全部清零,防范化解金融风险攻坚战取得重要阶段性成果。互联网平台在互联网金融领域以提供金融科技服务充当"第三方"角色,然而一些大型互联网平台旗下的业务和产品涉及了金融业务领域,却没有得到相应的金融监管,形成了潜在的新型"大而不能倒"风险。

从清理中小互联网金融机构无序经营和无牌照经营行为,到将大型互联网平台的金融活动纳入监管框架,监管部门对互联网金融领域监管层层加码,坚持守住不发生系统性金融风险这一底线。2020年以来针对互联网金融的监管力度加大,文件出台的速度也有所提升,旨在强化主体责任,保障风险可控。互联网平台金融被列为2021年的重点监管对象。随着互联网信息技术的不断发展,"互联网+"模式深入金融行业,互联网企业利用丰富场景、海量用户和领先的金融技术优势,将服务嵌入支付、借贷、投资、保险等各个金融领域。

5.4.2 互联网金融典型应用

互联网金融对金融普惠和促进小微企业发展和扩大就业发挥了现有金融机构难以替代的积极作用。这一节进一步讨论互联网金融的典型应用。

1) 花呗

花呗全称是蚂蚁花呗,是蚂蚁金服推出的一款消费信贷产品,申请开通后,将获得500~50 000元不等的消费额度。用户在消费时,可以预支蚂蚁花呗的额度,享受"先消费,后付款"的购物体验。蚂蚁花呗2015年4月正式上线,主要用于在天猫、淘宝上购物,受到了广大消费者,尤其是80,90后消费者的喜爱。为了更好地服务消费者,蚂蚁花呗开始打破了购物平台的限制,将服务扩展至更多的线上线下消费领域。2016年8月4日,蚂蚁花呗消费信贷资产支持证券项目在上海证券交易所(以下简称上交所)挂牌,这也是上交所首单互联网消费金融资产抵押债券(Asset Backed Security,ABS)。截至2018年1月,蚂蚁金服已主动对两家小贷公司增资82亿元,注册资本从38亿元提升至120亿元。2018年5月18日,花呗宣布向银行等金融机构开放。2021年9月22日报道,花呗已接入央行征信系统,若用户拒绝接入将无法使用。

业内人士认为,银行等金融机构有资本和风控经验,花呗有消费场景、风控数据,双方各有所长,互为补充。因此,合作既能让金融真正服务到用户的合理消费需求,又能更好控制风险,降低资金和服务成本,利于行业发展。蚂蚁花呗支持多场景购物使用。此前的主要应用场景是淘宝和天猫,淘宝和天猫内的大部分商户均可使用其支付。现在蚂蚁花呗已经走出阿里系电商平台,共接入了40多家外部消费平台:大部分电商购物平台,比如亚马逊、苏宁等;本地生活服务类网站,比如口碑、美团、大众点评等;主流3C类官方商城,比如乐视、海尔、小米、

OPPO等官方商城;以及海外购物的部分网站。

2) 借呗

"借呗"是支付宝推出的一款贷款服务,按照芝麻分数的不同,用户可以申请的贷款额度不等。按照分数的不同,用户可以申请的贷款额度从1 000~300 000元不等。借呗的还款最长期限为12个月,贷款日利率是0.045%,随借随还。目前电商巨头推出的消费贷款主要还是针对本电商平台消费场景下的分期,但随着个人征信数据的不断积累,针对非消费场景下的个人信用贷款也在陆续推出。

在支付宝借呗借过钱的都知道,到账很快,基本上2小时就能到账,但这笔贷款贷出来之后,系统会提示你使用范围是有一定限制的,只能用于个人日常消费、装修、旅游、教育、医疗,不能用于购房、投资及各种非消费场景,而花呗就不一样,可以随时网上消费使用。借呗相当于网络小额贷款,额度从1 000元到30万元不等,是根据你在支付宝上的消费、支付,还有央行征信等数据,结合数据模型给你的。借呗是可以直接取现的,但受限制,使用场景不多。也就是说,花呗借给你的钱都是有明确消费场景的,你拿钱买了啥,平台方一清二楚,不管是支付宝还是背后的银行基金方,都比较安心。

3) 京东白条

京东白条是业内首款互联网信用支付产品,让用户可以享受到"先消费、后付款,实时审批、随心分期"的消费体验,迅速成为行业典范,奠定了京东金融在消费金融行业领先品牌的地位。

在定位上,京东白条是一款通过大数据进行信用评估,为信用等级高、有消费需求的用户提供的信用支付服务。用户在京东商城享受先用后付和分期购物服务,最长可达24期,账单还可分期和最低还款,执行利率低于银行信用卡。京东金融开通用户量过亿。此后,京东白条还打通了京东体系内的O2O(京东到家)、全球购、产品众筹,后来又逐步覆盖了租房、旅游、装修、教育、婚庆等领域,从赊购服务延伸到提供信用消费贷款,覆盖更多消费场景,为更多消费者提供信用消费服务。京东白条的服务场景逐步延伸,合作线上线下近千万商户,涵盖生活娱乐、商旅出行、教育培训、通信及租赁行业。与银行合作联名电子账户"白条闪付",通过近场通信(Near Field Communication,NFC)技术将白条支付拓展至线下,并且通过绑定微信支付,进一步拓宽白条支付使用场景。

除了为用户提供先买后付、随心分期的支付便利外,京东白条推出官方创意产品店——时光杂货店,秉持严苛的审美标准和品质标准为用户创意和甄选各种又有颜又有趣的生活小物,与年轻人一起共同建立健康有品质的生活态度。京东白条在为用户带来便利的同时,也非常注重用户被盗刷的安全问题。在账户登录、激活、交易、信息修改等全流程环节,京东数科的天策决策引擎系统、天盾账户安全与反欺诈系统、天网交易风险监控系统对每次账户行为进行后台安全扫描,实时计算,识别恶意行为及高风险订单,并和商城配送体系打通,对高风险订单实现配送"最后一公里"拦截,京东白条防盗刷在业内具有独一无二的优势。在服务热线中设立关于盗刷问题反馈的绿色通道,建立专门处理流程,京东金融客服会优先核实处理。对于认定被盗刷的用户,免除还款责任,并对相关账务进行特殊处理,不会影响用户征信。

4) 网商银行

网商银行是由蚂蚁集团作为大股东发起设立的中国第一家核心系统基于云计算架构的商业银行。它作为银监会批准的中国首批5家民营银行之一,于2015年6月25日正式开业。网商银行也是第一家将核心系统架构在金融云上、没有线下网点的科技银行。基于金融云计算平台,利用互联网和数据技术的优势,网商银行拥有处理高并发金融交易、海量大数据和弹性扩容的能力,作为专注为更多小微企业和个人经营者提供金融服务的银行,网商银行的使命和愿景是"无微不至"。

近年来,科技发展使得中国小微贷款可得率大幅提升,超过3 000万小微经营者使用过网商银行无接触贷款,他们户均贷款不超过4万元,他们当中70%的经营者过去从未获得银行经营性贷款。未来5年,"打造中国式开放银行"是网商银行的核心战略,通过科技驱动,进一步向供应链开放、向农村开放、向金融机构开放,并且坚持微利,坚持普惠,网商银行希望通过实践,为全球开放银行的发展提供新的思路。

网商银行行长金晓龙发布未来5年的目标,通过科技驱动,网商银行要成为服务小微最多的云端开放银行。2020年9月,在外滩大会上,网商银行宣布首次用卫星遥感技术破解农村金融难题。

5)微众银行

微众银行于2014年正式开业,是国内首家民营银行和互联网银行。微众银行专注为小微企业和大众提供更为优质、便捷的金融服务,运用金融科技探索践行普惠金融、服务实体经济的新模式和新方法,并坚持依法合规经营、严控风险。微众银行已在大众银行、直通银行和场景银行三大业务板块陆续推出了微粒贷、微业贷、微车贷、微众银行App、微众企业爱普App、小鹅花钱、We2000等。陆续推出了微粒贷、微业贷、微车贷、微众银行App、微众企业爱普App、小鹅花钱、We2000等产品,服务的个人客户已突破2.5亿人,企业法人客户超过170万家。微众银行在区块链、人工智能、大数据和云计算等关键核心技术的底层算法研究和应用方面开展技术攻关,在2017年成为国内首家获得国家高新技术企业资格认定的商业银行。微众银行已跻身中国银行业百强,国际评级机构穆迪和标准普尔分别给予微众银行"A3"和"BBB+"评级。国际知名独立研究公司Forrester定义微众银行为"世界领先的数字银行"。

微众银行推出的全线上、纯信用、随借随用的小额信贷产品"微粒贷",已累计向全国31个省、直辖市、自治区近600座城市的超2 800万客户发放4.6亿笔贷款,累计放款金额超过3.7万亿元。"微粒贷"授信客户中约77%从事非白领服务业,约80%为大专及以下学历;笔均贷款约8 000元,超过70%已结清贷款的使用周期为1个月,利息低于100元。微众银行推出中国第一个线上无抵押的企业流动资金贷款产品——微业贷。微业贷客户70%以上企业是制造业、批发零售业和高科技行业,60%以上企业首次获得银行企业贷款。微业贷服务的小微企业法人客户超过170万家,累计发放贷款近4 000亿元,间接支持近400万人就业。2020年10月,微众银行在微业贷的基础上进一步将企业金融服务品牌升级为"微众企业+",服务小微企业的金融与非金融需求,打造全链路商业服务生态。

练习题

一、判断题

1. 虚拟货币是一种电子货币。   (   )
2. 电子支付是指电子交易的当事人,使用安全电子支付手段,通过银行进行的货币支付或资金流转。   (   )
3. 互联网金融与传统金融在本质上并不一样。   (   )

二、选择题(可多选)

1. 以下属于中国第三方电子支付平台的是(   )。

   A. 支付宝   B. 财付通   C. 快钱   D. 贝宝

2. 数字人民币属于(   )。

   A. 电子现金   B. 数字现金   C. 虚拟资产   D. 数字货币

3. 智能卡与ATM卡的区别在于两者分别是通过嵌入式芯片和(　　)来储存信息。
A. 条码　　　　　　B. 存储器　　　　　　C. 集成电路　　　　　　D. 磁条
4. 以下(　　)服务是一般网上银行不提供的。
A. 为在线交易的买卖双方办理交割手续　　　　B. 为在线交易双方发放数字证书
C. 提供即时金融信息服务　　　　　　　　　　D. 办理同行转账业务
5. 以下(　　)不属于网络借贷。
A. 花呗　　　　　　B. 京东白条　　　　　C. 借呗　　　　　　　D. 余额宝

三、问答题
1. 消费者通过微信支付购物消费时,有时用不了绑定的信用卡,这是什么原因?
2. 与传统金融业务相比,目前正在发展中的互联网金融主要有哪些不同的特点?

四、操作题
1. 在支付宝网站(www.alipay.com)上注册一个支付宝账号,并将支付宝账号捆绑你的银行账号。
2. 访问微众银行网站与网商银行网站,比较两个银行的定位差异。写一个分析报告。

6 网络营销

[学习目标] 理解网络营销的概念、特点和功能;了解网络营销与传统营销的区别;掌握网络营销的常用方法。

6.1 网络营销概述

"网络营销"的英文有多种表达方式,常用的有 e‑Marketing、Internet Marketing、Online Marketing、Web Marketing、Cyber Marketing、Network Marketing 等。虽然它们均可以翻译为"网络营销",目前,比较习惯采用的翻译方法是 e‑Marketing,e 表示电子化、信息化、网络化的含义。

6.1.1 网络营销的概念与特点

网络营销是企业整体营销战略的一个组成部分,是基于互联网络及社会关系网络,连接企业、客户及公众,向客户及公众传递有价值的信息和服务,为实现客户价值及企业营销目标所进行的规划、实施及运营管理活动。网络营销是为实现企业总体经营目标所进行的、以互联网为基础,利用数字化的信息和网络媒体的交互性来辅助营销目标实现的一种新型的市场营销方式。它以现代营销理论为基础,借助互联网、计算机通信和数字交互式媒体,运用新的营销理念、新的营销模式、新的营销渠道和新的营销策略,以达到开拓市场、增加盈利为目标的经营过程。网络营销是电子商务在营销过程中的运用,是营销领域的电子化。网络营销贯穿于营销的全过程,从信息发布、市场调查、客户关系管理,到产品开发、制定网络营销策略、进行网上采购、销售及售后服务都属于网络营销的范畴。

正确理解网络营销的含义应把握以下几点:

1) 网络营销不是孤立存在的

网络营销是企业整体营销战略的一个组成部分,网络营销活动不可能脱离一般营销环境而独立存在,在很多情况下,网络营销理论是传统营销理论在互联网环境中的应用和发展。对于不同的企业,网络营销所处的地位有所不同,以经营网络服务产品为主的网络公司,更加注重于网络营销策略,而在传统的工商企业中,网络营销通常只是处于辅助地位。由此可以看出,网络营销与传统市场营销策略之间并没有冲突,但由于网络营销依赖互联网应用环境而具有自身的特点,因此有相对独立的理论和方法体系。在企业营销实践中,往往是传统营销和网络营销并存的。

2) 网上销售不等于网络营销

网上销售(在线销售)和网络营销是两个不同的概念,网上销售只是网络营销的一个重要组成部分,网络营销是为最终实现产品销售、提升品牌形象的目的而进行的活动,网上销售是网络营销发展到一定阶段产生的结果,但并不是唯一结果,因此网上销售本身并不等于网络营销。这可以从以下 3 个方面来说明。

(1) 网络营销的目的并不仅仅是促进网上销售,很多情况下,网络营销活动不一定能实现网上直接销售的目的,但有可能促进线下销售的增加,并且提高客户的忠诚度。

(2) 网络营销的效果表现在多个方面,如提升企业品牌价值,加强与客户之间的沟通,拓展对外信息发布的渠道,改善客户服务等。

(3) 从网络营销的内容来看,网上销售也只是其中的一个部分,并且不是必须具备的内容,许多企业网站根本不具备网上销售产品的条件,网站主要是作为企业发布产品信息的一个渠道,通过一定的网站推广手段,实现产品宣传的目的。

网络营销基于互联网,具有与传统营销不同的特点:

(1) 虚拟性　运作于网络市场上的网上商店不需要实际的店面,甚至不需要商品,利用视频等多媒体技术,商家可在网上虚拟、动态地展示产品等相关信息,而不再需要业务人员将实体商品送到客户面前展示。

(2) 跨时空　网上商店不受工作时间的限制,可以提供 7 天×24 h 全天候服务,也可摆脱因员工态度或缺乏训练而引起顾客反感所带来的麻烦。同时,网上商店能够跨越地域的限制,传统店铺只能覆盖一定的范围,即存在一个营销半径,而网上商店的营销半径无穷大,消费者与网站在虚拟空间里的距离为零。互联网创造了一个全球社区,消除了不同国家和地区间贸易往来的时间和地域障碍;面对提供无限商机的互联网,国内的企业可以开展全球性营销活动,跨境电商已成现实。

(3) 低成本　网上商店的成本主要来自网站建设成本、网店美工、网店推广费用以及网店运营费用。与传统店铺相比,它没有普通商店的店面租金、店铺装修、人员工资、水电费等方面的费用,从而节约了成本,因此,网上商店的商品价格比传统商店要低,这有利于增加网上商店的竞争力。

(4) 互动性　区别于线下的广播、电视、报纸、杂志等传统媒体,互联网能够以较低的成本实现商家与客户的双向互动。客户可以通过网络自行查询信息,对使用的商品提出反馈意见。在定制、销售产品的过程中,让客户参与越多,售出产品的机会就越大。

(5) 零库存　网上商店可以等接到顾客订单后再向制造厂家订货,而无须将商品陈列出来以供顾客选择,只需在网页上提供商品详情以供选择。同时,网络营销的企业往往具有较高的信息化水平来匹配网络营销和电子商务,因而管理和运营效率要高于传统企业。在互联网时代,更容易实现零库存,从而降低企业经营成本。

6.1.2　传统市场营销与网络营销

根据美国市场营销协会(AMA)的定义,市场营销是研究引导商品和服务从生产者到达消费者和使用者过程中所进行的一切商业活动,包括消费者需求研究、市场调研、产品开发、定价、分销、广告宣传、公关和销售等。网络营销与传统市场营销相互促进、相互补充,并且随着"互联网+"和移动通信技术的发展,两者之间的界限越来越模糊。企业在进行营销时应该根据企业的经营目标进行市场细分,并恰当地整合网络营销和传统市场营销,以最低成本达到最佳的营销效果。

1) 网络营销由传统的 4P 策略转向 4C 策略

与传统市场营销的"以产品为中心"相比,网络营销更强调"以消费者为中心"。网络营销已由在传统市场营销理论中占中心地位的 4P 策略逐步转向 4C 策略。4P 营销策略是指产品(Product)、定价(Price)、渠道(Place)、促销(Promotion);4C 营销策略是指消费者(Consumer)、成本(Cost)、便利(Convenience)和沟通(Communication)。

网络营销应该支持企业的整个营销体系,是企业整体经营方案的一部分。网络营销必须与企业的战略规划相互匹配、相互支撑。

2) 网络营销与传统市场营销的整合

网络营销与传统市场营销整合,利用整合营销策略来实现以消费者为中心的传播一致性和双向沟通,用目标营销的方法来开展企业的营销活动。整合营销包括 4P 策略与 4C 策略的整合、传播统一性、双向沟通和目标营销 4 个方面的内容。

(1) 4P 策略与 4C 策略的整合　传统市场营销 4P 策略的基本出发点是企业利润,营销过程是一条单向链条。而网络营销则需要企业同时考虑到客户需求和企业利润。整合营销理论始终体系了以客户为出发点、企业和客户不断交互的特点,营销以及决策过程是一个双向的链条。

(2) 传播统一性　企业需要向客户传达统一的信息,即用一个声音说话。客户从任何途径获得的信息都是一致的,目的是运用和协调各种不同的传播手段,使营销策略发挥最佳作用,从而在企业与客户之间建立长期的良好关系。

(3) 双向沟通　企业利用互联网信息手段与客户开展富有意义的交流,迅速获得客户的反馈信息。如果说传统市场营销理论的座右铭是"消费者请注意",那么整合营销的格言是"请消费者注意"。

(4) 目标营销　企业的一切营销活动都应该围绕企业的整体目标和整体营销战略来进行。

6.1.3　网络营销的功能

1) 网络市场调研

企业可在网上设立留言板、在线论坛、网上问卷、E-mail 等手段主动出击,取得关于产品、服务、客户等信息的第一手资料,也可登录其他网站收集、整理行业市场动态、行业竞争对手状况、市场宏观环境等第二手资料,为新产品开发、市场开拓等企业战略决策提供依据。网络市场调研所采用的信息收集方式与传统市场调研有所不同,因而对市场调研设计中的部分内容(如调查问卷的设计、发放和回收等)提出了不同的要求。

2) 信息发布

由于不受时间或版面的限制,企业可向访问者发布及时、详尽的信息。通过自己的网站,企业进行广告宣传,发布商品与服务信息,设立常见问题解答(Frequently Asked Questions,FAQ)回答客户经常提出的问题,设立留言板与电子邮件信箱让客户留下建议与提问,并及时回答相关问题。

3) 市场开拓

通过网上调研,网络营销可以帮助企业积极主动地去开发新的目标市场,寻找潜在的客户群体;网上宣传和信息发布可以吸引访问者成为自己新的客户。这使企业的市场范围逐渐扩大,新的市场不断被开发出来。

4) 网上销售

对选中的产品或服务,客户可与商家直接在网上洽谈业务、协商合约、在线订购、在线支付。企业既可针对消费者直接销售,也可针对其他企业客户批量销售。

5) 商务服务

商务服务包括支付结算、配送等一切与销售有关的业务,在涉外贸易中,还牵涉到检验检疫、融资保险、配额审批、通关申请等一系列复杂的商务业务处理。有的网站只处理单纯的销售业务,如"网上下单,网下支付";一些大型网站已逐渐整合相关的商务流程,以尽量方便客户。

6) 客户关系管理

可将客户档案建立成一个专用的数据库,内容包括客户的联系方式,客户以往的订购和支付情况,客户对产品或服务的反馈意见,客户对特殊产品或服务的需要等等。通过数据分析,可自动生成客户总体的状况特征,可以自动实现对客户的定期回访,促进感情与信息交流,增加相互信任,维护客户关系。

7) 营销集成

企业可以把所有订单输入自己专门的网络数据库进行订单的自动处理与传输,将采购、生产、销售三方面的信息系统集成。企业通过物料需求计划(MRP)系统将订单任务分解到各个生产环节的同时,采购部门和原料供应商做好原材料的供应工作。

在现阶段的网络营销活动中,常用的网络营销方法有搜索引擎营销、病毒性营销、软文营销、二维码营销、社群营销、直播营销等。

6.2 搜索引擎营销

6.2.1 搜索引擎概述

搜索引擎是人们搜索网上信息、发现新信息的工具,对于网络营销来说,具有重要的商业价值。目前,常用的中文搜索引擎有百度、360搜索、搜狗搜索等。

搜索引擎包括网络蜘蛛、索引和搜索工具三部分。网络蜘蛛自动在互联网上搜索包含相关内容的网页,将发现的信息或相关的参数返回给搜索引擎的存储部分进行存储,并建立信息的索引;利用索引可以在已存储的海量信息中进行快速搜索;当用户在搜索引擎中输入搜索词时,搜索工具在索引中查找与搜索词相匹配的网页,并返回给用户。

所谓搜索引擎营销(SEM),就是指企业通过搜索引擎,在用户进行信息检索时,尽可能向用户传递企业有效的营销信息。用户检索与商品或服务有关的信息反映了用户对该产品或服务的关注,这种关注是搜索引擎作为营销工具、具有营销价值的根本原因。

6.2.2 搜索引擎营销的目标

人们利用搜索引擎进行营销主要是为实现五个层次的营销目标。

1) 被搜索引擎收录

著名搜索引擎业界评论家Danny Sullivan曾经做过一个形象的比喻:如果你没把登录搜

索引擎纳入你的总体网络营销计划,那么就好像在传统市场推广中不考虑电视、报刊等主流媒体一样。被搜索引擎收录是搜索引擎营销的最基本的目标,一个企业的网站如果不被搜索引擎收录,那么通过搜索引擎就无法检索到这个网站,所以只有实现这个目标才有可能实现后面的营销目标。

2) 搜索结果中排名靠前

一项消费行为调查显示,一般用户会点击搜索结果前三页或者前 50 名的链接,而对此后的网站链接就不愿意点击了。所以要想获得较高的访问量和客户点击数,那么出现在搜索结果的排名靠前是一个非常务实的目标。实践证明,排名位置的不同对搜索引擎营销效果的影响非常大。

3) 增加用户点击率

只实现搜索结果中排名靠前,不一定就是非常合理的。这个部分只是实现了页面展现。要产生经济效益则需要增加用户的点击率,只有用户点击访问了目标网站,那么这个营销的效果才会进一步放大,从而实现客户转化的可能。

4) 将浏览者转化为客户

这是一个潜在客户变为目标客户的过程。搜索引擎营销的基本思想是让用户发现信息,并到网站或网页上,通过点击进一步了解所需信息。但从目前的实际情况来看,仅仅做到被搜索引擎收录并且搜索结果中排名靠前,因为实际上并不一定能增加用户的点击率,更不能保证将访问者转化为客户,所以搜索引擎营销的前两个目标仅仅是两个基本的目标,只有将浏览者转化为客户才是搜索引擎的最终目标。

5) 提高品牌知名度

搜索引擎能够提高企业品牌知名度,同时促进产品的销售,产生引导或者增加访问量。尤其对于中小企业,在品牌宣传投入不足的情况下,利用搜索引擎营销快速实现品牌知名度的提升是非常好的策略。

在明确了搜索引擎营销价值和目标之后,需要了解不同类型的搜索引擎的营销方法,到目前为止,最主要的搜索引擎营销方式有搜索引擎优化和百度推广两种形式。

6.2.3 搜索引擎优化

搜索引擎优化 (Search Engine Optimization, SEO) 就是让网站更容易被搜索引擎收录,并且当用户通过搜索引擎进行检索时在检索结果中获得好的排名位置,通过出现在排名中较前的位置来获得更多的关注与点击访问量。由于 SEO 的性价比非常高,效果立竿见影,因此得到了大家的认同和喜爱,几乎成为必用的网络推广手段之一。

需要提醒的是,当一个网站建成或网站完成优化后要及时主动提交给搜索引擎,以便让它的 Spider 程序系统及时把这个网站的相关网页信息提取并纳入索引数据库中。每个搜索引擎都有提交入口。

1) 关键词选择

网站在实施搜索引擎优化过程中,首先需要明确网站主推的核心关键词,再围绕核心关键词进行排列组合产生关键词组或短句。对企业、商家而言,核心关键词就是他们的经营范围,如主要产品或核心服务名称、行业定位以及企业名称或品牌名称等。

2) 关键词密度

确定关键词,需要在网页文本中适当地出现这些关键词,关键词密度是指关键词在网页中出现的频次,该指标对搜索引擎的优化起到重要作用。关键词密度一般在 2%～8% 较为合适,超过这一标准就有过高或过低之嫌。切记避免一页中关键词的出现不是根据内容的需要安排,而是为了讨好搜索引擎人为堆砌关键词。

3) 关键词分布

关键词的分布应遵循无所不在,有所侧重的原则,主要分布在网页的以下几个位置:网页代码中 Meta 标签、网页正文最吸引注意力的地方、超链接文本(锚文本)、图片 Alt 属性、域名或文件夹命名。

4) 网站外部链接与搜索引擎优化

网站外部链接是指网站 A 与网站 B 之间互换首页链接、频道链接等,通过交换相关度好的网站可以提升自身网站的权重(PR 值:用于衡量网站的影响力与重要程度)。由于技术型搜索引擎把一个网站被其他网站链接的数量作为评估网站级别的因素之一,因此在搜索引擎优化中需要适当考虑网站链接。网站外部链接的主要作用体现在:外部链接可以有效增加网站的整体权重,相关度高的链接作用是巨大的。外部链接在优化过程中可谓是必不可少,外部链接实际就是一种投票的方式,高权重的 A 网站如果链接 B 网站就是 A 网站给 B 网站投了一票。搜索引擎也会认为 B 网站是一个高质量的网站,权重方面也得到一定的提升。值得注意的是,外部链接也不是越多越好的,重要的是外部链接需要注意网站内容的相关性。内容相关性程度高的高质量网站在搜索引擎优化中起到非常重要的作用。

6.2.4 搜索引擎付费推广

搜索引擎优化与搜索引擎付费推广之间的区别在于,前者是企业主花钱请外边的公司来对公司的网站进行搜索引擎优化(可以针对不同的搜索引擎),后者是企业主出钱请百度将自己公司网站的排名往前移(仅适用于百度),企业主出的钱比它的竞争者多,企业主公司网站就可以排在百度搜索的前列,典型特征是在搜索结果中的公司网址后面出现"广告"的字样,如图 6-1 所示。

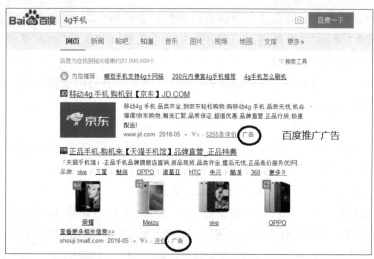

图 6-1 出现在百度搜索结果的百度推广

接下来就以百度搜索付费推广为例,来分析一下百度常见的付费推广。

百度付费推广的方式多种多样,满足了不同行业、不同企业对自己产品或服务推广的需求。这里简单地介绍一下百度比较常见的三种付费推广方式。

1)百度搜索推广

百度搜索推广的付费形式为"按照点击付费",其展现不需要付任何费用,这种形式是企业最常用的付费推广方式。由于广告法规定,广告结尾处已明确标明"广告"二字。

2)百度品牌专区

百度品牌专区的付费形式为"按时间付费",如可以包月、包年。在推广时间段内,无论点击多少次,都不收取额外费用。这种形式一般只能推广自己公司的品牌词以及公司持有的商标词,这种推广价格比较昂贵,一般适合品牌有影响力的大公司。在检索一些大公司时,比如检索京东时,会在首页第一条出现京东的品牌广告。

3)百度网盟推广

百度网盟推广是百度重要的一种推广方式,付费形式也是"按点击付费"。广告展现位置是在与百度合作的近百万网站上,展现量巨大。广告主要以图片为主,包括固定样式、贴片样式、悬浮样式。

6.3 病毒性营销

所谓病毒性营销(Viral Marketing),通过用户的口碑传播,使信息像"病毒"一样扩散,利用快速复制的方式传向数以千计、数以百万计的受众,通过别人为你宣传,实现"营销杠杆"的效果。

6.3.1 病毒性营销战略的基本要素

有效病毒性营销战略包括5项基本要素。

1)提供有价值的产品或服务

病毒性营销首先要能给潜在受众提供有价值的产品或服务,如优化打折信息、免费音乐或动画。"打折"或者"降价"之类的词语可以让用户产生兴趣,而"免费"通常更会引人注意。

2)提供快捷的传递信息方式

病毒性营销在互联网上得以极好地发挥作用,是因为即时通信变得容易。因此,病毒性营销策划者可以向他人提供快捷的传递信息方式。

3)信息传递速度快,范围广

当目标受众读到一则有趣的信息后,他的第一反应或许就是将这则信息转发给好友、同事,无数个"转发大军"就构成了成几何级数传播的主力。

4)借助公众参与的积极性和新闻媒体的影响力

病毒营销巧妙地利用了公众参与的积极性,一传十、十传百,"病毒"沿着每个人的社交链相互传染,加之借助于新闻媒体的报道影响力,更增加信息的可靠性,从而形成裂变效应。

5)利用现有的通信网络

互联网就是一个很好的平台,其他通信网络有广播、电视、移动通信等。

6.3.2 病毒性营销的运作方法

1) 病毒性营销方案的整体规划和设计

病毒性营销之所以吸引人就在于其独特的创意。目标受众并不能从信息传递中获利,他们为什么自愿提供传播渠道呢?诀窍在于以下两个方面:

(1) 策划具有吸引力的"病毒"　病毒性营销的核心就是"病毒"的制造。不管"病毒"最终以何种形式来表现,它都必须具备基本的感染基因。"病毒"必须是独特的、方便快捷的,而且必须"酷",并能让受众自愿接受且感觉受益匪浅。"病毒性营销"必须是"允许式"而不是"强迫式"的,要让受众能够自愿接受并自愿传播。

策划者传递给目标受众的信息不是赤裸裸的广告信息,而是经过加工的、具有很大吸引力的产品和品牌信息,而正是这一披在广告信息外面的漂亮外衣,突破了消费者戒备心理的"防火墙",促使其完成从纯粹受众到积极传播者的变化。有"吸引力"是这件"漂亮外衣"的本质特点。

(2) 对信息传播渠道进行合理的规划　病毒性营销的特点是让公众将营销信息不断传递下去,当用户通过电子邮件、QQ、微信收到一个有趣的图片或很酷的 Flash 节日贺卡后,通常会把它发给朋友。而朋友也顺次把该附件发给他的朋友。这种滚雪球效果可以轻松创建起一个分销渠道,在很短的时间内传送到成百上千的人们那里。数字格式使得信息、音乐、图片、软件下载等变得更加简单,而最普遍的口头传递病毒性营销方式是"告诉一个朋友"或"推荐给朋友"。

病毒性营销是利用受众的积极性和人际关系网络,让营销信息被快速复制与传播。策划者应该对信息传播渠道进行合理的规划,由于信息出现爆发性扩散,因此一个传播渠道是远远不够的,需要同时提供多种便于公众接受和再次发送的信息传播渠道。应尽可能利用现有的通信网络,如微信、QQ、二维码等,让目标受众高效率地接收、非常方便地进行转发。

2) 对病毒性营销的原始信息进行发布和推广

设计出具有吸引力的"病毒",规划好信息传播渠道后,可以先对病毒性营销的原始信息在较小的传播范围内进行发布和推广。一来测试信息传播渠道是否通畅,二来可以测试该"病毒"是否能吸引公众的关注。一旦证实病毒性营销设计方案可行,就可以大范围地发布与推广,应选择多种媒体进行发布,相互呼应。一旦炒作出一个事件,广播、电视、报纸及各大门户网站都会追踪报道。可以在很短的时间里炒作出一个事件,也许一个人或一件事几天前还默默无闻,几天后就家喻户晓,如高铁"霸座"事件。

3) 对病毒性营销的效果进行跟踪和监测

大众媒体投放广告有一些难以克服的缺陷,如信息干扰强烈、接收环境复杂、受众戒备抵触心理严重。而对于那些营销"病毒",是受众从熟悉的人那里获得或是主动搜索而来的,在接受过程中自然会有积极的心态。在病毒性营销的运作过程中,需要对病毒性营销的效果进行跟踪和监测,例如,查看论坛的回帖数、用搜索引擎搜索在网络上的报道情况;各种媒体的关注情况;公众对哪些方面感兴趣?传播过程中是否存在问题?应使病毒营销尽可能地克服信息传播中的噪声影响,增强传播的效果。

【知识拓展 6.1】

抖音挑战赛

6.4 软文营销

6.4.1 软文营销的概念

软文是由企业的市场策划人员或广告公司的文案人员负责撰写的"文字广告"。与硬广告相比,软文之所以叫作软文,精妙之处就在于一个"软"字,好似绵里藏针,收而不露,克敌于无形,等到你发现这是一篇软文的时候,你已经冷不丁地掉入了被精心设计过的"软文广告"陷阱。它追求的是一种春风化雨、润物无声的传播效果。

软文营销是指通过特定的概念诉求,以摆事实讲道理的方式使消费者走进企业设定的"思维圈",以强有力的针对性心理攻击迅速实现产品销售的文字模式和口头传播,如新闻、第三方评论、访谈、采访等。软文是基于特定产品的概念诉求与问题分析,对消费者进行针对性心理引导的一种文字模式,从本质上来说,它是企业软性渗透的商业策略在广告形式上的实现,通常借助文字表达与舆论传播使消费者认同某种概念、观点和分析思路,从而达到企业品牌宣传、产品销售的目的。软文营销往往都是与新闻营销、博客营销或是论坛营销相互配合使用的,这些方法组合出击,效果会大幅度提升。

软文营销往往是经过周密的策划,用一系列的文章打组合拳,这些文章环环相扣,由浅入深,一步一步达到目标。而且做软文营销时,具体的文章内容中不一定要直接推广产品,可能只是先普及某一种概念,或是为后面的计划做铺垫。

6.4.2 软文营销的特点

1) **本质是广告但形式不像广告**

软文看上去一点也不像广告,写手将要宣传的信息嵌入文字,从侧面进行描述,往往以资讯、评论、管理思想、企业文化等文字形式出现,让受众在潜移默化中受到感染,属于渗透性传播。然而软文的本质又是广告,这是不可回避的商业本性。不管软文如何策划和实施,最终一定是要能够达到相应的广告效果,否则就是失败的。

2) **伪装形式是一切文字资源,使受众"眼软"**

软文的关键点:一是"软",二是"文"。也就是说软文的内容一定是以文字为主,包括各种文字形式,如新闻资讯、经验心得、技巧分享、观点评论、思想表达等。通过这些文字,使受众的

"眼软",只有让用户的眼光停留了、徘徊了,才有机会影响到他们。

像发布在网络上的软文,越通俗越好,要多多运用网络语言,因为网络文化的特点就是草根、快餐。可以上网了解一下网络上的流行小说和文字,写得都非常通俗,甚至被人批评为"中学生的作品"。而那些被文学界奉为精品的文章,反而被冷落。

3) 宗旨是制造信任,使受众"心软"

软文的宗旨是制造信任,它弱化或者规避了广告行为的强制性和灌输性,一般由专业的软文写手在分析目标消费群的消费心理、生活情趣的基础上,投其所好,用极具吸引力的标题来吸引网络用户,然后用具有亲和力或者诙谐、幽默的文字以讲故事等方式打动消费者,而且文章内容以用户感受为中心,处处为消费者着想,使读者易于接受,尤其是新闻类软文,从第三者的角度报道,消费者从关注新闻的角度去阅读,信任度高。

软文的内容一定要有目的,而不管什么形式的软文,终极目标是通过这些文字在用户中间制造信任感,通过这些文字打动用户,使受众"心软"。只有用户看完你的文章后相信你了,才会付诸行动。

4) 关键要求是把产品卖点说得明白透彻,使受众"脑软"

除了取得用户的信任,还需要在文章中把产品卖点说得明明白白、清楚透彻。所以就需要我们深入了解产品特点,并将这些卖点通过文字完美地演绎出来,使用户在了解到这些卖点后"脑软"。

另外,还需要注重将产品功能形象化。有位广告大师曾经说过:"不要卖牛排,要卖滋滋声。"只有赋予产品生动的形象化描述,让用户看完文章后有如身临其境的感觉,才会达到出其不意的效果。

5) 着力点是兴趣和利益

用户对什么样的内容最感兴趣?不同的行业、用户群,具体的答案不尽相同,但是有一条最本质的规律,那就是不管什么情况、什么行业、什么样的用户,一定对与自身喜好和利益有关的内容最感兴趣。所以深入研究用户需求,是每一位营销推广人员都必须做足的功课。

6.4.3 软文营销的策略

1) 新闻性策略

人都有猎奇心理,也都渴望了解新事物、学习新知识,所以新闻性的软文非常容易得到人们的关注。操作时注意,新闻软文一定要突出一个"新"字,文章中的内容一定是人们所不知道的、不了解的、不熟悉的,如新鲜的事件、新鲜的观点、新鲜的事物、新鲜的知识、新闻的话题等。文章的形式要符合新闻写作规范,发布的媒体及具体的版块也应该是正规新闻栏目,千万不要发到广告版。

2) 概念性策略

万物都是相通的,网络营销也是如此,不同的营销与推广方法之间都有很多共性,理念和策略都适用,只不过具体的表现形式不同。对于有用的新生事物,人们总会不惜一切代价去了解、学习和尝试,而这也是概念攻略的精华之所在。

就像大家熟知的脑白金软文,其成功因素中的关键一条就是打造出了"脑白金体"和"脑白金"的概念,并且让大家对其产生无限向往。而实际上,与"脑白金体"和"脑白金"对应的就是平常说的"松果体"及它的分泌物"褪黑激素"。如果脑白金上市之初直接通过后两者进行宣传,肯定不会有这么神奇的效果,因为人们对它们已经非常熟悉和了解了。

打造概念时注意,这个概念一定是与目标用户息息相关的,要高度符合用户需求,能够引起受众强烈的关注与足够的重视。否则不管概念包装得多么漂亮,都是在做无用功。

3)经验性策略

经验分享型软文是最容易打动用户和影响用户的软文类型。此类软文的策略主要是利用了心理学中的"互惠原理",通过免费向受众分享经验,免费给予他们帮助,以达到感动用户的目的。而且由于此类文章的形式都是无偿提供,用户在观看时没有任何心理负担,且是抱着主动学习的态度阅读,因此软文中的信息更容易被用户接受和认同,甚至用户在看完文章后,还会主动帮助我们进行口碑传播。在运用这种策略时,一定是无偿分享宝贵的经验,不能用一些人人皆知的东西糊弄用户。而且这些经验一定是能够对用户有所帮助的,要有很强的实用价值。

4)技术性策略

一提到技术二字,人们的脑海中就会浮现出诸如"专业""高深""高品质""精湛""靠谱"等字眼,所以如果我们走技术路线,则更容易获得用户认可。特别是一些创新型的技术,还会受到媒体的热捧。比如机器人一直是全人类的梦想,如果哪家公司能够在该领域取得突破性的进展,媒体就会争相报道,因为这些技术将推动社会的进步,媒体的特点决定了他们必将关注这件事。

此策略的关键是通过技术层面的东西去打动用户。所以其中提出的技术不能是伪技术,必须具有一定的先进性,能够真正帮助用户解决一些实际问题。而且在向用户描述时,不要过于高深,要用一些浅显易懂的语言和例子,让用户明白其大概原理,了解能够为他们带来什么。

5)话题性策略

话题是最容易在用户中引起口碑效应的策略,因为只有足够热的话题,用户之间才会自发地谈论与传播。想获得足够热的话题,比较好的方式有两个:一是围绕、结合社会热点制造话题;二是针对用户的喜好与需求引发争议。比如在2008年汶川地震时,王老吉捐款1亿元,在这个大的社会热点话题之下,制造了"封杀王老吉"这个具体的小话题,然后通过一系列的营销举措,把中国网民的爱国情绪和同胞情深渲染到了极致,一举确立了王老吉品牌非常积极和正面的形象。

注意:制造话题时,要注意话题的可控性,特别是制造争议话题时,不能引发用户对产品的负面情绪,一定是对产品品牌做正面引导。

6)权威性策略

对于权威的东西,人们总会情不自禁地信服与顺从,因为在我们小时候,对权威的敬重感就已经深深根植于我们心中。所以树立权威,是软文营销的一个策略。比如大公司生产的产品,我们会不假思索地肯定其品质;对于大商场销售的产品,我们也从不怀疑可能会是假货。

我们可以围绕企业背景打造权威,好的企业背景会很快建立起权威性。奇艺网上线之初,便获得了高度关注,原因就是它是由百度公司投资创办的。如果我们的企业没有这样的好背景,可以通过一些后天的方式弥补,比如通过各种合作形式,挂靠到权威部门或是大公司旗下。

除了企业背景外,还可以围绕产品打造权威。比如产品的技术特别先进、品质特别好,都可以奠定权威地位。著名杀毒软件卡巴斯基在进入中国市场初期,就是先通过技术打造其产品的权威性,以此快速奠定了其在中国市场的地位,获得了用户的认可。

除了企业和产品外,还可以通过人打造权威。比如"创新工场"虽然是一家新公司,但是因为其是由前谷歌公司全球副总裁兼大中华区总裁李开复先生创建的,所以没有人敢轻视它,因为李开复老师的权威性不容置疑。当然,不是每家企业都有这么强的人,而且强人也是从新学员进化出来的。所以我们可以自己打造强人,比如将企业老总打造成领军人物,就是最常用的一个方法。

【知识拓展6.2】

软文营销捧红了迪拜七星级酒店

6.5 二维码营销

6.5.1 二维码营销的概念与功能

1) 概念

二维码营销是指通过在各类媒体上发布二维码图片,引导消费者使用手机扫描二维码来达到推广产品资讯、推广商家活动,刺激消费者进行购买行为的新型营销方式。

二维码的诞生要早于微信,之前的二维码基本上是作为一种通用商品条码出现的,扫描二维码可以获得商品的来源、厂家价格和质量跟踪等具体信息。随着智能手机的普及,尤其是微信的出现,二维码的应用顿时推广开来。目前,城市大街小巷、农贸市场随处可见二维码交易的情形,餐饮服务、购物消费、资金流转等日常生活的方方面面,都在使用二维码。因此,二维码营销也得到迅猛发展,使用二维码营销的前5大行业和广告主为美容护肤品、健康、家用品、时尚行业和汽车行业等。二维码营销的功能如下:

2) 功能

(1) 信息获取　二维码可以用来提供名片、地图、Wi-Fi密码、资料。微信用户可以方便地通过扫描朋友的微信二维码,快速实现添加好友。

(2) 网站跳转　消费者通过手机来扫描二维码,就可以获得一个网址,从而跳转到微博、网站。

(3) 广告推送　消费者通过扫描二维码,可以浏览商家推送的文字、视频、音频广告。

(4) 手机电商　消费者可以通过微信的"发现"界面,点击"扫一扫",对着二维码扫一扫,当然,可以直接关注微信网店实现商品购买,或关注微信公众号进行订阅。

(5) 防伪溯源　消费者通过扫描二维码,可以查看商品的生产地、价格,辨别真伪,以此获取该产品的溯源。

（6）优惠促销　消费者通过扫描二维码,可以下载电子优惠券、抽奖。二维码链接到网站动态信息库,优惠内容可随时更改,且内容可采用图文、音频、视频等各种形式相结合,使优惠券信息丰富多彩。

（7）会员管理　通过扫描二维码,用户可以从手机上获取电子会员信息,享受 VIP 服务。

（8）手机支付　扫描二维码,消费者可以通过手机银行或支付宝、微信等第三方支付工具完成支付。

6.5.2　二维码的生成

采用二维码生成器,如草料二维码生成器(https://cli.im／),如图 6-2 所示,可以将文本、网址、文件、图片、音视频、名片以及微信等信息输入二维码生成器中,二维码生成器就会自动生成二维码,然后进行保存并生成活码。商家可以将二维码发布到企业网站、广告条、微博等媒介上,以配合线上宣传。二维码的便利性、友好性、交互性,使得二维码在移动增值服务行业中逐渐受到重视,被广泛应用在下载图文、音乐、视频、手机阅读、应用下载等多种移动业务中。

图 6-2　草料二维码

6.5.3　二维码营销的应用

1）手机购物

借助二维码,实现消费者随时随地快速浏览商品,完成网上支付。另外,还将提供多种支撑企业营销的应用,以简单、高效、安全、便捷的创新营销模式解决企业新客户开发、老客户维护、移动电子商务、打折促销、新品推广、客户和企业互动等传统营销困境,节约了企业成本,为企业的广告、销售、促销、活动和客户反馈信息采集提供了一体化解决方案。

2）增强用户体验

二维码的应用是零售行业的一大发展趋势,二维码的信息量相对一维码更为丰富,应用于零售各环节中,借助自动识别技术,能够极大地方便消费者和零售商,有效提升消费者体验。

3）快捷地完成支付

在日常生活中,无论你是到农贸市场还是逛商场,无论你是乘公交还是驾车上高速,都可以通过扫描二维码支付,省时、省事还有优惠!

4) 二维码优惠促销

二维码还可制成电子优惠券,宣传材料上一个醒目的二维码,配合一句简洁的广告语(如"扫码送红包"等),便能吸引消费者掏出手机扫码一探究竟,为了获取优惠而扫描二维码的用户达到了89%。

5) 让客户随时查询感兴趣的商品信息

如果消费者在餐厅里对品尝的红酒爱不释手,消费者无须在纸上写下酒厂的名字,直接用手机扫描酒标上的二维码就可以更详细地查询该酒的有关产地、价格等信息,并可以随时实现下单购买。

6) 精准的点对点营销

品牌与消费者"码上直连,双向沟通","一物一码"开展主题营销,实现"人、货、场"三要素重构,将给消费者带来更好的消费体验,从而实现在新零售时代,消费者、厂家、实体店的三者共赢,推动零售行业的更好发展。

6.6 社群营销

6.6.1 社群营销的概念与特点

1) 相关概念

(1) 社区　是指聚居在一定地域范围内的人们所组成的社会生活共同体。一般认为一个社区应该包括一定数量的人口、一定范围的地域、一定规模的设施、一定特征的文化、一定类型的组织。

(2) SNS 社区　SSS 英文全称 Social Networking Services,即社会性网络应用服务,旨在帮助人们建立社会性网络的互联网应用服务。SNS 社区传播是以社区为阵地展开的互动营销。SNS 社区符合了网络用户的真实需求——参与、分享和互动,它的传播代表了网络用户的特点,也符合网络营销发展的新趋势。无论是朋友的一篇日记、推荐的一个视频、参与的一个活动,还是朋友新结识的朋友都会让人们在第一时间及时地了解和关注到身边朋友们的动态,并与他们分享感受。

目前,国内主流 SNS 社区有人人网、QQ 空间、开心网、豆瓣等;移动端有微信、陌陌等。SNS 社区类网站根据功能大致可以分为 3 类:

第一类:基于搜索的互动式知识问答分享平台,如百度知道、新浪爱问、知乎。

第二类:BBS 论坛,如各类专业论坛。

第三类:社交网络,如人人网、比邻、小米社区、MOOC 学院、馒头商学院。

(3) 社群　是指在某些边界线、地区或领域内发生作用的一切社会关系。它可以指实际的地理区域或是在某区域内发生的社会关系,也可以指存在于较抽象的、思想上的关系。

人们常说:物以类聚,人以群分。这句话印证了社群的客观存在价值。网络时代,对于每个人来说,只有当你的客户变成用户,用户变成粉丝,粉丝变成朋友的时候,才算得上是社群。社群颠覆传统互联网模式在于:重塑了品牌、社群、消费者三者的关系结构。传统互联网模式:品牌→社群→消费者;社群思维模式:消费者→社群→品牌。

(4) 社群营销　是指在网络社区营销及社会化媒体营销基础上发展起来的用户连接及交流更为紧密的网络营销方式。

网络社群营销的方式,主要通过连接、沟通等方式实现用户价值,营销方式人性化,不仅受用户欢迎,还可能成为继续传播者。社群的形式有:微信群、公众号、今日头条、微博、网络直播等。目前,一些主要社群及其定位如表6-1所示。

表6-1　主要社群及其定位

社群	所属品牌	社群定位	粉丝定位	线上活动
小米社区	小米	小米产品社区(线上销售+用户服务)	手机发烧友,小米粉丝,小米手机的深度用户	小米论坛、小米网
MOOC学院	果壳网	大型开放式网络课程学习社区	120万MOOC学习者	提供MOOC、职业课程、课程专题、演讲
馒头商学院	北京麦拓教育科技有限公司	互联网从业者在线学习社群	100万+服务学员	提供产品经理、网络营销、产品运营的专业知识课程

2) 社群营销的特点

(1) 效率高　社群营销是以目标人群的双向互动沟通为核心,比起单向传播更加有效。

(2) 精准　社群营销应该是在网络营销里唯一能和搜索营销相比的精准营销方式。搜索营销是定向流量,社群营销是定向需求、人际信任、口碑传播。在精准营销时代,必须深入目标客户的社群。

(3) 传播快　社群营销虽然不能与大众媒体广泛传播相比,但是其到达精准目标人群,也就是在圈子里,其传播速度非常快。当你真正掌握社群营销的方法,就会体会到什么叫一传十、十传百。

(4) 时效久　网络营销的特点就是"凡走过必留下痕迹"。社群营销是以人际关系、兴趣圈子、口碑传播为核心的营销方式,这些网络上的口碑随着时间的流逝不仅不会消失,相反,不知道何时被一些因素激活,能够二次,甚至三次发酵。

(5) 费用低　注意是低费用而不是免费。比起传统媒体动辄百万千万的投入,做好一个社交平台往往一年的预算不过数十万而已。

6.6.2　社群营销的方法

1) 建群圈人

首先要对社群定位,锁定群员类别。社群的建立,能够解决社群成员的需求,对社群成员来说才有价值,才能更好地吸引外部成员的加入。因此,清晰定位、方向明确,是新社群创建之初就需要考虑清楚的问题。可以基于某一产品建群,如苹果手机群、小米手机群;也可以基于某一爱好建群,如驴友群、户外群。

2) 主动吸引

注意,是主动吸引,而不是生拉硬拽。可开展线上与线下活动相结合或场景体验,满足粉丝参与感、成就感。红包的出现,为社群带来了一种狂热的"游戏场景"。一时间,社群成员数量激增,社群活跃度暴涨,无数新人通过各种渠道加入社群,意图加入这场激烈的"抢红包大战",很多人之所以选择加入社群,关键在于"有利可图"。

3) 互动交流

互动交流是建立信任的最佳方式,在社群进行分享的目的,就是为了与网友进行交流、沟通,微信朋友圈的兴起,让微信公众号迅速大热,成为社群内容推送的主要渠道。精准化的内容设定、精美的页面排版风格,会给社群带来源源不断的优质内容,从而点燃社群成员交流、互动的激情,引流信息才足够有吸引力,网友才愿意加入社群之中。

4) 价值输出

价值包括信息、知识、资源等,持续输出有价值的东西是衡量社群生命力的重要指标之一。一般来说,微信群、QQ群在成立之初有一定活跃度,但随着"兴奋点"的消失,有些群逐渐演变成"鸡肋",因此,好的社群一定要能给群员提供一定的价值输出,才能吸引群员加入并留在群里。

5) 建立信任

信任是成交的前提,日常生活中微信朋友圈、QQ空间的"心灵鸡汤"很容易走进人的内心,直击人的真实情感,同时,也很容易取得潜在客户的信任,因此商家要遵循营销规则是:用优秀的文章来吸引和打动消费者。如科普软文中,每个微商传递的知识都和自己的产品相关,经常在微信朋友圈发布科普类的软文,主要是向用户传达一种专业的素养,让用户更加信任自己的产品和品牌。

6) 调动欲望

描绘出他人想要的,不要总想着马上赚钱,要有利他之心,开展的所有活动都是有诚意的,目的是回馈老客户,同时让老客户心甘情愿地带来新客户。不要想着去从客户身上马上得到什么,而应是你可以为他们先做点什么?这才是真正的生意之道。

7) 促成成交

市场开始不要全面摊开、急速发展,而要精耕细作,全力以赴进行单点突破。首先,从你的老客户入手,发动他们来裂变;其次,你要有诚意,你给予的赠品是他们想要的,并且是跟你做的行业有关联的;再次,让他们感受到你的诚意,要做到细水长流,赚客户后端的钱,选择一次性赚钱还是选择赚客户一辈子的钱,道理是不言而喻的。

8) 传播裂变

未来的传播一定不是传统的单向传播,而是各种社群交叉的关系网和圈子中进行扩散式、裂变式传播。目前,通过社群裂变起家的有:有书、轻课、笔稿、十点读书等。社群最神奇的地方在于社群用户是拥有共同标签、去中心化、利益共同体、可组织这四大特征。一个社群形成的前提是每个在社群里的人都认为自己能够从中获利,而社群裂变恰好是利用群体获利的效应,激发了这个利益共同体,进行爆炸式的扩散和传播。社群裂变的方法为:裂变海报→扫码进群→引导用户转发文案及海报→用户截图审核成功→推送奖励。

6.7 直播营销

6.7.1 直播营销的概念

直播营销是指在现场随着事件的发生、发展进程同时制作和播出节目的播出方式,该营销活动以直播平台为载体,达到企业获得品牌的提升或销量增长的目的。

最早的直播平台有六间房直播、YY等。从2013年起,借助移动互联快速发展的优势,直播平台来势汹汹,先有斗鱼、虎牙等游戏直播平台纷纷涌现,主打细分垂直市场,紧接着出现了以映客为代表的移动客户端App直播平台。电子商务直播平台有淘宝直播、京东直播。淘宝直播的"边看边买"功能,可以边看直播边购物,无疑不是一种享受和体验,让用户在不退出直播的情况下就能够直接下单主播推荐的商品。

2016年是直播平台爆发元年,直播开始颠覆市场和大众社交方式。社交1.0时代的博客、帖吧、BBS论坛,造就了第一批"网红"的兴起。2.0时代的微博、微信,有着更加广泛的受众群体,极强的用户黏性,培养了人们的社交习惯,捧红了自媒体市场,迎来了蓬勃发展的市场机会。而直播,将成为社交3.0的入口,满足当下社会90后、00后"求关注""渴望出名""想火"的社交诉求。同时,借助移动互联技术和端口的流量,直播正在从一个聚集"网红"的平台,逐渐发展成为聚集快消、电商、大众商品、3C等品牌及产品的"创新营销平台"。

6.7.2 直播营销的优势

直播营销是一种营销形式上的重要创新,也是非常能体现出互联网视频特色的板块。对于广告主而言,直播营销有着极大的优势。

1)引爆性

从某种意义上说,在当下的环境中直播营销就是一场事件营销。除了本身的广告效应,直播内容的新闻效应往往更明显,引爆性也更强。一个事件或者一个话题,相对而言,可以更轻松地进行传播和引起关注。

2)精准性

在观看直播视频时,用户需要在一个特定的时间共同进入播放页面,但这其实与互联网视频所倡扬的"随时随地性"是背道而驰的。这种播出时间上的限制,能够真正识别出并抓住这批具有忠诚度的精准目标人群。

3)互动性

相较传统电视,直播视频的一大优势就是能够满足用户更为多元的需求。不仅仅是单向的观看,还能一起发弹幕吐槽,喜欢谁就直接献花打赏,甚至还能动用民意的力量改变节目进程。这种互动的真实性和立体性,也只有在直播的时候才能够完全展现。

4)共鸣性

在这个碎片化的时代里,去中心化的环境下,人们在日常生活中的交集越来越少,尤其是情感层面的交流越来越浅。直播,这种带有仪式感的内容播出形式,能让一批具有相同兴趣的人聚集在一起,聚焦在共同的爱好上,情绪相互感染,达成情感气氛上的高位时刻。如果品牌能在这种氛围下做到恰到好处的推波助澜,其营销效果一定也是四两拨千斤的。

【案例6-1】

一次善举引发的直播爆红

2021年7月21—7月25日,鸿星尔克直播被网友刷上了热搜,打开抖音,看到的几乎是各地抢购鸿星尔克商品的视频!

近几年来,鸿星尔克渐渐地淡出了大众视野,不少网友以为鸿星尔克快"倒闭"了,这个一年亏损2.2亿元,穷到连微博会员都不舍得开的国产运动品牌,却舍得在河南受灾时默默捐出5 000万元物资,驰援河南灾区。

直播是最好的长尾互动,鸿星尔克这一善举,感动了网友,感动了国人,唤醒了国人团结一心的意识。于是,大家齐心协力把鸿星尔克刷上热搜,集体涌入直播间、实体店,高呼要"野蛮消费"!线上直播间卖断货了,线下实体店被买空了,主播多次喊话"要理性消费",但网友们购买的热情仍在不断发酵,导致鸿星尔克订单系统异常,只好暂停直播,加急处理订单。还有不少网友慷慨解囊,给鸿星尔克微博会员充值120年的年费,会员的截止时间到了2140年。

在鸿星尔克没有捐赠之前的一周(7月15日—7月21日),鸿星尔克直播间的观看人次不到1万,甚至有些直播场次的观看人次还不到1 000。在鸿星尔克做出善举之后,鸿星尔克品牌官方旗舰店直播间的观看人次高达800多万,粉丝高达1 310.4万人,鸿星尔克7个直播间一天实现3.9亿元销售额,开创直播销售奇迹,成就鸿星尔克国货品牌的辉煌!

6.7.3 短视频/直播电商的产业链运营框架

1) 人货场的三个要素关系

直播电商重塑了人货场的三个要素关系,货是供应链,也是直播中核心关键的一环;人主要分为用户和主播;场就是平台,选择在哪个平台合作或者做主播。人货场结构如图6-3所示。

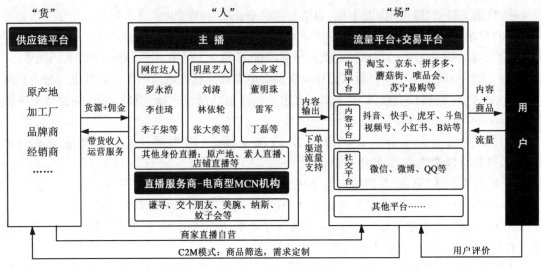

图6-3 人货场结构图

(1) 货 货主要是供应链平台来负责,柔性供应链建设,是直播电商持续发展的最大驱动力。对于直播电商而言,优质的商品是维护用户忠诚度的重要资源,也是保障主播持续带货的重要资源;拥有柔性供应链建设能力的主播,可以快速响应粉丝需求,通过减少中间环节、去品牌化,推出高性价比的产品,从而赢得粉丝用户。

短视频/直播电商带货,货和价格本身是影响转化率的最大因素;微播易发布的短视频/直播带货效果营销因素见表6-2所示,其中产品本身因素为51%。

表 6-2 短视频/直播带货效果营销因素一览表

营销因素	品牌/产品成熟度	产品价位	受众匹配度（KOL 精准度）	促销力度	KOL 的影响力	其他（团队协同、售后服务等）
各类占比	21%	18%	13%	12%	10%	26%

目前直播已经覆盖了全部行业,体验性强、毛利率高、客单价低、退货率低、复购率高的相关非标品更为受益。因此直播的强势品类为穿搭与美妆(前者重点在于直播场次与覆盖流量,后者重点在于直播的转化效率)。此外传统非线上商品增长也十分强劲,如家电家居等。

供应链直播基地是指在线下建立货源基地,通过招募、孵化主播并建立直播间的方式进行的快速出货和变现的场所机构。

① 供应链直播基地的服务对象主要有两类：一是散户中腰部主播。二是直播机构的签约主播。

② 场地类型主要是两类：一是线下实体市场,包括一二级批发与流通市场等正常经营的实体市场。二是直播基地,即同一建筑单位内,组织集成多个供应链的货源综合体。

③ 基地地域主要分布在两个方向：一是大城市,提升主播直播间的权重。二是产业带,可得到当地更多资源支持,有利于垂直领域的发展。

供应链直播基地的核心能力与指标主要体现在 4 个方面：

① 组货能力：具体指标包括直播商家数量、多重身份(比如能同时为多少家 MCN 机构服务)、供货品牌数、自带工厂的品牌数、代运营商家数量等。

② 基础电商运营能力：直播成交 GMV(商品交易总额)、客服与物流员工人数等。

③ 直播服务能力：直播间数量、办公场地面积、主播合作案例等。

④ 政策支持：直播企业场地补贴、直播企业税率补贴、直播企业人才补贴等。由于供应链直播基地的数量规模增长过快,而具有带货能力的主播数量增长较慢,同时中小供应链的管理水平不足导致本就淘汰率较高的主播行业流失严重,因此基地与主播供需不平衡问题越来越明显。

(2) 人　根据主播身份直播电商分成店铺类电商和纯达人电商两类。店铺电商分为代播主播、创始人直播、店长直播、店员直播；纯达人电商包括网红直播、明星直播、关键意见领袖(Key Opinion Leader,KOL)直播等。

主播根据流量大小分为长尾部主播、腰部主播、头部主播。主播的商品交易总额(GMV)是综合因素的结果,其中包括：

① 粉丝对主播"电商"基因的定位,吸引的粉丝非常精准,成交转化率高。

② 主播在自己专业和圈层优势明显,内容专业,创作能力强,口碑种草强。

③ 供应链能力决定产品性价比,决定粉丝复购率,决定单个粉丝的电商变现价值；其中腰部垂直类主播的带货转化能力可以媲美头部主播。

不同层次主播采取的发展策略也不一样,头部主播发展路径主要表现为圈层效应和破圈发展,围绕头部主播形成红人矩阵,以私人关系或共同 MCN 为纽带,成员协调发展,头部主播跳出既有平台出圈活动,获得更高的知名度与更多的社会影响力反哺平台。中腰部主播发展路径主要表现为平台扶持利好和细分化专业化两个方面,平台通过流量包、任务激励、推荐位支持、现金补贴、入驻优惠、标准培养体系等政策扶持中小主播；在更垂直的品类中不断强化自身特色与专业性,形成差异化优势。

多频道网络(Muti-Channel Network,MCN)是一种新的网红经济运作模式。MCN 机构在直播电商产业链中处于一个"中介"的角色,有着其独有的运作模式,上游对接供应链及网红主播,下游对接分发平台,兼具网红孵化、内容生产、活动运营、供应链支持等多重角色,以实现规模化、专业化的内容变现,帮助平台批量化管理分散的主播个人。MCN 运作模式及价值分析如图 6-4 所示。

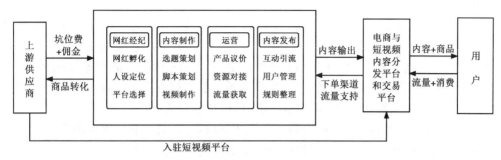

图 6-4　MCN 运作模式及价值分析

(3) 场　主要分为两类:一是平台,二是场景。

① 平台:当下流量平台与交易平台趋于统一,初步可以分为电商平台、内容平台、社交工具平台。电商平台参与直播主要目的是用直播的形式进一步吸引流量,目前电商获客成本居高不下,其较强的优势在于丰富的货品和商家资源,以淘宝、京东等为主要代表。短视频/直播内容平台则是通过做电商来加码,提升流量变现能力,其优势在于网红达人资源丰富、流量大、营销策划能力强等,以抖音、快手、B 站、小红书等为主要代表。社交工具平台入局直播的目的是将聚集的流量转化为商业价值,其优势在于社交广度、深度和调动私域流量,以视频号等为主要代表。各直播平台带货模式对比分析见表 6-3 所示。

表 6-3　直播平台带货模式对比分析

平台	抖音直播	快手直播	视频号	小红书直播	B 站直播	淘宝直播	京东直播
平台属性	社交+内容	社交+内容	社交+内容	内容+电商	内容	电商	电商
流量来源	偏公域	偏私域	较私域	公域与私域并行	公域与私域并行	公域	公域
带货 KOL 属性	头部主播相对集中,代表:罗永浩、张柏芝	头部相对分散,代表:散打哥	以个体 IP 为主	较为分散,缺乏代表人物	相对细分,如游戏、二次元的 UP 主	头部高度集中,代表李佳琦	垂直化专业能力主播培育,代表为王自如
带货商品属性	美妆+服装百货为主	百元以内的低价商品为主	探索阶段	美妆+母婴为主	探索阶段新奇、虚拟商品潜力较大	淘系全品类	京东电商全品类
带货模式	短视频+直播,内容驱动	达人直播,信任机制	关系链裂变	种草内容为主,直播+笔记齐发力	以短视频种草为主,做外部链接	店铺直播为主,明星、达人模式兼具	主播专业内容+品质供应链+优质服务
机会点	品牌宣传效果好	擅长维护高价值的私域流量	私域流量转化利器	用户黏性高,流量精准,适合品牌产品	探索区,95 后的主战场	C2M(Customer to Manufacturer) 淘宝特价版,工厂机会较大	品质用户较高,较大用户基础

② 场景：即直播场景的选择。由于各平台逐渐降低直播门槛、各类政策的支持与市场显著的教育成果，更多商家通过手机直播在更广泛的时间段与更多的场景展示产品，如工厂、原产地、专柜、直播间等，也可以入驻直播基地，同时解决货源问题。

2）短视频/直播电商产业中主体的盈利模式

根据对直播产业链的分析，除用户和供应链两端外，其余的主体主要是主播、MCN机构、平台，根据其各自的运营模式可以提炼出其盈利模式主要为广告、电商、佣金、流量费用、打赏。

（1）主播　主播主要分为娱乐主播和非娱乐主播，其通过团队打造和运营一段时间后，积累一定数量粉丝，盈利方式就是粉丝变现，娱乐主播主要变现方式为打赏；非娱乐主播变现方式主要为承接广告和电商带货（主要是供应商提供坑位费和佣金）。

（2）MCN机构　根据MCN机构的运营模式可以看出，其盈利主要为两个方向：一是代运营服务费；二是通过孵化网红达人带货，收取供应商坑位费和佣金。

（3）平台的运营模式　不管电商平台还是社交内容平台，通过自身的深耕运营，集聚了大量的流量。以淘宝和抖音为例，天猫的盈利模式就是通过商家购买其流量获利，比如直通车、热卖等广告位，同时在其上面开店，不同类目有不同的交易佣金比例，开店保证金每个店铺5万~10万元不等；抖音也是如此，各类网红达人或者MCN机构需要购买其流量来增加粉丝数、直播间人气；想要带货变现，需要在抖音里面开设抖音小店，不同的类目有不同的交易佣金比例，同时还有店铺保证金。所以平台的盈利模式主要是向商家或者网红售卖流量，同时收取交易佣金。

练习题

一、判断题

1. 网络营销是指在线销售。　　　　　　　　　　　　　　　　　　　　　　　　　（　　）
2. 网络营销不可能取代传统营销。　　　　　　　　　　　　　　　　　　　　　　（　　）

二、选择题（可多选）

1. 网络营销策略中的4C营销组合策略强调以（　　）为导向。
   A. 平台　　　　　　B. 产品　　　　　　C. 方便　　　　　　D. 消费者需求
2. 网上销售商面临的挑战是如何吸引更多的网民，并努力将网站访问者变为（　　）。
   A. 信息员　　　　　B. 促销员　　　　　C. 供应商　　　　　D. 消费者
3. 病毒性营销是一种借助（　　）进行网络营销的方法。
   A. 病毒　　　　　　B. 口碑　　　　　　C. 电子邮件　　　　D. 网站
4. 下列（　　）属于网络营销的范畴。
   A. 市场调查　　　　B. 客户关系管理　　C. 产品开发　　　　D. 售后服务
5. 二维码营销的功能包括（　　）。
   A. 信息获取　　　　B. 广告推送　　　　C. 防伪溯源　　　　D. 优惠促销
6. 网络广告的目的有（　　）。
   A. 塑造网络品牌　　B. 形成站点销售　　C. 树立企业的形象　D. 吸引客户点击
7. 4P营销策略是指（　　）。
   A. 产品策略　　　　B. 渠道策略　　　　C. 价格策略　　　　D. 渠道策略
8. 4C营销策略是指（　　）。
   A. 客户价值　　　　B. 成本　　　　　　C. 方便性　　　　　D. 沟通

三、问答题

1. 网络营销的功能有哪些？

2. 搜索引擎优化与搜索引擎付费推广的区别在哪里?
3. 病毒性营销的基本要素有哪些?
4. 软文营销有什么特点?
5. 举例说明社群营销的特点。
6. 结合案例分析直播营销的优势。

7 电子商务物流管理

[学习目标] 掌握电子商务物流的概念、特点和流程;理解电子商务物流管理模式;理解电子商务物流包装、仓储、冷链保鲜等相关知识。

近年来,我国电子商务物流企业不断发展壮大,经营模式不断创新,服务能力不断提升。作为现代物流业的重要组成部分,电子商务物流充分发挥供应链条长、突破时空限制、联系生产生活等优势,已广泛深入地渗透到生产、流通、消费等各个领域,成为推动我国国民经济发展的新动力、新引擎。

7.1 电子商务物流概述

7.1.1 电子商务物流发展现状

1) 发展规模不断扩大

我国电子商务物流业务量持续高速增长,现已位居全球首位。随着经济环境持续改善,中国物流与采购联合会和京东集团联合调查的 2021 年 6 月份中国电商物流运行指数为 111.2 点,比 5 月上升 0.5 个点。供给端运行保持稳定,各项指数明显改善,物流时效、履约率、人员指数创年初以来最高值,库存周转指数连续 3 个月上升,成本指数止跌回升。需求侧,总业务量指数和农村业务量指数有所回落,主要是 2020 年同期基数较高,同时 5 月网络消费、线上购物活动活跃,6 月更趋理性,促销活动吸引力有所下降。

2) 企业主体多元发展

随着电子商务的快速发展,我国电子商务物流保持较快增长,企业主体多元发展,经营模式不断创新,服务能力显著提升,已成为现代物流业的重要组成部分和推动国民经济发展的新动力。企业主体从快递、邮政、运输、仓储等行业向生产、流通等行业扩展,与电子商务企业相互渗透融合速度加快,涌现出一批知名电商物流企业。

3) 服务能力不断提升

第三方物流、供应链型、平台型、企业联盟等多种组织模式加快发展。服务空间分布上有同城、异地、全国、跨境等多种类型;服务时限上有"限时达、当日递、次晨达、次日递"等。可提供预约送货、网订店取、网订店送、智能柜自提、代收货款、上门退换货等多种服务方式。

4) 信息技术广泛应用

企业信息化、集成化和智能化发展步伐加快。条形码、无线射频识别、自动分拣技术、可视化及货物跟踪系统、传感技术、全球定位系统、地理信息系统、电子数据交换、移动支付技术等得到广泛应用,提升了行业服务效率和准确性。

7.1.2 电子商务物流的概念、内容和服务规范

1) 电子商务物流的概念

现代物流以系统理论为出发点,考虑各因素的互动影响,通过"物流八最原则"(最合适的运输工具、最便利的联合运输、最短的运输距离、最合理的包装、最少的仓储、最短的时间、最快的信息、最佳的服务)的策划,实现商品较低成本及较好效果并举的位移结果。

中华人民共和国国家标准《物流术语》将物流定义为:物品从供应地向接收地的实体流动过程,根据实际需要,将运输、储存、装卸、搬运、包装、流通加工、配送、信息处理等基本功能实现有机结合。将物流管理定义为:为以合适的物流成本达到用户满意的服务水平,对正向及反向的物流过程及相关信息进行的计划、组织、协调与控制。

电子商务物流是一种全新的现代化物流服务,凭借其自身准确、迅速地响应给电子商务活动的各方参与者提供相应的服务,在提高了物流运行效率的同时降低了企业的运营成本,并且有效地刺激了社会需求,提高了整个经济社会的福利,促进社会经济的不断发展。由于电子商务物流服务的快速响应能力和其自身所具有的与传统物流服务的差异,电子商务物流通常被称为电子商务快递服务。

电子商务物流是主要服务于电子商务的各类物流活动,包括为电子商务提供运输、存储、装卸、搬运、包装、流通加工、配送、代收货款、信息处理、退换货等服务,是物流业在电子商务新时期演变成长的全新物流业态,具有时效性强、服务空间广、供应链条长等特点。加快电子商务物流发展,对于提升电子商务水平、降低物流成本、提高流通效率、引导生产、满足消费、促进供给侧结构性改革等都具有重要意义。

以快递业为代表的电子商务物流在快速发展过程中与互联网结合最为紧密,在服务网络零售的同时,也建立了密集的干线和末端网络,为新消费提供了强有力的物流服务能力。近场电商、直播电商、社区零售等新模式成为电子商务物流新的增量空间;数字化进程加快,智能化、无人化等技术不断创新,行业正由规模驱动向技术驱动转变。在"碳达峰、碳中和"的战略目标下,建设全链路绿色物流管理体系成为电子商务物流新课题。

2) 电子商务物流的内容

与传统的商品零售企业相比较,利用电子商务进行商品销售的企业在实质上并没有什么不同,物流始终都是实现销售过程的最终环节。但由于两者所采用的销售形式不同,电子商务自身的特点可以实现跨越时间和空间的交易活动,因此电子商务物流服务的内容也要体现出自身的差异化需求。

(1) 订单管理 电子商务物流的订单管理业务活动包括接收订单、整理数据、订单确认、交易处理等。为提高电子商务物流的订单管理效率,需要通过复杂的软件应用来处理繁杂的业务环节。

① 确认订单来源:当电子商务物流服务商接收到一份订单时,应识别该订单来源以及订单方式,统计顾客是通过何种方式(电脑、手机、电话、传真等)完成的订单,并根据库存清单检索订单上的货物是否有存货。

② 支付处理:在顾客提交订单后,还需要输入有关的支付信息。电子商务物流系统应自动处理相关支付业务以及赊欠业务;如果客户填写的支付信息有误,电子商务物流系统应及时

通知顾客进行更改,或选择其他合适的支付方式。

③ 订单确认与处理:当顾客的支付信息被处理后,电子商务物流系统会为顾客发送订单确认信息,并对客户的订单进行格式化以发送到离客户最近的仓储中心。

(2) 仓储与分拣　仓储中心接到订单后,则根据订单内容进行分拣;同时负责存货清单管理以及存货的补给工作。

(3) 包装　通过对销售商品的包装进行重新组合拼配和加固,达到便于物流运输和配送的包装组合。

(4) 运输　包括处理运输需求、设计运输路线、运输实施等运输全过程管理以及向客户提供通过互联网对货物运输状态进行的实时跟踪服务。

(5) 客户服务　包括售前、售中、售后服务以及对顾客的电话、传真、电子邮件等回复工作,涉及存货信息、货物到达信息、退货信息以及顾客意见等。

(6) 数据管理与分析　对于顾客提交的订单,电子商务物流系统应对相关数据进行分析,并产生一些深度分析报告,以帮助企业及时了解市场信息并随时调整市场营销策略,这将成为电子商务物流服务提供商向客户提供的重要增值服务。

3) 电子商务物流服务规范

作为我国电子商务物流领域的第一个行业标准,《电子商务物流服务规范》自2016年9月1日起全国正式实施。该规范适用于提供电商物流服务的组织以及相关主体,可作为电商平台或商户对第三方物流服务进行选择、规范和管理的参考依据,但不适用于跨境物流、冷链物流和医药物流服务。

该规范要求:电商物流仓储、分拣及配送场所需配备符合国家标准的消防设施和器材;对服务流程重点环节产生的信息应进行及时有效的记录、处理、更新、维护,且除配合司法机关外,不得将涉及消费者的数据泄露给第三方。同时,对电商物流各个环节都提出了明确的操作规范和服务标准。而对于消费者最为关心的费用及快递配送签收环节,规范中明确提出:基本服务费、保险或保价费、退换货服务费、增值服务费等应制定明确统一的服务计费规则并在提供服务前告知顾客;电商物流配送在验收无异议后,由消费者签字确认,若消费者本人无法签收时,经消费者允许,可由其他人代为签收,配送人员应核实代收人身份,并告知代收人代收责任。

7.1.3　电子商务物流的特点

在消费升级和电子商务线上线下日趋融合的背景下,电子商务物流呈现出新的特征,包括"新零售"对电商物流提出了新要求;消费升级在拓展了物流服务内容的同时,也加速了行业变革;电商行业"马太效应"日趋明显,市场竞争出现新动向;共建共享成为共识;电商物流的智能化水平走在行业前列。

1) 智能化

要求电子商务物流企业提高科技应用水平,采用先进适用技术和装备,提升快递物流装备自动化、专业化水平。加强大数据、云计算、机器人等现代信息技术和装备在电子商务与快递物流领域应用,大力推进库存前置、智能分仓、科学配载、线路优化,努力实现信息协同化、服务智能化。其中,作为一种智能化的末端物流解决方案,自提柜通过无人交接式的快递配送,已成为"最后一公里"派送的重要补充,将开放网购"最后一公里"服务智能化。

2）标准化

要求加强快递物流标准体系建设,推动建立电子商务与快递物流各环节数据接口标准,推进设施设备、作业流程、信息交换一体化。引导电子商务企业与快递物流企业加强系统互联和业务联动,共同提高信息系统安全防护水平。鼓励建设快递物流信息综合服务平台,优化资源配置,实现供需信息实时共享和智能匹配。

3）协同化

要求仓储、快递、第三方技术服务企业发展智能仓储,延伸服务链条,优化电子商务企业供应链管理,发展仓配一体化服务,集成应用各类信息技术,整合共享上下游资源,促进商流、物流、信息流、资金流等无缝衔接和高效流动,提高电子商务企业与快递物流企业供应链协同效率。

4）网络化

要求电子商务物流企业依托全国性及区域性物流节点城市、国家电子商务示范城市、快递示范城市,完善优化快递物流网络布局,加强快件处理中心、航空及陆运集散中心和基层网点等网络节点建设,构建层级合理、规模适当、匹配需求的电子商务快递物流网络。优化农村快递资源配置,健全以县级物流配送中心、乡镇配送节点、村级公共服务点为支撑的农村配送网络。

5）集约化

要求推广智能投递设施,鼓励快递末端集约化服务。鼓励快递企业开展投递服务合作,建设快递末端综合服务场所,开展联收联投。促进快递末端配送、服务资源有效组织和统筹利用,鼓励快递物流企业、电子商务企业与连锁商业机构、便利店、物业服务企业、高等院校开展合作,提供集约化配送、网订店取等多样化、个性化服务。

6）绿色化

要求推广绿色包装,推动绿色运输与配送。电子商务企业与快递物流企业开展供应链绿色流程再造,提高资源复用率,降低企业成本。加强能源管理,建立绿色、节能、低碳运营管理流程和机制,在仓库、分拨中心、数据中心、管理中心等场所推广应用节水、节电、节能等新技术新设备,提高能源利用效率。

7）柔性化

电子商务物流柔性化是指为配合生产领域中的柔性制造而提出的一种新型物流模式,根据多品种、小批量、多批次、短周期的全新消费需求,灵活有效地组织和实施电子商务物流作业。

8）不平衡性

由于不同地区自然与经济条件、社会环境、互联网发展水平等众多外部因素的影响以及电子商务、贸易流通等产业发展带来的总体市场容量差异,我国不同区域电子商务物流发展的基础条件不尽相同,不同地区对于电子商务物流发展的关注重点与投入水平也因地差异。

7.1.4 电子商务物流的效益

长期以来,人们对创造利润的环节集中关注在生产领域,因此把在生产过程中节约物质消耗而增加的利润称作"第一利润源泉",把因降低劳动消耗而增加的利润称作"第二利润源泉"。

在前两个利润源潜力越来越小,利润开拓越来越困难情况下,物流领域的潜力被人们所重视,被称为"第三利润源泉"。

1）降低社会物流总费用与 GDP 的比率

2021 年,我国物流运行稳中有进,社会物流总额保持良好增势,社会物流总费用与 GDP 的比率稳中有降,"十四五"实现良好开局。2021 年社会物流总费用 16.7 万亿元,同比增长 12.5％；社会物流总费用与 GDP 的比率为 14.6％,比 2020 年下降 0.1 个百分点。

2）降低存货周转天数

发展现代物流最直接的效益就是有效降低存货周转天数,提高经济运行效率和质量。2021 年末,我国规模以上工业企业产成品存货周转天数为 16.8 天,较 2020 年末减少 0.9 天。

3）加快应收账款周转

现代物流通过选择合理的配送模式,减少了商品在装卸、包装、运输等环节的耗费,提高了商品流转速度。2021 年末,我国规模以上工业企业应收账款平均回收期为 49.5 天,比 2020 年减少 2.0 天,应收账款周转加快,资金压力减轻。

7.1.5 电子商务物流的流程

电子商务的优势之一就是能优化业务流程,降低电子商务企业整个供应链的运作成本。这是电子商务企业在竞争激烈的市场竞争中取胜的关键所在。

1）传统物流流程

在传统物流流程中,物流作业流程与信息流、商流、资金流的作业流程综合在一起,它是围绕企业的价值链,从实现价值增值的目的安排每一个商品配送环节。

2）电子商务物流流程

与传统物流流程相比,电子商务物流流程在企业内部的微观物流流程上是相同的,都具有从进货到配送的物流体系。而在电子商务这样的新环境下,电子商务物流是借助电子商务信息平台中的会员管理系统、订单管理系统、产品信息系统和网站管理系统进行运作的,这样的物流体系有利于电子商务企业提高采购效率,合理地规划配送路线,从而实现电子商务物流流程和配送体系的优化,如图 7-1 所示。

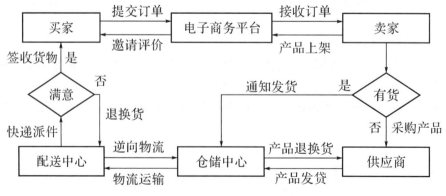

图 7-1 电子商务物流业务流程

【知识拓展 7.1】

智能自提柜

7.2 电子商务的物流管理模式

电子商务的物流管理模式是指从一定的观念出发,根据现实的需要,构建相应的物流管理系统,形成有目的、有方向的物流网络,采取某种形式的物流解决方案。电子商务的物流管理模式一般有企业自营物流、第三方物流、第四方物流、物流联盟等模式。

7.2.1 企业自营物流模式

电子商务企业自身经营物流称为自营物流。一般来说,电子商务企业自身组织物流,可以说是自己掌握了经营的重要环节,有利于控制交易时间,更好地在市场中竞争,更全面地了解其所属市场的情况与特点,保证电子商务企业的运作质量。自营物流系统的核心是建立物流、商流、信息流于一体的现代化新型物流配送中心,而电子商务企业在自建物流配送中心时,应该广泛地利用条码技术、数据库技术、电子订货系统、电子数据交换、快速反应以及有效的客户反应(ECR)等信息技术和先进的自动化设施,以使自营的物流配送中心能够满足电子商务对物流配送提出的各种新要求。

电子商务企业自营物流系统通常有两种情况:一是传统的大型制造业企业或批发企业经营的 B2B 电子商务网站,由于其自身在长期的经营中已经建立了较为完善的营销网络和物流配送体系,在开展电子商务时只需将物流系统加以改进,就可以满足新环境下对物流配送的要求。二是具有雄厚资金实力的大型企业集团,凭借原有的庞大分销渠道和零售网络,利用电子商务技术构建自身的适应业务需要的畅通、高效物流系统进行物流配送服务,与此同时也可以向其他电子商务公司提供第三方综合物流服务,以便充分利用物流系统的资源,实现规模效益。

1) 自营物流的优势

自营物流可以使电子商务企业对供应链有较强的控制能力,容易与其他业务环节密切配合,即自营物流可以使电子商务企业的供应链更好地保持协调、简洁与稳定。

(1) 保持协调 供应链的协调包括利益协调和管理协调。利益协调必须在供应链组织构建时将链中各企业之间的利益分配加以明确。管理协调则要求适应供应链组织结构要求的计划和控制管理以及信息技术的支持,协调物流、信息流的有效流动,降低整个供应链的运行成本,提高供应链对市场的响应速度。电子商务企业自营物流,企业内部的供应链是企业内部各个职能部门组成的网络,每个职能部门不是独立的利益个体,有共同的目标,比较容易协调。

(2) 简化供应链　供应链中每一个环节都必须是价值增值的过程,非价值增值过程不仅增加了供应链管理的难度,增加了产品(或服务)的成本而且降低供应链的柔性,影响供应链中企业的竞争实力。由于一个企业的物流流程相对比较简单,因此自营物流在设计供应链的组织结构时,可以根据公司的具体情况,简化供应链。

(3) 组织结构稳定　供应链是一种相对稳定的组织结构形式,从供应链的组织结构来看,供应链的环节过多,信息传导中就会存在扭曲,造成整个供应链的波动,稳定性就差。自营物流使企业对供应链有更多的监控与管理能力,可以更容易地保持供应链的稳定。还有一个信息安全问题,很多企业有不少内部的秘密,自营物流可以使企业保证自己的信息安全,避免内部物流与外部物流交叉过多造成企业机密的流失。

2) 自营物流的劣势

(1) 投入大　企业自营物流所需的投入非常大,建成后对规模的要求很高,大规模才能降低成本,否则将会长期处于不盈利的境地。

(2) 缺乏物流管理能力　对于一个庞大的物流体系,建成之后需要管理人员具有专业化的物流管理能力,否则仅靠硬件是无法经营的。很多企业内部从事物流管理的人员的综合素质还不够高,面对复杂多样的物流问题,经常是凭借经验或者说是主观的考虑来解决问题,这是企业自营物流一大亟待解决的问题。

7.2.2　第三方物流模式

第三方物流(Third Party Logistics,3PL)是指由物流的实际需求方(第一方)和物流的实际供给方(第二方)之外的第三部分或全部利用第二方的资源通过合约向第一方提供的物流服务,也称合同物流、契约物流。它是物流专业化的一种形式。

第三方物流由于技术先进,配送体系较为完整,已经成为电子商务物流配送的理想方案之一。除了有实力的大企业自建物流系统外,更多的中小企业倾向于采取第三方物流的方式。根据调查资料表明,欧洲的第三方物流占整个物流的比例为40%左右,美国的这一比例为50%,日本为80%。

1) 第三方物流的优势

第三方物流企业所追求的最高境界应该体现为物流企业对于其所面对的可控制资源与可利用资源进行最大限度的合理化开发与利用。这种合理化表现为物流企业对于自身物流能力的客观评估与正确定位,对外部环境与市场需求的深刻了解与合理预期,对企业自身发展方向与发展时机的准确把握,使物流企业能够将可控制资源与可利用资源进行有机融合,并在市场运作中以各类有效方法与措施使上述两种资源始终处于相互协调、相互支持的动态平衡状态,使之成为推动和促进物流企业实现其总体发展战略目标的重要原动力。

(1) 节约成本　对于电子商务企业来说,自营物流会有很多隐形成本,公司自行承担物流功能需要车辆、仓库、办公用房等固定资产占用,要负担相应的维修及折旧费用,要负担有关人员的工资奖金费用。而将物流业务外包给第三方物流公司,就可以享受全套物流服务。如果把外包与自营物流的总成本加以对比的话,一般来说,外包物流的成本是相对低廉的。物流外包可以使电子商务企业不必把大批资金投入物流的基础设施上,而投入能产生高效益的主营业务上去。

(2) 应用现代电子信息技术,提高物流服务质量　电子商务企业与第三方物流公司进行供应链的优化组合,可以使物流服务质量显著提升。第三方物流企业在获得信息技术基础设施的支持下,信息技术实现了数据快速准确的传递,提高了采购、订单处理、仓储管理、装卸运输、配货的自动化水平。第三方物流企业投资建立的信息网络,其信息资源与客户企业共享,通过与客户的信息系统对接,形成以供应链为基础的高效、便捷的信息平台,提高整个供应链的竞争力。这种快速、高质量的服务,必然会塑造电子商务企业的良好形象,提高电子商务企业的信誉,提高消费者的满意程度,使产品的市场占有率提高。

(3) 提高经济效益,促进社会经济可持续发展　通过第三方物流企业科学合理地规划物流方案,电子商务企业可以提高运输效率、减少车流量,从而减小运输能源的消耗,减轻环境污染,促进社会经济可持续发展。如美国 1980 年全美企业存货成本总和占 GNP(国民生产总值)的 29%,随着物流管理中零库存控制的实施,到 1992 年这个比例下降到 19%。又如德国通过大力推广第三方物流,运输效率提高了 80%,车流量减少 60%,物流成本下降为商品总成本的 10%。由此可见,发展第三方物流,经济效益、社会效益都非常显著。

2) 第三方物流的劣势

在我国目前情况下,把物流外包给第三方物流公司,有两点需要注意:

(1) 第三方物流企业是否成熟　我国第三方物流尚未成熟,没有达到一定的规模化与专业化,成本节约、服务改进的优势在我国并不明显,常常会造成外包物流的失败。外包物流失败的原因主要有以下几个方面:

① 物流公司缺乏合格的专业人员。物流公司既然得到报酬,理应聘任合格专家来管理具体操作。在中国,高素质的物流专家非常少,虽然一些物流企业称专门聘请专业顾问设计物流作业流程,但事实是将客户要求的物流规划交给了资质较差的人来做,导致物流效率较低。

② 第三方物流企业一旦获得客户,保质保量完成合同的动力就减少了,导致物流外包项目实施到后来,服务质量越来越差。

③ 合同不规范或双方都不知道怎样规定合同条款中的服务要求。缺少明确的服务要求的合同已经成为导致物流外包失败因素中的关键因素。在中国,企业对外包物流没有经验,而第三方物流企业也没有经验,双方签订的合同对很多条款的规定是模糊的,这就导致以后的纠纷,或者是物流企业没能提供企业满意的服务。有过丰富外包操作经验的惠普公司要求供应商签署两份文件。第一个合同是一般性项目及一些非操作性的法律问题,如赔偿、保险、不可抗力、保密等。第二个合同是服务的具体内容,是服务要求的体现,使物流企业非常清楚需要完成项目中规定的哪些具体的服务要求以及出现失误后应做出的赔偿。

(2) 容易受制于人　如果合作的第三方物流不成熟,电子商务企业过分依赖供应链伙伴,容易受制于人。如果第三方物流公司送货不及时、送错货物、损坏货物,则使委托方电子商务企业在供应链关系中处于被动地位。

【知识拓展 7.2】

中远海运物流全程物流可视化管理新模式

7.2.3 第四方物流

第三方物流只实现了物流一体化的基本目标,只能在局部范围内提高物流效率,无法综合利用社会所有的物流资源。第三方物流企业缺乏综合技能、集成技术、战略和全球扩展能力,为了克服这些局限性,安德森咨询公司提出了第四方物流(Fourth Party Logistics,4PL)的模式。安德森公司把第四方物流定义为"一个供应链集成商,他调集和管理组织自身的以及具有互补性的服务提供商的资源、能力和技术,以提供一个综合的供应链解决方案"。第四方物流可以通过整个供应链的影响力,提供综合的供应链解决方案,也为其客户带来比第三方物流更大的价值。

全国首家能够提供供应链管理、物流咨询等高端增值服务的第四方物流公司——广州安得供应链技术有限公司将自己的业务范围定位于供应链和物流管理咨询、系统实施及物流培训等三大块,包括物流管理的战略性咨询,涉及战略采购、供应链重组、物流网络规划等,并向第三方物流企业提供一整套完善的供应链解决方案。

1) 第四方物流的功能

(1) 供应链管理功能　管理从货主到用户的整个供应链的全过程。

(2) 运输一体化功能　负责管理运输公司、物流公司之间在业务操作上的衔接与协调问题。

(3) 供应链再造功能　根据货主在供应链战略上的要求,及时改变或调整战略战术,使其保持高效率地运作。

2) 第四方物流的优势

(1) 提供综合性供应链解决方法　第四方物流是一个提供全面供应链解决方案的供应链集成商,是所有第三方物流提供商及其他提供商联系的中心。第四方物流可以将每一个领域的最佳物流提供商组合起来,通过业务流程再造,将客户与供应商信息和技术系统一体化,使整个供应链规划和业务流程能够有效地贯彻实施,进而形成最优物流方案或供应链管理方案。

(2) 整体功能转化　通过战略调整、流程再造、整体性改变管理和技术,使客户间的供应链运作一体化。通过改善销售和运作规划、配送管理、物资采购、客户响应以及供应链技术等,有效地适应客户多样化和复杂的需求,提高了客户的满意度和忠诚度。

(3) 降低物流成本　利用运作效率提高、流程优化和采购成本降低实现物流企业的低成本策略。流程一体化、供应链规划的改善和实施将使运营成本和产品销售成本降低。采用现代信息技术、科学的管理流程和标准化管理,使存货减少而降低成本,使物流企业的综合经济效益得到大幅度提高。

【知识拓展 7.3】

京东物流无界战略

7.2.4 物流联盟模式

物流联盟(Logistics Alliance)是指两个或两个以上的经济组织为实现特定的物流目标而采取的长期联合与合作,其目的是实现联盟参与方的"共赢"。物流联盟具有相互依赖、核心专业化及强调合作的特点,是一种介于自营和外包之间的物流模式,可以降低前两种模式的风险。企业在物流方面通过签署合同形成优势互补、要素双向或多向流动、相互信任、共担风险、共享收益的物流伙伴关系。一般来说,组成物流联盟的企业之间具有很强的依赖性,物流联盟的各个组成企业明确自身在整个物流联盟中的优势及担当的角色,内部的对抗和冲突减少,分工明晰,使供应商把注意力集中在提供客户指定的服务上,最终提高了企业的竞争能力和竞争效率,满足企业跨地区、全方位物流服务的要求。

战略联盟有各种各样的形式,一个极端是正式的一体化组织,另一个极端则是在组织之间形成非常松散的协作关系,不涉及所有权的转移或股权的分配。出现这些不同形式的联盟的原因很多,但它们一般都与联盟内的资产有关。因此联盟的形式受下列因素影响:资产管理(资产需不需要联合管理的程度)、资产独立性(能否分开各方所涉及的资产)、资产挪用性(联盟的一方或另一方挪用或借用资产的风险有多大)。表7-1概括了现存的联盟的不同形式,并总结了不同因素对这些联盟形式的影响,还说明了同样的因素还会怎样影响选择收购或合并而不是联盟。

表7-1 物流联盟的形式及其影响因素

影响因素	松散的市场关系	契约关系	正式的所有关系	正式一体化
联盟的形式	网络组织、机会性的联盟	分包经营、许可证经营和特权经营	联营,合资企业	收购和合并
资产管理	资产不需联合管理	资产管理可被隔离	资产需要联合管理	资产需要联合管理
资产独立性	资产不能独立出来	资产/技术能独立出来	资产/技术能独立出来	资产不能独立出来
资产挪用性	资产被挪用的风险很高	资产被挪用的风险很低	资产被挪用的风险很低	资产被挪用的风险很高

7.3 电子商务的物流配送管理

7.3.1 电子商务的订单履行

订单履行(Oder Fulfillment)是指客户订单的接收、处理优化、物品拣选、订单整合和包装的过程,包括了对物品的物理操作和相应的信息处理。订单履行是实现配送中心功能的关键环节,决定了订单执行的效率、准确性并负责反馈库存可得性,最终决定了客户的满意度。因此,订单履行是电子商务企业的核心竞争力所在。

1) 电子商务订单履行的基本内容

B2C 电子商务是传统企业切入电子商务最直接的方式,体现出订单数量较多,特别是一对多的业务特征。B2C电子商务的基本支撑主要是网络和物流。因此,建设现代配送中心成为B2C电子商务订单履行的关键内容。电子商务订单履行可分为订单接收及处理、订单拣选、订单配送和订单跟踪等主要环节。

(1) 订单接收及处理　订单接收过程一般通过电子商务网站完成,如京东商城网站(www.jd.com)。接收后的订单应经过系统审核,然后形成正式订单。企业ERP系统对所有订单进行管理,包括接收时间、订单明细、处理情况、执行过程等。通过审核的订单将进入配送中心进行预处理,包括将订单分类(按照区域、路线、品类等)并组建波次。波次计划是对批量订单进行合并、分类,作为提高拣货作业效率的一种方法。波次计划将不同的订单按照某种标准合并为一个波次,指导一次拣货。因此,订单预处理中的波次处理是订单履行的一个关键环节,是订单调度及拣选优化的基础。

(2) 订单拣选　经过预处理的订单,在配送中心内部的仓库管理系统(Warehouse Management System,WMS)中完成拣选任务生成、拆零并包运算、订单合并运算等一系列复杂的工作,并将拣选任务以"打包"的形式发送到拣选工具上,如手持终端、电子标签拣选系统(Digital Picking System,DPS)等,再排队进入拣选程序。拣选过程比较简单,一般通过手持终端完成,可配合输送系统和自动存取系统进行,操作人员只要按照系统的要求和提示完成相应操作即可。拣选完成后,需要经过拆单(按照并单操作要求进行)、并包(按照订单要求)、复核、打印、包装、分拣、集货等一系列过程,最终完成拣选的库内作业,等待发运。

(3) 订单配送　配送过程管理是订单履行管理的重要环节。完成拣选的订单将按照区域进行配送,当委托第三方配送时,拣选完成的订单还需要进入第三方物流公司的仓库等待拼车配送。很多大型B2C企业一般采用直接配送的方式,这样不仅会赢得宝贵的时间,而且成本还会进一步降低。

(4) 订单跟踪　订单履行还要求将订单的实时状态在网上发布,让客户能实时了解订单的执行情况。因此,订单跟踪管理系统的职能覆盖了订单履行的全部过程,并分别在不同的系统中完成,主要包括平台网站、企业资源计划、仓库管理系统、运输管理系统等,各系统间通过接口连接,构成整个订单跟踪信息管理系统。

2) 电子商务订单履行的主要难点

对于大多数综合性的B2C电子商务企业来说,订单处理的主要难点在于数量大、分布广、品种多、配送时间短、随机性强等。

(1) 订单数量众多和订单结构复杂　一个成熟的大型综合性B2C企业每天的订单量大多在5万~20万个,如当当、淘宝商城、京东商城、亚马逊的每天订单都超过5万个,有的已经接近20万个。至于订单的形态,每个行业的情况差异较大。以图书为例,无论是卓越、当当、还是京东商城,其图书的订单结构一般均在2~3行,但3C类电子产品差异就很大。此外,百货,尤其是食品,如我买网的订单则超过15行。数量众多的订单及订单行,给订单履行带来很大困难,效率低下、差错率高、满足率低、成本高成为目前国内B2C订单履行的主要难题。

(2) 库存量单位大　B2C物流系统的库存量单位也是难点问题。一般的B2B配送中心,如典型的医药配送中心,库存量单位在10 000个左右,但B2C配送中心的库存量单位与此差异很大,如图书一般要求在50万个以上,即使是日用百货也要求达到10万个以上,有的甚至要求达到20万个以上,这对于配送中心的设计和运营带来巨大挑战。

(3) 响应时间短　电子商务一般要求有较短的响应时间,以满足市场竞争的需求,这种响应时间的紧迫性给订单履行带来很大困难。一个综合性的 B2C 企业,其业务基本包括本地和外地两个区域。本地配送主要是指城市配送,范围不超过 100 km,配送时间一般要求在 24 h 内完成;外地则存在长途运输问题,以目前快递的速度,配送时间应在 1~3 天不等。客户的响应时间由市场竞争决定,很多 B2C 企业建立本地化的区域分拨中心(Regional Distribution Center,RDC)以适应配送时间的要求,其效果较为明显。

(4) 随机性强　按地域分布的随机性和按时间分布的随机性是订单随机性关键的两个方面,前者主要体现在各个地区的消费习惯不同,而后者主要是与节日促销、客户下单习惯不同有很大关系。如发生在 2010 年 11 月 11 日的节日促销,导致淘宝网在短时间出现大量的订单堵塞。这种由随机性产生的订单分布的不均匀性,给系统设计和订单履行带来极大的挑战,要解决这个问题,可能选择延长配送时间比较经济。

7.3.2　电子商务的配送流程

配送是指在经济合理区域范围内,根据客户要求,对物品进行拣选、加工、包装、分割、组配等作业,并按时送达指定地点的物流活动。电子商务配送是指电子商务物流企业采用网络化的计算机技术和现代化的硬件设备、软件系统及先进的管理手段,针对客户的需求,根据用户的订货要求,进行一系列分类、编码、整理、配货等理货工作,按照约定的时间和地点将确定数量和规格要求的商品传递到用户的活动及过程。作为物流中一种特殊的、综合的活动形式,电子商务配送是商流与物流的紧密结合,不仅包含了商流活动和物流活动,还包含了物流中若干功能要素。

1) 预分拣流程

目前,国内电商企业一般采用二级配送网络,即将生产好的包裹首先送到配送站,然后由配送站发给配送员,再由配送员送到客户手中。所以,在订单生产前需要按配送地址确定该订单由哪个配送站进行配送,以便在订单生产完成后,包裹能够直接分拨。该生产流程称为预分拣流程,一般分成 3 种作业模式:

(1) 邮政编码法　通过邮政编码进行分区并设立配送站;再通过订单中的客户地址,查找邮政编码,按照邮政编码和配送站的对应关系,系统自动地将客户地址对应于该配送站。但是,由于国内绝大部分城市的邮政编码更新很慢,基本上无法适应城市的快速发展,很多区域没有邮政编码,甚至出现跨区域使用同一邮政编码的现象。

(2) 记忆法　电子商务企业通常采用会员制销售,只要客户购买过一次,其配送地址均会有记录。所以,只要第一次用人工方法确认相应的配送站,以后沿用历史记录即可。该方法相对比较简单且实用,目前国内绝大部分电商基本都采用该方法。但记忆法的主要缺点是新开一个配送站后,需要更新原来的数据库,工作量巨大。尤其是最近几年,电商企业的销售增幅较高,配送站每年也是成倍增加,地址数据库更新的数据量极其巨大,需要建立一支专业队伍来实时进行数据库调整。

(3) 自定义法　由于邮政编码更新不及时,地域划分不合理,而记忆法需要更新的数据量巨大,因此,有些电子商务企业根据自己的作业特点,将一个城市分成若干个配送块,再根据订单量将一个配送站对应于若干个配送块。预分拣时,通过历史记录将订单中的地址所对应的配送块找出来,然后通过系统中配送块和配送站的对应关系,获得所需的预分拣站点;一旦新开配送站,只要调整配送块和配送站的对应关系即可,配送地址会自动和新的配送站进行关联,这样就解决了记忆法中的数据库需要更新的海量数据问题。但是自定义法前期的工作量极大,通常需要将一个城市分解成100多个配送块,并确定每块之间的地址边界等,一般需要十几个员工连续工作几个月才能够完成。

2) 批次拣货单生成作业流程

由于电商订单的订单行数往往较少,需要将多个订单合在一起拣货,这样才能提高拣货效率。一般3C类产品、百货和服装的批次订单量在20单左右,图书在50单左右,大家电装满一车也在20单左右。在生成批次拣货单时,可以按照某种目的,对订单集合优化,从而提高作业效率。一般策略如下:

(1) 提高拣货效率　将单一订单行的订单和多个订单行的订单生成不同的批次单进行拣货作业,如亚马逊、京东。

(2) 提高分货效率　按照自营配送、第三方配送、货到付款、款到发货等不同配送方式,生成不同的批次单,如当当、凡客。

(3) 提高服务品质　将有不同出货时间需求的订单,如211限时达(当日上午11:00前提交的现货订单,当日送达;夜里11:00前提交的现货订单,次日15:00前送达)和次日达,生成不同的批次单,以满足不同的服务时间要求。

(4) 按车集合　大件商品通常采用仓配一体化作业,即订单生产完成后,直接装车配送给客户,不再经配送站进行二次分拨,所以在预分拣完成后,需要进行派车作业,也就是按照一个配送方向,按照一辆车的配送容量,生产批次拣货单,俗称按车拣货,如苏宁易购、京东大件综合仓。

3) 预生产流程

拣货作业的预生产主要是打印批次拣货单、快递面单、普通发票和增值税发票、第三方配送的发票;然后按照订单,将这些票据装订在一起,这样可以大幅缩短后续拣货作业和复核打包作业的时间,如亚马逊、京东、凡客和当当都已引入预生产流程。

4) 拣货作业流程

(1) 批次拣选　由于电商的订单数量巨大,而每一个订单的订单行又极少,需要将多个订单合在一起拣货,才能够提高拣货效率。所以,电商物流中心一般将多个订单合在一起拣货,然后在人工对货品进行扫描复核时还原成原有的订单。其优点是作业简单、投资较少,只要增加人力,就可以大幅提高产能;缺点是拣货效率较低,一个批次处理的订单量较少,人工拣货小车的容量决定了批次拣货量。

(2) 分区接力拣选　将批次的订单量扩大到1 000单以上,然后由不同的人员在不同的区域分别拣货,再通过输送线传送货物进行接力订单合流。此模式的优点是大幅提升了拣货效率;缺点是投资较大,对设备有一定的依赖性,容易产生瓶颈点,产能不容易大幅提高。

(3) 分区拣选、自动合流　针对第二种作业模式接力拣选容易产生瓶颈点的不足,在分区拣选的基础上,不再接力拣选,而是采用自动化设备进行批次订单拆分,还原成原有的订单。其优点是拣货的效率极高,缺点是投资巨大。

(4) "物到人"拣货　前三种方式都需要操作人员在很大的库区内行走拣货,所以其作业模式可归纳为"Man to Good",即"人到物"拣货模式。而目前国际上尤其是欧美国家已经普遍采用自动化设备,实现"物到人"拣货模式,即人站在原地不动,借助自动存储和输送设备或者移动式机器人将需要拣选的商品直接送到拣选工位的操作人员面前,从而大幅提高拣货效率。"物到人"拣货模式适用于欧美国家人力成本高的特点,可以最大幅度地精简人员;其缺点是投资极其巨大,对系统和流程的设计提出了极高的要求,且作业的柔性不足。

5) 分货作业流程

分货作业是指按照批次拣货单完成拣货后,需要将批次拣货单分解成单个订单。一般有以下几种方法:

(1) 系统提示,人工分解,即扫描商品,系统会自动提示,将该商品放进哪个分播墙(Rebin Wall)。其优点是投资少,作业简单;缺点是正确率较低,一般还需扫描复核来弥补,如亚马逊、凡客、当当、1号店均采用该方法。

(2) 采用电子标签拣货系统(Digital Picking System,DPS)进行分货作业,在分货墙上安装分货的电子标签,扫描商品时,需要分货的隔口的灯会亮,放进商品再拍灭灯,分货作业即完成。其优点是正确率高,且后面不再需要扫描复核流程,人员可以大幅减少;缺点是需要一定的投资,该方法在韩国和日本已经普遍使用。

(3) 采用分货窗系统完成分货作业,在分货墙上,每一个分货的隔口上安装一个窗子,扫描商品时需要分货的隔口窗会自动打开,放进商品后窗子会自动关闭。该方法的优点是正确率极高,该方法已在韩国和日本使用。

6) 扫描复核流程

由于电商物流对于订单生产的正确率要求很高,否则货物送到客户手中很容易造成退货,影响销售,因此一般在分货完成后,增加了一道扫描复核流程,以保证订单生产的正确性,即依次扫描订单号和商品,系统自动比对是否存在差异。

7) 打包流程

打包即将一个订单中的商品生产成一个包裹,以便于配送。打包作业主要考虑包装的不同形式,如易碎商品、液体类商品都需要气泡膜进行包装;外地配送一般均采用纸箱包装和装填部分气泡袋进行填实;本地配送一般考虑节省成本,采用塑料袋包装;奢侈品和礼品一般采用礼品盒包装等。此外,在打包的过程中,一般还会增加称重流程,其目的一是增加复核功能;二是为了和第三方进行结算。此外,还要打印和粘贴发货标签,便于配送中心的交接和完成分货作业。

8) 退货流程

客户因某种原因可能请求退货,企业应制定相应的退货处理政策。很多企业都认为货物配送出去,货款收回,电子商务过程就可终结。但面对竞争激烈的市场环境,售后服务已成为企业竞争策略的重要内容,越来越多的企业开展了售后服务业务,因此,必须对物流的后续处理给予应有的重视。退货可集中由配送企业送回原仓储地点,由专人清理、登记、查明原因,如是产品质量问题应进行抽样检验,超出相应标准则及时通知采购作业流程停止订货,并通知网站管理部门将网页上有关货物的信息及时删除,尚未超标则作为验收不合格物品进行退货处理;若退货还可继续使用,则可进入库存,重新开始新的仓储管理配送过程。

9) 客户满意度调查和投诉反馈流程

电子商务企业将配送业务外包给专业物流配送企业,如果缺少必要的监督和约束手段,物流配送往往会成为电子商务顺利运行的障碍。因此,电子商务企业应建立客户满意度调查和投诉反馈系统,对配送系统进行监督和考核。其中,客户满意度调查一般包括客户请求的响应速度、满足时间和质量等。客户满意度也是电子商务企业维持老客户、吸引新客户的重要因素。但如果企业配送服务不到位,客户忠诚度与满意度就无从谈起。即使客户已经通过网络成功下单,完成支付手续,却由于物流配送没有与其他业务活动协调好,致使企业承诺的配送服务没有实现,就会使客户对企业的服务产生不满,要求退货或以后不再购买。因此,一定要建立方便宽松的客户满意度调查和投诉反馈系统,及时对客户的反馈意见给予回复,应积极主动邀请客户进行货物及配送服务评价,并将该系统信息通过网络公开,以便吸引更多老客户和潜在消费者。企业应通过对配送时效、状态考核、投诉建议处理、运输费用核实、配送绩效评估、客户满意度调查等各项作业内容制定业务总结报告,采纳有利建议,改进不合理行为,进一步提高客户的满意度甚至是忠诚度。

【知识拓展7.4】

天猫超市生鲜品和非生鲜品的退货流程

7.3.3 物流配送中心管理

配送中心(Distribution Center,DC)是接受并处理末端用户的订货信息,对上游运来的多品种货物进行分拣,根据用户订货要求进行拣选、加工、组配等作业,并进行送货的设施和机构。2021年8月20日,国家市场监督管理总局、国家标准化管理委员会发布《中华人民共和国国家标准公告》2021年第11号,其中《中华人民共和国国家标准:物流术语(GB/T 18354—2021)》已获批准发布,并于2021年12月1日正式实施。该标准将配送中心定义为:具有完善的配送基础设施和信息网络,可便捷地连接对外交通运输网络,并向末端客户提供短距离、小批量、多批次配送服务的专业化配送场所。

1) 物流配送中心的总体布局

配送中心虽然是从流通型仓库演变和发展起来,但它的内部结构和布局与一般的仓库有较大不同。通常,配送中心的内部工作区域结构配置由以下几个部分组成:

(1)接货区 完成接货及入库前的工作,如接货、卸货、验货及分类入库的准备等,主要设施包括进货铁路或公路、卸货站台和暂存区。

(2)储存区 在储存区里储存或分类储存进入的货物,由于其是静态区域,进货要在该区域存放一定时间,因此和不断进出的接货区相比,该区域的面积较大,往往占总面积的一半以上。

(3)拣货区 进行分货、拣货、配货作业,该区域的面积随配送中心的定位而有较大差异,如对多用户的多品种、少批量、多批次配送的配送中心,需要进行复杂的拣货作业,该区域则占配送中心的很大一部分面积。

(4)理货区 按客户需要将配好的货物暂时存放等待外运,或根据每个用户要货多少,决定配车方式、配装方式,然后直接搬运到发货站台装车,该作业区域是对货物的暂时保管,时间短、周转快,相对需要的面积不大。

(5) 发货待运区　根据客户需求把配好的货物装入外运车辆准备发货,拥有站台、停车道路等设施。

(6) 流通加工区　对货物进行分装、包装、贴标签等各种类型的增值加工活动。

(7) 管理指挥区　可集中在配送中心的某一位置,主要包括营业事务处理场所、内部指挥管理场所和信息处理场所。

2) 物流配送中心的管理内容

(1) 接单管理　配送中心的交易始于客户的询价、业务部门的报价。业务部门需查询出货日的库存状况、装卸货能力、流通加工负荷、包装能力、配送负荷等来满足客户需求,而当订单无法按客户要求交货时,业务部门需进行协调。另外,业务部门需制定报价计算方式,做报价历史管理,制定客户订购最小批量、订货方式或订购结账截止日。

(2) 采购管理　接受订单后,配送中心需向供货厂商或制造厂商订购商品。采购作业包括商品数量需求统计、对供货厂商查询交易条件,然后根据所需数量及供货厂商提供的经济订购批量提交采购单,采购单发出后则进行入库进货的跟催动作。

(3) 入库管理　开出采购单后,入库进货管理员即可根据采购单上预定入库日期进行入库作业调度、入库月台调度;在商品入库当日进行入库资料查核、入库质检,当质量或数量不符时立即进行适当修正或处理,并输入入库数据;对于退回商品的入库还需经过质检、分类处理,然后登记入库。

(4) 库存管理　库存管理作业包括仓库区管理及库存控制。

① 仓库区管理包括:商品在仓库区域内摆放方式、区域大小、区域分布等规划;商品进出仓库的控制,如先进先出或后进先出;进出货方式的制定,如商品所需搬运工具、搬运方式;仓储区货位的调整及变动。此外,仓库区管理还包括包装容器使用与包装容器保管维修。

② 库存控制则需按照商品出库数量、入库所需时间等来制定采购数量及采购时间;制定库存盘点方法,定期负责打印盘点清单并根据盘点清单内容清查库存数、修正库存账目并制作盘盈盘亏报表。

(5) 补拣货管理　在出库日,当库存数量满足出货需求量时,即可根据需求数量打印出库拣货单及各项拣货指示,并进行拣货区域的规划布置、工具选用及人员调派。当然,出货拣取不仅包括拣取作业,还需补充货架上的商品,使拣货作业后不至于缺货,主要包括补货量及补货时点的制定、补货作业调度、补货作业人员调派。

(6) 流通加工　在配送中心的各项作业中,流通加工最易提高商品的附加价值。流通加工作业包括商品的分类、过磅、拆箱重包装、贴标签及商品组合包装,需要进行包装材料及包装容器的管理、组合包装规划的制定、流通加工包装工具的选用、流通加工作业的调度、作业人员的调派。

(7) 出货管理　完成商品拣取及流通加工作业后,即可进行商品出货作业。出货作业包括根据客户订单为客户打印出货单据,制订出货调度计划,打印出货批次报表、出货商品上所需的地址标签及出货核对表;然后由调度人员决定集货方式、选用集货工具、调派集货作业人员,并决定运输车辆大小与数量;由仓库管理人员或出货管理人员决定出货区域的规划布置及出货商品的摆放方式。

(8) 配送管理 配送商品作业包括商品装车并实际配送,完成这些作业则需事先规划配送区域的划分或配送路线安排,由配送路线选用的先后次序来决定商品装车顺序,并在商品配送途中进行商品跟踪、控制及配送途中意外状况的处理。

(9) 会计管理 商品出库后销售部门可根据出货数据制作应收账单,并将账单转入会计部门作为收款凭证;此外,商品入库后,则由收货部门制作入库商品统计表以作为供货厂商催款稽核之用,并由会计部门制作各项财务报表以供经营管理及政策制定参考之用。

(10) 绩效管理 除上述作业外,还需要通过各种考核评估来实现配送中心的绩效管理,并制定相应的经营决策及方针,可由各个工作人员或中层管理人员提供各种信息与报表,包括出货销售统计数据,客户对配送服务的反应报告,配送商品次数及所需时间报告,配送商品的失误率、仓库缺货率分析,库存损失率报告,机具设备损坏及维修报告,燃料耗材等使用量分析,外雇人员、机具、设备成本分析,退货商品统计报表,人力使用率分析等。

7.3.4 电子商务物流配送质量的评价指标

传统的电子商务物流配送质量评价是根据美国密西根大学斯麦基教授所倡导的以时间、地点、效用为基础的 7Rs 理论,即将恰当的质量(Right Quality)、恰当的数量(Right Quantity)、恰当的价格(Right Price)、恰当的商品(Right Commodity)在恰当的时间(Right Time)和恰当的场所(Right Place)送到恰当的客户(Right Customers)手中。但随着第三方物流市场的快速发展,传统的以产品运作为基础的电子商务物流配送质量内涵正不断发生变化,从过去只关注时间和地点拓展到关注新效用、新价值的增加,从而将电子商务物流配送质量评价从以满足客户需要、保证客户满意度及赢取企业赞誉为目的的供应商角度转变为以感知服务质量的客户角度。

1) 方便性

电子商务物流配送企业设置的服务场所、服务程序应为客户带来便利,主要包括网点覆盖率、配送方式选择、寄收件流程、查询信息方式。

(1) 网点覆盖率 网点覆盖率反映了电子商务物流配送企业各个营业点的分布是否合理,不仅包括在一线城市设置众多网点,还包括在二三线城市的网点覆盖,较高的网点覆盖率可以方便客户寄收快件,甚至处理退换货。

(2) 配送方式选择 提供多种配送方式以供客户选择,如普通快递(3~5 天到)、加急快递(次日到)、平邮等方式,客户可以根据自己的需要选择相应的服务。

(3) 寄收件流程 寄件或者收件的程序设置,能够提供网上下单方式和上门取货服务,以节省客户的时间,为客户提供便利。

(4) 信息查询方式 提供电话、短信、网络等多种信息查询方式。电子商务物流配送企业可以将实时跟踪信息通过各种方式主动传递给客户,比如向客户告知已经发货,现在到达什么地方等信息。

2) 时间性

时间性是指电子商务物流配送企业提供配送服务所需要的时间不应该超出双方约定的时限,不拖延、不积压,主要指标包括订单响应时间、特殊节日延迟、信息更新速度、订货—收货时间、收寄等待时间。

（1）订单响应时间　订单响应时间是指从订单确认到发货的时间。电子商务物流配送订单大多在网上产生，客户可以网上下订单，电子商务物流配送企业上门取货。通过压缩订单响应时间可以提高电子商务物流配送的整体响应时间。

（2）特殊节日延迟　特殊节日延迟是指在双11、春节等特殊节假日时电子商务物流配送企业对客户购买的商品延迟送货的时间。近年来，在特殊节假日大搞活动是电子商务平台采取的网络营销手段，但同时也带来了无法及时配送的问题，有些客户购买的商品可能在网购高峰期被推迟了一个月才送到手中。在特殊节假日购物也能如平时一样正常收到包裹，可以增加消费者的购物体验。

（3）信息更新速度　电子商务物流配送信息的更新速度是指线上显示的配送信息能否及时反映包裹所在地方、处于什么状态，使得客户对包裹状态心中有数。这项指标可以反映出电子商务物流配送企业的信息化建设水平以及与电子商务平台的信息合作对接程度。

（4）订货—收货时间　订货—收货时间是指从商家发货到客户收到包裹的时间，这是影响消费者购物体验的重要指标。电子商务物流配送企业的投递应有规定时间，不应该超出承诺的服务时限，并且应该尽可能地缩短传递过程时间。一般情况下，以同城服务时限不超过24 h，国内异地服务时限不超过72 h为佳。

（5）收寄等待时间　主要指客户寄包裹、收包裹服务的等待时长。比如在处理校园快递时，在下课高峰期取包裹的客户会很多，是否安排了足够多的服务人员迅速办理取包裹的手续，让客户快速拿到自己的包裹，也是一项重要的评价指标。

3）可靠性

可靠性是指电子商务物流配送企业应以正确的方式将正确的物品（快件不损坏、不丢失）投递至正确的地点。

（1）外包装及货物完好　是指商家发货时的包裹经过电子商务物流配送企业递送后，客户收到的包裹仍然是完好无破损的，特别是易碎品、贵重物品，在递送途中不能被错误搬运，也不能被拆开，以保障客户的权益。

（2）准确投递　是指电子商务物流配送企业按照服务承诺将客户需要的商品投递至客户指定的地方。这项指标反映了电子商务物流配送企业的处理订单能力。投递准确无误，也是电子商务物流配送服务的最基本要求。

（3）线上准确显示信息　是指网上显示的货物状态信息是准确的，无遗漏、无错误。这项指标反映了电子商务物流配送企业的信息管理水平以及订单处理水平。

4）经济性

经济性反映了电子商务物流配送企业提供服务所需的费用，主要指标包括服务性价比、价格是否合理、运费与计价方式是否具有弹性。

（1）服务性价比　是指电子商务物流配送企业提供的配送服务与客户支付的费用是否成正比。价格敏感性是电子商务交易的特点，这项指标会影响消费者的选择。

（2）价格是否合理　是指电子商务物流配送企业制定的价格收费方案能否既满足客户的要求，又不损失自身的利益。通常越优质的配送服务，所耗费的成本也越高，因此，价格方案必须是双赢的。

（3）运费与计价方式弹性　是指电子商务物流配送企业对客户所寄包裹按其重量实施弹性收费，即收费之前要告知客户收费方式、起重和续重的价格。如寄的包裹越多，收费标准可适当降低,给予客户适度的优惠。

5) 移情性

移情性是指电子商务物流配送企业及其人员能够设身处地为客户着想,替客户解决问题,提供个性化服务,主要指标包括个性化服务、投递落实、员工着装、员工服务态度、员工操作熟练度。

(1) 个性化服务　是指电子商务物流配送企业提供的增值服务,如代收货款、限时快递等服务。代收货款是指接受寄件人委托,在投递快件的同时,向收件人收取货款的服务;限时快递是指在约定时间前将快件送达收件人的快递服务。

(2) 投递落实　是指电子商务物流配送企业应对快件提供至少2次免费投递。出现首次无法投递时,电子商务物流配送企业应主动联系收件人,通知再次投递的时间及联系方法;再次仍无法投递,可通知收件人采用自取的方式,并告知收件人自取的地点和工作时间;若实在联系不到收件人,电子商务物流配送企业应在彻底延误时限到达之前联系寄件人,协商处理办法和费用。

(3) 员工着装　是指电子商务物流配送企业的揽收或者投递人员应该穿着专用的工作服,佩戴工作号,有专用的运载车,具有企业标识,这些是可以通过客户视觉感知的,体现了电子商务物流配送企业服务的专业化。

(4) 员工服务态度　主要指客户在接受服务的过程中,提供服务的人员要态度礼貌,耐心帮客户解决问题,使用礼貌用语。

(5) 员工操作熟练度　主要指揽收或者投递的服务人员的业务素质,能否专业地帮助客户解决问题,反应的是电子商务物流配送企业员工的素质。

6) 反应性

反应性是指对客户要求能否及时响应,主要指标包括客服应答的及时性,对遗失或者损毁货物的处理速度,对突发事件的处理速度。

(1) 客服应答的及时性　是指客户线上或者电话呼叫电子商务物流配送企业的客服,客服能够在线应答,不能出现无人接听或者有人在线无人应答的情况。

(2) 对遗失或者损毁货物的处理速度　是指如果包裹出现了损坏或者遗失,客户联系电子商务物流配送企业时,应当及时地帮助客户解决问题,甚至给客户提供赔偿方案,这项指标反映了电子商务物流配送企业的服务补救能力。

(3) 对突发事件的处理速度　是指电子商务物流配送企业应对突发情况的速度及能力。电子商务物流配送企业应及时帮助客户解决突发问题,开通多种可供客户联系的渠道,并及时对客户提出的问题制定合适的处理方案。

【知识拓展 7.5】

叮咚买菜的"确定性"逻辑——即时配

7.4 电子商务物流包装、仓储、冷链保鲜

7.4.1 电子商务物流包装

1) 电子商务物流包装的方式

一个美观大方、细致入微的包装既能够保护物品安全到达,也能够赢得买家对您的信任,赢得了顾客的心,就是赢得了生意上的成功。电子商务物流包装的方式有以下几种:

(1) 包装 如果有多件物品,需要把每件物品都分开放置,且为每件物品都准备充足的缓冲材料(泡沫板、泡沫颗粒、皱纹纸等)。需要注意的是,颗粒缓冲材料可能会在运输过程中移动,所以一定要压紧压实。

(2) 打包 使用新的坚固的箱子,并使用缓冲材料把空隙填满。

(3) 封装 用宽大的胶带(封箱带)封装,再用封箱带把包装拉紧(封箱带用十字交叉的方法拉紧,如果是胶带至少6 cm宽)。

国家标准《物流术语》(GB/T 18354—2021)的包装(Package/Packaging)定义:为在流通过程中保护产品、方便储运、促进销售,按一定技术方法而采用的容器、材料及辅助物等的总体名称;也指为了达到上述目的而采用容器、材料和辅助物的过程中施加一定技术方法等的操作活动。

2) 电子商务物流包装常见材料

电子商务物流常见的包装材料主要包括:气泡信封、气泡膜、瓦楞纸箱、胶纸、包装袋、快递袋、珍珠棉、泡沫箱、气柱袋、木架等。其中,气泡信封和胶纸是最常用且必不可少的电子商务物流包装材料。

(1) 气泡信封 气泡信封有两层结构,为牛皮纸和内衬气泡,具有体积轻又环保的优点。袋子美观大方,表面易书写,其独特的韧性可防止袋子破裂;内层透明气泡具备良好的缓冲作用,防止所装物品因压、碰、跌落而损坏。适用于邮寄光盘碟片、磁带、电子元器件、集成电路板、光学镜头、书籍、证件、相框、礼品、钟表等物品,是个人寄件、公司寄样的电子商务物流首选包装材料用品。主要种类如下:

① 牛皮纸复合气泡信封:袋样可分为平口袋、信封袋等;色调主要分为本色、黄(金牛)色、白色;表面可印刷多种色调,主要起到防震、防水、防压等作用。

② 镀铝膜复合气泡信封:袋样可分为平口袋、信封袋;色调主要分为红色、银色、绿色、金色、黑色、紫色、蓝色等多种色调;主要起到防震、防水、防压等作用;外表美观,表面可印刷。

③ 导电膜复合气泡信封:是电子产品包装常用的一种复合气泡袋,袋样可分为平口袋、信封袋;外表面电阻$10^3 \sim 10^5 \Omega$,内层防静电气泡袋表面电阻$10^8 \sim 10^{10} \Omega$。防止产品在生产搬运过程中因碰撞、摩擦或静电引起的破坏,主要起到防震、防水、防压、防静电等作用。

④ 屏蔽膜复合气泡信封:是用于电子产品包装的一种复合气泡袋,袋样为信封袋;表面电阻$10^8 \sim 10^{11} \Omega$,内层防静电气泡袋表面电阻$10^8 \sim 10^{11} \Omega$。防止产品在生产搬运过程中因碰撞、摩擦或静电引起的破坏,主要起到防震、防水、防压、防静电等作用。

⑤ 网格膜复合气泡信封：是用于电子产品包装的一种复合气泡袋，袋样可分为平口袋、信封袋；表面电阻 $10^3 \sim 10^5 \Omega$，内层防静电气泡袋表面电阻 $10^8 \sim 10^{10} \Omega$。防止产品在生产搬运过程中因碰撞、摩擦或静电引起的破坏，主要起到防震、防水、防压、防静电等作用。

⑥ 共挤膜复合气泡信封：袋样可分为平口袋、信封袋等；色调主要分为本色、黄（金）色、白色；表面可印刷多种色调，主要起到防震、防水、防压等作用，如图7-2所示。

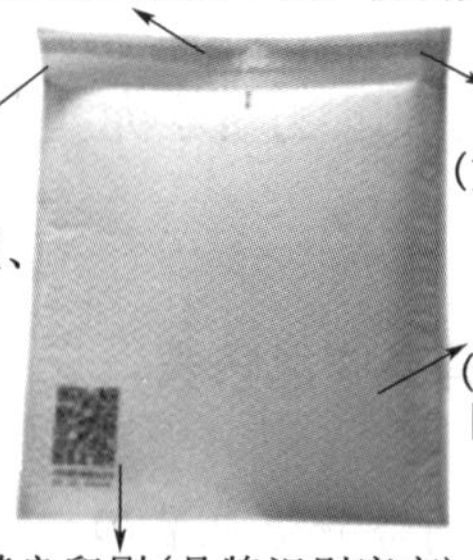

图 7-2 乳白色共挤模气泡信封袋

（2）气泡膜 气泡膜（Air Bubble Film）又称气垫膜、气珠膜、气泡布、气泡纸、泡泡膜、气泡薄膜、气垫薄膜。气泡膜是用于包装填充的一种防压、防潮、防震的化工产品，以高压聚乙烯为主要原料，再添加增白剂、开口剂等辅料，经230℃左右高温挤出吸塑成气泡的产品，是一种质地轻、透明性好、无毒、无味的新型塑料包装材料，可对产品起防湿、缓冲、保温等作用。它具有良好的减震性、抗冲击性、热合性、无毒、无味、防潮、耐腐蚀、透明度好等优点。由于气泡膜中间层充满空气，因此体轻、透明、富有弹性，具有隔音、防震、防磨损性能，广泛用于电子、仪表、陶瓷、工艺品、家用电器、厨房用具、家具和漆品制品、玻璃制品及精密仪器等抗震性缓冲包装。

气泡膜主要种类如下：普通聚乙烯气垫膜、抗静电气垫膜、阻燃气垫膜、镀铝气垫膜、彩印气垫膜、三层气垫膜（单层泡）、五层气垫膜（双层泡）、聚丙烯加厚气垫膜、复合珍珠棉气垫膜。主要指标：最大幅宽：1 000 mm；气泡直径：$\Phi 6$ mm（小泡）、$\Phi 10$ mm（中泡）、$\Phi 280$ mm（大泡）；气泡高度：3 mm、5 mm、10 mm；主要规格：30 cm宽、60 cm宽、100 cm宽、120 cm宽、150 cm宽、160 cm宽。单位面积质量：$30 \sim 130$ g/m^2。按原材料分类：优质全新料（色泽本色透明）、再生料（回收气泡膜等再加工制成，因含杂质，颜色偏暗）。

3）电子商务物流包装常用物料

电子商务物流包装常用物料是指在配单、打包过程中除了常用包装材料以外，还经常使用到的一些条码、标签、单据等资料。

（1）挂号条码 是指邮政小包所使用的跟踪号（Tracking Number），通常是13位，第一二位是字母，如第一位往往是R，从第3位到第11位是数字，最后两位是发件邮局所在国家或地区的缩写。例如：RC123456789CN，表示中国邮政的挂号小包；RC123456789HK，表示香港邮政的挂号小包；RQ123456789SG，表示新加坡邮政的挂号小包。

（2）报关签条 又叫报关单（Customs Declaration），是给发件国和目的国海关关于包裹内件物品详情的申报。目前，通用的报关签条采用CN22格式，该格式规定了报关签条的主要项目包括：内件物品类型、物品详情（物品名）、物品数量、物品价值、签名等。在填写报关签条品名时必须使用具体品名，例如：Phone Case（手机壳）、Necklace（项链）、LED Lamp（LED灯）、Cup（杯子）等，报关签条不能填写 Gift（礼品）、Toy（玩具）、Adornment（装饰品）等非具体品名的名称，否则安检过程将作为退件处理。

（3）航空标签 用于指示包裹是航空件，是一个航空包裹不可缺少的一部分，也可印刷在气泡信封上。航空货运是现代航空物流业务的重要组成部分，也是国际贸易中贵重物品、鲜活货物和精密仪器运输所不可缺的方式。航空货运单由托运人或以托运人的名义填制，是托运人和承运人之间在承运人的航线上运输货物所订立的运输契约凭证。

（4）EMS面单　EMS面单集发件人、收件人、报关信息、跟踪号等信息为一体，其中，左边是发件人信息，右边是收件人信息，左下是申报详情，右上是跟踪号。面单填写原则：填写的面单必须能够独立形成一份完备的证据（不依赖于邮寄的文件本身）；面单应当用黑色（或蓝色）圆珠笔或水笔填写，字迹应当清晰且容易辨认；面单中的各填写要素应当准确且有依据，并能够产生预期的法律效果；填写面单时应当注意区分同城、国内、国际专用面单，依据收件人所在地域选择相应的面单类型。

（5）快递面单　又叫快递底单，是运送货物的过程中用以记录发件人、收件人以及产品重量、价格等相关信息的单据。和EMS面单类似（也有发件人、收件人、报关信息等内容），但快递面单上的条码不叫跟踪号，而叫参考单号或原单号，不能直接用来查询跟踪信息。

4）电子商务物流包装注意事项

（1）避免使用太大或表面有印刷物的箱子　跨国运输中不要使用太大、表面印有太多或全部是图案的箱子。

（2）避免使用坏的或容易变形不牢固的箱子　使用坏了的箱子虽然可使一只箱子再度发挥作用，但是货物可能会因此在运输中受到损伤，同样不要使用容易变形和不牢固的箱子。

（3）避免使用劣质的填充物　不要将碎纸机里的废纸或其他劣质的材料用来填充箱子里的间隙，如果填充物质量不好，它们很可能无法起到缓冲的功效。

（4）避免在箱子和物品间留下任何空隙　如果有空隙，物品会在其间晃动，会使空隙越来越大，造成缓冲材料失去功效，货物可能会因此破损。

（5）避免使用任何奇形怪状的包装　如使用圆筒状的包装盒子或袋子，可能会在运输中滚落卡车或集装箱；形状样式奇特的盒子和袋子，可能会在运输中产生不必要的麻烦。

（6）避免使用信封寄送物品　不要使用信封寄送有价值或易碎的物品。实践证明使用信封寄送物品，它可能被卡在信件分拣机里，而且物品不会受到任何有效的保护。

（7）地址应当清晰、详细、准确　不要使用铅笔、水笔来书写地址，它们可能在运输过程中变得模糊不清。

（8）应对特殊物品进行特殊包装　如果是有玻璃罩的物品一定要将物品和玻璃罩分开包装，并贴上"易碎品"的标签。不要让艺术品摩擦到纸、硬质纤维板或是皱纹表面，以免划伤。多件产品应该单独打包、装箱，确保不会相互碰撞。

7.4.2　电子商务物流仓储

仓储是现代物流的一个重要组成部分，在物流系统中占据着重要地位，是厂商研究和规划的重点。仓储的发展经历了不同的阶段，从原始的人工仓储到智能仓储，通过各种高新技术对仓储的支持，仓储的效率得到了大幅提高。随着我国制造业的崛起，电子商务物流仓储得到了迅猛的发展。

国家标准《物流术语》（GB/T 18354—2021）的仓储（Warehousing）定义为：利用仓库及相关设施设备进行物品的入库、储存、出库的作业。

1）电子商务物流仓储的基本原则

（1）效率原则　效率是指在一定劳动要素投入量时的产品产出量。仓储管理的核心是效率管理,实现最少的劳动量的投入,获得最大的产品产出。劳动量的投入包括生产工具、劳动力的数量以及他们的作业时间和使用时间。效率是仓储其他管理的基础,主要反映在仓容利用率、货物周转率、进出库时间、装卸车时间等指标上,体现出"快进、快出、多存储、保管好"的高效率仓储。

(2) 经济效益原则　　作为参与市场经济活动主体之一的仓储业,也应围绕着获得最大经济效益的目的进行组织和经营。厂商生产经营的目的是为了获得利润最大化,这是经济学的基本假设条件,也是社会现实的反映。利润是经济效益的表现,实现利润最大化则需要做到经营收入最大化和经营成本最小化。同时也要承担环境保护、维护社会安定等社会责任,实现生产经营的社会效益。

(3) 服务原则　　仓储活动本身就是向社会提供服务产品。服务是贯穿在仓储中的一条主线,从仓储的定位、仓储具体操作、对储存货物的控制都围绕着服务进行。仓储管理就需要围绕着服务定位,就如何提供服务、改善服务、提高服务质量开展管理,包括直接的服务管理和以服务为原则的生产管理。仓储的服务水平与仓储经营成本有着密切的相关性,服务好、成本高,收费则高。仓储服务管理就是在降低成本和提高(保持)服务水平之间保持平衡。

仓储企业进行服务定位的策略:

① 进入或者引起竞争时期:高服务低价格,不惜增加仓储成本。
② 积极竞争时期:用较低的成本实现较高的仓储服务。
③ 稳定竞争时期:提高服务水平,维持成本不变。
④ 退出阶段:大幅降低成本,但也降低服务水平。

2) 电子商务物流仓储的主要功能

(1) 整合装运　　接收来自一系列制造工厂指定送往某一特定顾客的材料,然后把它们整合成单一的一票装运,其好处是有可能实现最低的运输费率,并减少在顾客的收货站台处发生拥塞。整合仓库可以把从制造商到仓库的内向转移和从仓库到顾客的外向转移都整合成更大的装运。为了提供有效的整合装运,每一个制造工厂必须把该仓库用作货运储备地点或用作产品分类和组装设施。因为,整合装运的主要利益是把几票小批量装运的物流流程结合起来联系到一个特定的市场地区。整合仓库可以由单独一家厂商使用,也可以由几家厂商联合起来共同使用出租方式的整合服务。通过这种整合方案,每一个单独的制造商或托运人都能够享受到物流总成本低于其各自分别直接装运的成本。

(2) 分类/交叉　　除了不对产品进行储存外,分类和交叉站台的仓库作业与整合仓库作业相类似。分类作业接收来自制造商的顾客组合订货,并把它们装运到个别的顾客所在地。分类仓库或分类站把组合订货分类或分割成个别的订货并安排当地的运输部门负责递送。由于长距离运输转移的是大批量装运,因此运输成本相对比较低,进行跟踪也不太困难。交叉站台设施具有类似的功能,零售连锁店广泛地采用交叉站台补充快速转移的商店存货。在这种情况下,交叉站台先从多个制造商处运来整车的货物;收到产品后,如果有标签的就按顾客进行分类,如果没有标签的则按地点进行分配;然后,产品就像"交叉"一词的意思那样穿过"站台"装上去适当顾客处的拖车;一旦该拖车装满了来自多个制造商的组合产品后,就被放行运往零售店去。于是,交叉站台的经济利益中包括从制造商到仓库的拖车满载运输以及从仓库到顾客的满载运输。由于产品不需要储存,降低了在交叉站台设施处的搬运成本。此外,由于所有的车辆都进行了充分装载,更有效地利用了站台设施。

(3) 加工/延期　　仓库还可以通过承担加工或参与少量的制造活动,被用来延期或延迟生产。具有包装能力或加标签能力的仓库可以把产品的最后一道生产工序一直推迟到该产品的需求时为止。例如,蔬菜就可以在制造商处加工,制成罐头"上光"。上光是指还没有贴上标签的罐头产品,但它可以利用上光贴上私人标签。因此上光意味着该产品还没被指定用于具体的顾客,或包装配置还在制造商的工厂里。一旦按到具体的顾客订单,仓库就能够给产品加上标签,完成最后一道加工,并最后敲定包装。加工/延期提供了两个基本经济利益:第一,风险最小化,因为最后的包装要等到敲定具体的订购标签和收到包装材料时才完成;第二,通过对基本产品使用各种标签和包装配置,可以降低存货水平。

(4) 仓库堆存 这种仓储服务的直接经济利益从属于这样一个事实,即对于所选择的业务来说储存是至关重要的。例如,草坪家具和玩具是全年生产的,但主要是在非常短的一段市场营销期内销售的。与此相反,农产品是在特定的时间内收获的,但随后的消费则是在全年进行的。这两种情况都需要仓库的堆存来支持市场营销活动。堆存提供了存货缓冲,使生产活动在受到材料来源和顾客需求的限制条件下提高效率。

3) 电子商务物流仓储的发展趋势

(1) 传统仓库向现代物流中心转变 主要表现在仓库功能的增加和仓储设施的升级方面。随着现代物流的发展,仓库会发展为库存控制中心、高度集散中心、增值服务中心、信息发布中心和现代物流技术的应用中心。

(2) 仓储业将受到国内国际经济的影响 金融危机给世界的影响是极其深远的,一是影响了世界产业转移和布局的变化。欧美国家民众的消费观念发生变化,提高了储蓄率,放慢了奢侈品的消费速度;就近采购商品和安排生产,物流线路、物流数量、集结地点有可能发生变化,这会影响我国出口商品的结构、数量和港口物流中心业务量。二是我国经济结构调整和发展方式转变。高污染企业、高耗能和高耗水行业将受限制,而物流业以其现代服务业的鲜明特征被多地当作支柱产业,物流园区尤其是贸易型的物流园区将快速发展。三是低碳经济的要求越来越紧迫,科学合理的物流园区、物流中心有助于减少碳排放量,主要表现在减少货物的迁流、减少车辆的空载等。

(3) 普通库房供大于求不可避免 经过多年的宣传和推动,物流产业被各级政府所认识,出台了一系列的支持物流发展的政策,确定了当地的现代物流业发展的规划,所有的规划都涉及仓储设施的建设。物流园区、物流中心的增长速度很快,省会城市规划的物流园区面积一般都在 10 km^2 以上,有的高达几十平方千米;二级城市也在几平方千米到十多平方千米。这些仓储设施一旦建成,将大幅度提高库房供给量,导致空仓率增加和租金下降。

(4) 仓储业务综合化、精细化 在供大于求的情况下,单纯的出租库房或只提供简单服务将在竞争中处于劣势。仓储业务综合化即在仓储保管的基础上大力发展增值服务,如开办市场、开展加工、包装、配送、质押监管等业务。精细化就是引入新的管理理念,为客户量身定做业务模式、业务流程、服务标准和服务质量,裁减冗余,节约成本。

(5) 海外仓将成为电商时代物流业发展的必然趋势 第一,海外仓的头程将零散的国际小包转化成大宗运输,会大大降低物流成本。第二,海外仓能将传统的国际派送转化为当地派送,确保商品更快速、更安全、更准确地到达消费者手中,完善消费者跨境贸易购物体验。第三,海外仓的退货处理流程高效便捷,适应当地买家的购物习惯,让买家在购物时更加放心,能够解决传统的国际间退换货问题。第四,海外仓与传统仓储物流相结合可以规避外贸风险,避免因节假日等特殊原因造成的物流短板,从而提高我国电商的海外竞争力,真正帮助电商提供本土服务,适应当地买家的消费习惯。

【案例 7-1】

出口易独辟海外仓　跨境商插上电翅膀

十三行时期,货船从广州港出发,历经数月到达大洋彼岸。21世纪网络时代,如果从本土发货,即便走快递也要一周,邮政小包则需要20多天。在敢为天下先的广州,一位80后首创海外仓配送模式,在当地直接发货,外国消费者下单到收货的时间压缩到3~4天,跨境生意从此不再难做,他就是出口易CEO肖友泉。截至2016年底,出口易已在英国、美国、德国、澳大利亚、加拿大5大主流外贸市场设置海外自营仓储物流中心,在香港、广州、深圳、上海等国内8个城市设有处理中心,自主开通中英、中美、中德、中澳等多条国际专线服务。服务覆盖全球,是Amazon、Wish、Alibaba、Aliexpress、JD、Shopee重点推荐的物流服务供应商。

业余开网店开出首个海外仓。2003年,中山大学数学和金融学双学位毕业的肖友泉进入一家IT公司工作。那一年,eBay在国外正红火,肖友泉试着在eBay平台上开网店,从批发市场采购电子原配件、电池、玩具卖。价格便宜的中国商品得到外国消费者的青睐,肖友泉每次登录网店,都有新成交的订单跳入视线。很快他就发现,原始的物流模式跟不上互联网的节奏。客户下单后,从中国发货,到达国外买家手中起码半个月甚至一个月,而且丢包情况严重。他想到在英国读书的同学,同学住的公寓有个空房,肖友泉就试着把一些爆款商品批量提前运过去,暂存在朋友家中,收到订单直接从英国发货。海外发货变成本土发货,物流时间一下子从半个月以上压缩到3~4天,物流成本大大降低,毛利提升25%。突破了瓶颈,肖友泉越做越大。同学的房间被塞满了,只能去租微型仓库,最开始租一层,最后整栋楼都被他包下来了。"不知不觉就成了第一个海外仓。"

2005年,国产手机火了,成为国外消费者的抢手货。跨境电商迎来了春天,肖友泉的网店月销售额达到160万美元。他从公司辞职,全身投入跨境电商。随后两年,英国、美国、澳大利亚的海外仓相继建立。2007年,肖友泉已经做到eBay中国的前10位。此时,他也遇到了自己的烦恼。所有事情都有"天花板",天河城后面的两台外资银行的柜员机前,当时常常见到肖友泉的身影。"手头拿着6张银行卡,每张限额一天2万元人民币,每次只能刷3000元现金,我一次就在那里站好久,后面排队的人都要疯了。"一个下午,eBay全球副总裁和中国业务总监找上门来,和他探讨怎么突破外贸电商的"天花板"。两位高管建议肖友泉,不如转型做服务商,成为eBay、PayPal的全球物流合作伙伴。思量一番过后,肖友泉决定转型,告别卖家身份。2008年底,出口易物流品牌创立,为国内的电商卖家们提供跨境全程仓储物流"门到门"配送服务。无论是金钱还是时间,出口易的优势显而易见。以美国为例,一件400g的商品通过国际快递公司需要96元,时间为3~5天;国内EMS要88元,淡季7~15天,旺季10~20天;而通过出口易海外仓发货,价格是56元,平均2个工作日可达,而且还可实现当地退换货和改派。更重要的是,海外仓没有重量规格限制,以前只能卖小件商品,现在桌椅等大家伙也毫无压力。

在海外仓,每一种商品应该备多少,卖家往往心中没数。出口易早早建立起大数据,通过销售往绩来分析最佳备货量。如果实在卖不动,还可以调动海外的分销商和批发商帮忙消化。"有大卖家认为海外仓很容易,便结束合作自己在海外建仓,这才发现不是那么一回事,又回来找我们门。"肖友泉说。据物流专家统计,从通关、检验检疫、货运、仓储所有环节下来,跨境物流总共涉及2000多个节点,还有各国的法律文化的差异,没有多年的积淀,难以做好服务。如今,出口易已在10个国家和地区完成海外仓布局,全球有超过5万家商户在使用出口易的服务,是业内当之无愧的领先企业。

(资料来源:广州日报大洋网)

7.4.3 电子商务物流冷链保鲜

保鲜意为保持新鲜,包括贮藏、运输和销售等保鲜,通常意义的保鲜指的是蔬菜和水果的贮藏保鲜。随着生鲜电商产业的兴起,冷链物流业得到了高速发展。越来越多的冷链物流企业开始尝试在物流保鲜领域布局,包括自建物流企业以及第三方物流企业。生产者通过冷链物流快捷、安全的方式将产品传递给下游的消费者,增强用户体验。

国家标准《物流术语》(GB/T 18354—2021)的冷链(Cold Chain)定义为:根据物品特性,从生产到消费的过程中使物品始终处于保持其品质所需温度环境的物流技术与组织系统。

1) 应用范围

随着物流和供应链管理概念的普及和发展,电子商务物流冷链的应用范围也在不断扩大,大致可以分为三类:一是生鲜农产品,如蔬菜、水果、水产品、肉类和蛋类等;二是经过加工的食品,如加工好的熟食、奶制品、速冻食品以及餐饮原料;三是具有特殊性质的商品,如生物供体、药品、人体血液和花卉产品等。其中,果蔬的自身内在品性是其新鲜水平的固有本质,品种的这种固有本质即是内因。采取各种方式抑制衰老,保持新鲜的措施即是外因。果蔬自身质量、无伤病是搞好保鲜的基础。贮藏技术是外因,只能对保鲜产品的某些生物学特性做一些补充和修饰,对于某一特定品种,无论采取何种先进保鲜技术,其贮藏寿命都是有限的,只有采前生产栽培与采后保鲜技术相辅相成才能获得最佳贮藏效果。

2) 发展现状

进入21世纪以来,我国电子商务物流冷链保鲜技术迅速发展,冷链物流发展环境和条件不断改善,冷链物流得到较快发展。我国每年约有4亿吨生鲜农产品进入流通领域,冷链物流比例逐步提高。随着冷链市场不断扩大,冷链物流企业不断涌现,并呈现出网络化、标准化、规模化、集团化发展态势。在冷链物流行业发展的日益红火时,优缺点也显得日益明显。其优点有:第一,冷链物流提高了食品的保鲜能力,不会影响到食物的营养和味道,同时大大提高了食物的存储期限。第二,冷链物流具有非常高的效率,不同地域之间的食物输送非常方便,食物在运送到目的地时仍然很新鲜。第三,冷链物流为食品的安全输送提供了保证,冷藏和冷冻食品需要一个完整的冷链物流对货物进行全程的温度控制,以确保食品的安全。

目前,国内的冷链物流主要集中在公路运输方面,而航空、铁路等运输形式还处在起步阶段。冷链物流涵盖从生产到销售全过程,是指对生产、加工、储存、销售等整个流程都进行冷链处理,具体来看可以划分为四个不同的技术阶段:一是源头采用真空预冷技术和冰温预冷技术;二是在贮藏阶段采用自动冷库技术;三是冷藏运输采用冷藏车、铁路冷藏车和冷藏集装箱配套使用的物流模式;四是运用信息技术建立电子虚拟果蔬冷链物流供应链管理系统,对冷链全过程进行动态监控。

3) 冷链物流主导模式

(1) 以大型农产品批发市场运营商为主导的农产品冷链物流模式 由于我国市场经济的不断发展,农产品供应从以往的计划经济模式转向了市场经济,出现了很多的农产品市场。这些市场在当地政府的干涉或自身发展下发展成为专门的大型农产品批发市场,根据自身的特点定位市场、创建品牌,随着制度和模式的完善和成熟,这些市场也成了冷链物流中的重要组成部分,形成了以大型农产品批发市场为主导的冷链物流模式,通过运营商的运作,由下向上地将整个物流链条串联起来。先由市场将消费者的需求反馈给各种专门的供应商,供应商再将需求反馈给更上一层,也就是农户或相关加工企业,通过这种信息的交流促使生产商所生产的产品更加符合市场需求,将各个环节的风险都降到了最低。

另外,这种大型农产品批发市场作为供应商和零售商之间的衔接点,在一定程度上,批发市场能够更加精准地掌控市场需求的产品种类和数量,也有能力对各个环节进行调度,确保产品能够在某个时间到达,并将产品派送到各个销售点,这样便可以更好地促进各个环节中的连接,减少产品缺货和积压现象的出现,将冷链物流的成本和损失控制在最低。占据着如此优势的农产品批发市场为了给上下游的人们提供更好的服务,占据更多的市场份额,很多批发市场都发展了存储、批发、加工和运送为一体的系统服务,也成为一种重要的冷链物流模式。

（2）以连锁超市为主导的农产品冷链物流模式　超市在我国兴起的时间不长,初期的超市所贩售的东西和"百货商店"的产品没什么不同,但随着超市的不断发展,为了满足更多人的需求,超市将生鲜农产品也纳入了销售范围。超市中的农产品更加标准化,且超市里常设的冷链设备能够非常好地满足产品的冷藏需求,加工和包装也更加系统正规,所以受到很多消费者的欢迎。连锁超市在各个城市中的布点较多,能够及时将产品在超市内部进行调度,超市中成熟的促销手段可以最大限度地减少产品的积压,因此超市所占据的农产品市场份额也在逐年扩大。超市能够直接接触消费者,根据产品的销售情况和消费者对产品的反馈,超市对消费者的需求把握得非常准确,并根据这些数据及时调整各种产品之间以及与上游供应商和生产商之间的调度。

另外,在较大规模的连锁超市运营中,甚至可以绕过中间的经销商,达到和农户或生产商之间的对接,这样农户可以根据超市的需求进行种植,生产加工商也可以根据超市的调度进行生产和加工,超市则直接收购这些产品。这样的模式在大大降低风险的同时更能够提高各环节的收益,还能为消费者提供更加优惠的价格,使产品的流通更加顺畅,提高效率。

（3）以物流中心为主导的农产品冷链物流模式　以物流中心为主导的农产品冷链物流模式在近几年兴起并且发展迅速,它连接着物流基地、物流团队、集散中心、配送中心,为农产品交易商提供现代化和全方位物流服务。它与连锁超市模式中物流企业扮演的角色略有不同,在该模式中物流中心占据主导分配地位,而在连锁超市模式中物流企业只是起着冷链仓储运输作用的契约方。

4）运营成本

目前冷链物流的成本相对比较昂贵,相较于普通物流,冷链物流的成本要高出 40%～60%。产业链条可以划分为上游的冷链设备制造商和冷链技术供应商,农产品、医药等生产企业以及中下游的仓储环节和流通环节。其中仓储和运输的要求较高,大大增加了冷链物流的成本,同时也降低了产品的损耗率。昂贵的冷链物流成本主要是由运输成本、仓储成本、库存成本和管理成本组成。其中运输成本与仓储成本所占比例较大,而库存成本的比例相对较小。

降低成本的关键在于形成合理、高效的冷藏链。运输过程中,企业应针对当前冷链物流的发展,积极发展多品种小批量的小编组机冷车,满足市场对多品种小批量货源运送的需求。在配送管理阶段,企业可以针对保质期极短产品的大量小订单、众多配送网点、复杂时间窗等问题,采取合并小订单、整合配送网点、合并不同产品的时间窗来降低运输成本。对于库存控制,企业需要尽可能地降低冷库空置率,借助库存信息系统在平衡货品过期和缺货的条件下确定最佳订货点。

5) 常见的几种冷链物流企业

(1) 冷链仓储型企业　冷链仓储型企业指专门从事提供冷库租赁服务的企业。作为冷链物流的主要基础设施,我国冷库资源依然不充足,呈现出资源分布不均衡、制冷技术落后、仓储设备陈旧等现象。此外,冷库方面还存在着行业集中度低的问题,目前仍不具有超强整合能力的巨头。根据中国仓储协会冷链仓储分会统计,排名前 10 的冷链仓储运营商 2014 年冷库保有量为 930 万 m^3,占整个市场的 10.5%;排名前 30 的运营商 2014 年冷库保有量为 1 531 万 m^3,占整个市场的 17.3%。在仓储型企业中,太古冷链和普菲斯发展迅速,堪称行业代表。

(2) 冷链运输企业　冷链运输企业主要是指从事货物低温运输业务为主的企业,需要配备冷藏车辆,服务范围包括干线运输、区域配送以及城市配送。其代表企业包括双汇物流、荣庆物流、众荣物流等。其中,双汇物流和众荣物流都是从企业物流逐步发展成物流企业的。

(3) 配送型企业　在冷链物流行业中,最为常见的便是配送型企业,主要服务于超市供应商、超市配送中心、连锁餐饮配送中心、生鲜电商 4 类客户。

(4) 综合型企业　综合型企业是指以从事低温仓储、干线运输以及城市配送等综合业务为主的物流企业,代表企业有招商美冷、上海广德、北京中冷等。和单一的冷链物流企业不同,其业务比较广泛,涉及仓储、运输和配送等各个方面。

(5) 供应链型企业　供应链型企业是指围绕核心企业,通过对信息流、物流、资金流的控制,从采购到终端整个过程提供低温运输、加工、仓储、配送服务,然后由分销网络把产品送到消费者手中的物流企业。总的来说,就是将供应商、制造商、物流商和分销商连成一个整体的功能网链结构。这种商业模式比较先进,是国内最近两年才兴起的,美国供应链型企业主要有 SYSCO、US FOOD。

【知识拓展 7.6】

苏宁物流重磅推出"苏鲜达",提升冷链物流新标准

练习题

一、判断题

1. 第四方物流是为第三方物流服务的企业。　　　　　　　　　　　　　　　　　　(　　)
2. 节省物质成本是"第三利润源泉"。　　　　　　　　　　　　　　　　　　　　　(　　)
3. 京东物流属于典型的第三方物流模式。　　　　　　　　　　　　　　　　　　　(　　)
4. 现代的观念中,仓库被看作是一种存储设施,仅仅担负着存储产品的功能,它增加了整个物品的配送成本,并产生了额外的仓库作业成本。　　　　　　　　　　　　　　　　　　　　(　　)
5. 海外仓是指国内企业将商品通过大宗运输的形式运往目标市场国家,在当地建立仓库、储存商品,然后再根据当地的销售订单,第一时间做出响应,及时从当地仓库直接进行分拣、包装和配送。(　　)
6. 冷链是指为保持新鲜食品及冷冻食品等的品质,使其在从生产到消费的过程中,始终处于低温状态的

配有专门设备设施的物流网络。　　　　　　　　　　　　　　　　　　　　　　（　　）

二、选择题（可多选）

1. 根据用户要求，对物品进行拣选、加工、包装、分割、组配等作业，并按时送达指定地点，是（　　）。
   A. 送货活动　　　　　B. 销售活动　　　　　C. 运输活动　　　　　D. 配送活动
2. 电子商务物流配送质量的评价指标包括（　　）。
   A. 网点覆盖率　　　　B. 收货时间　　　　　C. 服务性价比　　　　D. 员工着装
3. 下列关于物流的说法正确的是（　　）。
   A. 适当安排物流据点，提高配送效率，保持适当库存
   B. 在运输、保管、搬运、包装、流通加工方面，实现省力化、合理化
   C. 尽可能使从接受商品的订货到发货、配送等过程的信息畅通
   D. 尽可能使物流的成本最小
4. 电子商务物流的特点包括（　　）。
   A. 智能化　　　　　　B. 标准化　　　　　　C. 网络化　　　　　　D. 绿色化
5. 电子商务订单履行的主要难点是（　　）。
   A. 订单数量众多和订单结构复杂　　　　　　B. 库存量单位大
   C. 响应时间短　　　　　　　　　　　　　　D. 随机性强
6. 电子商务物流常见的包装材料主要有（　　）。
   A. 气泡信封　　　　　B. 气泡膜　　　　　　C. 胶纸　　　　　　　D. 快递袋

三、问答题

1. 企业为什么要实施物流外包？一般企业物流外包有哪几种形式？
2. 电子商务物流的特点体现在哪里？
3. 电子商务物流仓储的主要功能是什么？
4. 冷链物流主导模式有哪几种？

四、操作题

1. 在淘宝网（或其他网站）上购买一件实物商品，体验第三方物流的效率和服务质量，收货后在淘宝网上对卖家的产品质量、物流配送的速度和服务态度评价打分。

2. 随着我国电子商务高速发展，电子商务物流的体系已经发生了革命性的变化，物流的配送终端由过去面向企业、商超、门店开始全面下沉到千家万户的个人终端，从而带来了电商快递包裹数量的爆发性增长。与此同时，为避免运输中野蛮装卸带来物品损毁，电商快递包裹常常采用过度包装的措施来保证货物安全，一件很小的商品也要层层包裹，包装用的胶带、塑料袋、纸盒、纸箱、泡沫箱、填充物等都往往被一扔了之，大部分不能循环使用，导致海量快递包装垃圾的产生，既带来了严重的浪费，更带来了严重的污染。请结合自身网购经历，从消费者角度提出如何进一步推进电子商务物流绿色包装。

8 电子商务法律规范

[学习目标] 掌握有关电子商务交易、电子商务及网络领域知识产权的运用与保护、电子商务中消费者权益保护的法律规范;理解与网络用户信息安全及网络犯罪有关的法律规范;了解电子商务立法现状以及供应链金融、互联网三级传销等电子商务新兴及特殊领域相关法律制度。

8.1 概述

电子商务立法包括广义的立法和狭义的立法。广义的立法是所有与通过互联网等信息网络销售商品或者提供服务经营活动相关的法律规范的总称,既包括电子商务本身的相关立法,同时也包括电子商务活动中所适用的传统法律规范。而狭义的立法则仅指针对电子商务本身的专项立法。相较于传统的商务活动,电子商务不仅其经营手段、模式有所不同,经营的范围日益广泛,而且所涉及的法律关系也更为复杂,仅仅依靠传统的立法已难以满足电子商务发展的需要。电子商务的成功需要有三个要素:商业运作的管理、先进技术的支持以及法律规范的保障。因此,随着电子商务活动的迅速推广,各国在完善传统立法的同时,也都注重制定专门的立法,在促进电子商务发展的同时,加强对电子商务活动的规范。

8.1.1 电子商务立法概况

电子商务立法是系统工程,并且需要各国的合作。事实上,电子商务立法已成为近几年全世界商事立法的重点。不仅相关的国内法不断涌现,一些国际组织也制定了大量与计算机技术和互联网商业应用相关的法律规范,以协调各国电子商务法的立场,甚至出现了电子商务立法中先有国际条约而后才有国内法的现象。

从国际范围来看,电子商务立法主要围绕电子签名、电子合同、电子记录的法律效力展开,至于与电子商务相关的知识产权保护、消费者权益保护等其他领域的立法,则主要采取对原有法律进行修改或补充的方式加以调整。此外,这些电子商务立法还具有边制定边完善,国际立法重点在于扩大传统法律的适用性,发达国家在国际立法中占主导地位,垄断企业在电子商务技术标准和制定上起主要作用等特点。

【知识拓展 8.1】

国内外有关电子商务的立法情况

在世界各国电子商务的立法中,联合国起到了积极的推动作用。联合国国际贸易法委员会制定的《电子商务示范法》(以下简称《示范法》)是世界范围内第一个电子商务领域的统一法律文本,该法所确立的法律原则和基本规则,为世界各国所认同、采纳和效仿,并对各国的电子商务立法起到了一定的示范作用,成为世界范围内较具代表性的电子商务通行规则。《示范法》分两部分,一部分规定电子商务的一般问题,另一部分规定电子商务特定领域中的问题。后一部分目前只有一章,用于货物运输的电子商务。《示范法》遵循的基本原则包括:

(1) 电子记录效力原则　该原则强调信息的有效性和可执行性不得仅因其采用数据电文的形式而予以否定。

(2) 非歧视原则　该原则要求平等对待书面文件的用户和计算机传输信息的用户。

(3) 技术中立原则　它要求在电子签名技术问题上,不得偏重某种特定的标准和程序,不应将法律规则与某种技术的应用相联系。

(4) 当事人意思自治原则　即当事人在不违反强制性法律规范的情况下,可以自行约定相互之间的规则,以体现规则的灵活性。

8.1.2 我国的电子商务立法

《中华人民共和国电子商务法》(以下简称"我国《电子商务法》")于2018年8月31日由第十三届全国人民代表大会常务委员会第五次会议审议通过。该法是我国电子商务领域的基本法,较为全面地确立了我国电子商务的制度框架。该法的主要内容包括:

1) 确立了电子商务的基本法律原则

鼓励发展的原则,其中包括鼓励电子商务新业态发展、平等对待线上线下商务活动、遵守法律和商业道德等原则。

2) 规范了电子商务经营者的经营活动

该法规定了电子商务经营者所应履行的登记、纳税、商品和服务质量保障、消费者权益保护、个人信息保护等方面的义务;并特别强化了电子商务平台在商品和服务质量保障中的责任。

3) 规定了商务合同的订立与履行的基本要求

该法规定,电子商务当事人订立和履行合同,适用该法和《中华人民共和国电子签名法》等法律的规定。除此之外,该法还对电子合同的订立和生效条件、标的交付时间和方式、支付方式等做出了全面的规定。

4) 明确了电子商务争议的解决方式和途径

该法规定电子商务经营者应当建立便捷、有效的投诉和举报机制,公开投诉、举报方式等信息,及时受理并处理投诉、举报。电子商务争议可以通过协商和解,请求消费者组织、行业协会或者其他依法成立的调解组织调解,向有关部门投诉,提请仲裁或者提起诉讼等方式解决。

5) 制定了法律对电子商务的促进措施

该法明确规定,国务院和省、自治区、直辖市人民政府应当将电子商务发展纳入国民经济和社会发展规划,制定科学合理的产业政策,促进电子商务创新发展。

8.2 电子商务经营者相关法律规范

根据我国《电子商务法》规定,电子商务经营者,是指通过互联网等信息网络从事销售商品或者提供服务的经营活动的自然人、法人和非法人组织,包括电子商务平台经营者、平台内经营者以及通过自建网站、其他网络服务销售商品或者提供服务的电子商务经营者。

(1) 电子商务平台经营者 是指在电子商务中为交易双方或者多方提供网络经营场所、交易撮合、信息发布等服务,供交易双方或者多方独立开展交易活动的法人或者非法人组织。

(2) 平台内经营者 是指通过电子商务平台销售商品或者提供服务的电子商务经营者。

(3) 通过自建网站、其他网络服务销售商品或者提供服务的电子商务经营者 是指经营者通过自身独立建立的网络信息系统,或者通过第三方建立或提供的通信社交、短视频、信息服务等非专门的电子商务平台或软件销售商品和提供服务的经营者。

8.2.1 对电子商务经营者的一般规定

1) 对电子商务经营者主体及资质的要求

我国目前的市场主体登记主要包括以下 6 种类型:
(1) 公司、非公司企业法人及其分支机构。
(2) 个人独资企业、合伙企业及其分支机构。
(3) 农民专业合作社(联合社)及其分支机构。
(4) 个体工商户。
(5) 外国公司分支机构。
(6) 法律、行政法规规定的其他市场主体。

也就是说,只要是具备以上市场主体形态,并在市场监督管理部门办理登记、取得营业执照的组织或个人,均有权从事电子商务活动。但是,为了方便个人销售小额商品和提供劳务,法律规定,个人销售自产农副产品、家庭手工业产品,个人利用自己的技能从事依法无须取得许可的便民劳务活动和零星小额交易活动,以及依照法律、行政法规不需要进行登记的除外。

另外,我国对一些特殊商品的销售也实施许可证制度。例如,根据《中华人民共和国食品安全法》的规定,食品销售应取得食品经营许可证,但是,销售食用农产品和仅销售预包装食品的除外。在药品网上销售方面,2017 年国务院取消互联网药品交易服务企业(第三方平台除外)的交易资质的审批,但从事互联网药品销售仍需具备互联网药品信息服务资格证,并按照"线上线下一致"原则,取得药品经营许可证书。从事医疗器械网上销售的企业应就其所销售的医疗器械按国家所制定的分类目录,取得相应的医疗器械生产许可、经营许可或者办理备案手续,其中通过自建网站开展医疗器械网络销售的企业,还应当依法取得互联网药品信息服务资格证书。除此之外,根据国家法律规定,从事农药、化肥、兽药、种子、危险化学品经营的也需取得相应的许可证书。未取得相关行政许可销售上述产品的,不仅违反了电子商务的相关规定,情节严重的还会构成非法经营罪,承担相应的刑事责任。

除了国家明令禁止流通的违禁物品外,我国还将一些商品列入禁止网络销售的范围,例如,根据有关法律的规定,除了取得烟草专卖生产企业许可证或者烟草专卖批发企业许可证的企业依法销售烟草专卖品外,任何公民、法人或者其他组织不得通过信息网络销售烟草专卖品。另外,根据相关规定,电子烟不得通过网络进行销售,槟榔及其制品也不得利用网络视听节目加以宣传推销。

由于互联网技术的迅速发展,目前网络直播营销日益流行,已成为电子商务营销较为有效的手段。网络直播营销包括通过互联网站、应用程序、小程序等,以视频直播、音频直播、图文直播或多种直播相结合等形式开展营销的商业活动。近年来,直播营销不仅在淘宝、拼多多、京东等"传统"电子商务平台得到推广,而且抖音、快手等短视频软件平台,以及微信等社交软件平台和今日头条等信息平台也竞相开展包括"直播带货"在内的直播营销,甚至出现了专门的企业公共直播平台,一些电商经营者还开始搭建自营的直播平台。根据有关规定,提供直播服务的公共平台和企业自营直播平台除需要办理增值电信业务经营许可证外,还需要申领网络文化经营许可证、信息网络传播视听节目许可证、广播电视节目制作经营许可证等许可证书。而利用直播营销平台开展产品和服务营销业务的直播间运营者亦需根据平台的性质和直播的内容办理相关的资质。

2) 电子商务经营者的法定义务

根据我国《电子商务法》及其他法律规定,电子商务经营者在享有经营权利的同时,还需承担相应的义务。电子商务经营者的义务主要包括:

(1) 依法纳税的义务 根据我国《电子商务法》的规定,电子商务经营者应当依法履行纳税义务,并依法享受税收优惠。不需要办理市场主体登记的电子商务经营者在首次纳税义务发生后,应当依照税收征收管理法律、行政法规的规定申请办理税务登记,并如实申报纳税。目前,我国电子商务模式中B2B和B2C企业已进入税收征管范围,上述企业电子商务活动所需缴纳的税收主要有增值税和所得税,个别产品可能还会涉及消费税。但在C2C模式下,由于缴税主体、征税地点等税法要素界定和交易监管存在着诸多困难,这一状况导致很多B2B和B2C交易假借C2C的形态出现,无形中造成了国家税收的大量流失。

(2) 安全保障义务 根据我国《电子商务法》的规定,电子商务经营者销售的商品或者提供的服务应当符合保障人身、财产安全的要求和环境保护要求,不得销售或者提供法律、行政法规禁止交易的商品或者服务。

(3) 出具发票的义务 电子商务经营者销售商品或者提供服务应当依法出具纸质发票或者电子发票等购货凭证或者服务单据。

(4) 消费者知情权和选择权保障义务 电子商务经营者应当在其首页显著位置,持续公示营业执照信息、与其经营业务有关的行政许可信息、属于依照法律规定的不需要办理市场主体登记情形等信息,或者上述信息的链接标识。电子商务经营者不得以虚构交易、编造用户评价等方式进行虚假或者引人误解的商业宣传,欺骗、误导消费者。

(5) 公平交易的义务 电子商务经营者根据消费者的兴趣爱好、消费习惯等特征向其提供商品或者服务的搜索结果的,应当同时向该消费者提供不针对其个人特征的选项,尊重和平等保护消费者合法权益。这一规定对以往电子商务活动中普遍存在的"大数据杀熟"起到了有效的制约作用。电子商务经营者搭售商品或者服务,应当以显著方式提请消费者注意,不得将搭售商品或者服务作为默认同意的选项。

(6) 消费者个人信息和隐私保护义务 根据我国《电子商务法》的规定,电子商务经营者收集、使用其用户的个人信息,应当遵守法律、行政法规有关个人信息保护的规定。

【知识拓展 8.2】

暗刷的流量资源

8.2.2 对电子商务平台经营者的特殊规定

电子商务平台经营者既有一般经营者的特点,同时又对平台内经营者享有监管的权利,并承担相应的义务。根据法律规定,电子商务平台经营者的特殊义务包括:

(1) 对平台内经营者的身份审查和登记义务。
(2) 管理和协助监管的义务。
(3) 网络安全保障义务　法律规定,电子商务平台经营者应当采取技术措施和其他必要措施保证其网络安全、稳定运行,防范网络违法犯罪活动,有效应对网络安全事件,保障电子商务交易安全。
(4) 信息记录和保存义务　根据我国《电子商务法》的规定,电子商务平台经营者应当记录、保存平台上发布的商品和服务信息、交易信息,并确保信息的完整性、保密性、可用性。商品和服务信息、交易信息保存时间自交易完成之日起不少于三年;法律、行政法规另有规定的,依照其规定执行。
(5) 公平制定和执行服务协议和交易规则的义务。
(6) 建立信用评价、提供搜索服务的义务。
(7) 知识产权保护的义务。

【知识拓展 8.3】

国家市场监督管理总局依据《中华人民共和国反垄断法》处罚阿里巴巴

8.3　电子商务交易的法律规范

为了维护电子商务活动正常秩序,我国《电子商务法》除对电子商务经营者主体及其权利义务做出总体规定外,还针对电子商务具体交易行为做出了较为完备的规范。

【知识拓展 8.4】

我国电子商务相关典型案例

8.3.1 电子合同订立的法律规则

1)电子合同及其特征

合同是民事主体之间设立、变更、终止民事权利义务关系的协议。而电子合同是指利用计算机网络以数据电文形式订立的合同。

所谓数据电文(Data Message),根据联合国《电子商务示范法》第 2 条,其意为"以电子手段、光学手段或类似手段生成、储存或传递的信息,这些手段包括但不限于电子数据交换(EDI)、电子邮件、电报、电传或传真。"《中华人民共和国电子签名法》(以下简称我国《电子签名法》)对数据电文的定义是"以电子、光学、磁或者类似手段生成、发送、接收或者储存的信息"。

【案例 8-1】

永大公司受某公司委托在某网站销售一辆二手帕萨特轿车,委托代销价是 12.8 万元左右。永大公司决定在网上拍卖起始价为 10 万元,一口价是 16.4 万元。但由于他们的员工输入电脑信息时发生了工作失误,永大公司第一次上传到网上的销售信息却是"起始价 10 元,一口价 16.4 万元"。韩某在浏览该网站时发现了这则销售信息,在键入了 116 元的竞拍价后,未有其他竞拍者出现。竞拍截止后,韩某收到网站通过自动成交系统发来的确认函,该函除确认成交外,还确认了购买价格和数量。事后永大公司认为,116 元不是自己的真实意思,也违背委托方的要求,这份电子合同不公平,拒绝承认这笔交易。韩某将永大公司诉至法院。韩某认为,按照我国《民法典》的规定,电子形式的合同是合法有效的,请求法院确认其与永大公司之间关于帕萨特轿车的买卖合同有效,判令被告履行合同。

作为合同的一种,电子合同具有合同的共同特征。但是,由于电子合同的当事人通过计算机网络系统传递意思表示,数据电文取代了传统的纸面形式和手书签名,使得电子合同与传统合同有所区别。例如,【案例 8-1】中,韩某与永大公司的合同便是通过由韩某在网站上填写、发送订单,再由网站向韩某发送电子邮件的方式订立的,在此过程中,未出现传统的书面形式和手书签名。电子合同与传统合同的区别主要表现在以下几个方面:

(1)意思表示的形式不同 电子合同可以完全摆脱面谈、电话、书写等涉及人体感官的意思表示方式,以数据电文表达和传递交易内容,同时需借助特殊设备编译、验证和显示。

(2)确认当事人身份的方式不同 由于网络服务和增值服务的存在,数据电文所显示的发件人与实际上的制作人或发出者可能并不是同一个人,需借助电子签名、电子认证等手段来确定数据电文的归属及当事人身份。

(3) 确认合同行为法律要件的方式不同　如电子合同须以时间戳、指定信息系统等新指标来确定意思表示的到达时间。

2) 电子合同中的要约与承诺规则

电子合同在本质上与传统合同一样,是当事人意思表示一致的结果,属于民商事合同。电子合同的定义也与传统合同一样,须遵循《民法典》中的要约、承诺规则。除非另有约定或法律另有规定,一方当事人做出要约,另一方当事人对该要约进行承诺,这份电子合同即告成立。

从【案例 8-1】中可以看到,电子合同当事人的意思表示,无论是要约还是承诺,其内容与传统方式的合同无本质区别,区别仅在于意思的传达和存储方式不同。电子合同中的意思表示,以数据电文方式存在,未做成传统的纸面文书。同时,这些意思表示需要特殊设备的解码才能显示并被理解。以数据电文方式进行要约和承诺时应注意以下问题:

(1) 数据电文对合同的法律效力是否产生影响　对此,我国《电子签名法》均有明确规定。《电子签名法》借鉴了联合国《电子商务示范法》的"功能等同方案",以列举"书面形式"的基本"功能"的方式将数据电文形式纳入"书面形式"范畴。该法第四条规定:"能够有形地表现所载内容,并可以随时调取查用的数据电文,视为符合法律、法规要求的书面形式。"同时,该法第五条规定,符合下列条件的数据电文,视为满足法律、法规规定的原件形式要求:

① 能够有效地表现所载内容并可供随时调取查用。

② 能够可靠地保证自最终形成时起,内容保持完整,未被更改。但是,在数据电文上增加背书以及数据交换、储存和显示过程中发生的形式变化不影响数据电文的完整性。

因此,数据电文属于"书面形式",数据电文的采用不会影响所订合同的效力。由于法律对数据电文效力的认可,因此近年来通过电子邮件、网页表单等电子形式签订合同已成为现代商务中常见签约形式,甚至涌现了许多诸如 E 签宝、法大大、放心签、鸽纸电签、云合同、契约锁等第三方电子合同平台或 App,专门为合同的电子化签订和保存提供服务。

(2) 要约和承诺的到达时间如何确定　在《民法典》的要约和承诺规则中,要约的到达意味着要约约束力的开始,而承诺到达的时间则成为合同成立的时间。《民法典》第一百三十七条规定,"以非对话方式做出的采用数据电文形式的意思表示,相对人指定特定系统接收数据电文的,该数据电文进入该特定系统时生效;未指定特定系统的,相对人知道或者应当知道该数据电文进入其系统时生效"。

《电子签名法》有类似规定,依照该法第十一条,"收件人指定特定系统接收数据电文的,数据电文进入该特定系统的时间,视为该数据电文的接收时间"。

根据《民法典》第四百八十二条,"要约以电话、传真、电子邮件等快速通讯方式做出的,承诺期限自要约到达受要约人时开始计算";另据该法第四百八十一条,"承诺应当在要约确定的期限内到达要约人"。因此,数据电文按照法律规定"到达"时,该意思表示便生效。

【案例 8-1】中,韩某按照网站的指示将竞拍价键入,应视为以数据电文的方式做出了要约,网站的确认函则构成了数据电文方式的承诺。如果网站未对合同的成立设置其他条件,那么确认函到达韩某的计算机系统时,韩某与永大公司之间的电子合同便告成立。由于当事人意思表示不真实("起始价 10 元"属《民法典》所说的"重大误解"),以及网站缺乏经营拍卖业务的资质,该合同最终被宣告撤销,无法再对当事人产生法律约束力,但该合同的订立过程还是符合电子合同的要约、承诺规则的。

3) 电子代理人的法律问题

电子代理人是指不需要人的审查或操作,能用于独立地发出、回应电子记录以及部分或全部地履行合同的计算机程序、电子的或其他自动化手段。【案例8-1】中的自动回复系统即属于"电子代理人"。电子代理人具有按照预定程序审单判断的功能,不仅可执行数据电文的发送、接收和确认,完成合同订立的全过程,甚至能够自动履行合同。

【案例8-2】

原告恒通商贸公司为一大型零售企业,建有自动交易系统,库存商品的管理均由电脑自动操作完成。被告华康化学用品公司系洗涤剂生产商。原被告双方达成一项协议,约定洗涤用品的下单和接单均通过电子数据交换的形式,由双方的电脑自动进行。并具体约定:原告公司存货不足时,一经原告采购负责人决定,原告电脑自动给被告下单(信息发送成功,电脑会自动显示),被告电脑自动接单。然后,被告根据原告的订单送货上门。合同还约定,被告一有新品,电脑自动向原告发出提示,以便原告下单。合同生效后,系统运行一直正常。

9月12日,原告库存的被告产品低于正常库存量,电脑自动给被告下单,订单对货号、数量做了说明,电脑显示信息发送成功。按照常规,被告当天收到订单后,立即组织发货,9月15日就能到货。但直到9月21日,被告的货才到。而原告销售的被告产品已于9月16日销售完毕,为应急,原告已于9月15日从另一家公司进了一批其他类型的洗涤用品。为此,原告拒收被告发来的货物,并要求被告赔偿损失,原告声称,从9月16日到9月21日,由于被告的产品一直缺货,引起客户不满,致使部分客户流失,影响了原告的销售额。但被告声称,他们是在9月18日才接到订单的,并且接单后立即组织发货,没有任何违约行为。经查明,被告接单过晚是由于当事人间的自动成交系统发生了故障。

该案中,双方当事人对合同的成立时间以及是否存在违约行为发生了争议。争议的起因是双方设定的电子代理人在运行中发生故障,导致订约信息的传递发生贻误。由此可见,电子代理人的法律问题主要涉及两个方面:一是电子代理人的法律性质;二是电子代理人出现故障时责任如何承担。

(1) 电子代理人的法律属性 电子代理人实际上只是一种职能化交易系统,是执行人类意愿的交易工具,即使这种执行是自动进行的,也不可能具有法律人格,只能成为法律关系的客体而不能成为法律关系主体。这是"电子代理人"和传统民商法中的"代理人"的本质区别。但由于"电子代理人"的设立是由电子商务当事人所做出的,体现了其本身的意愿,另外从保护交易相对方利益出发,设立"电子代理人"的当事人也理应承担由此产生的法律后果。因此,我国《电子商务法》第四十八条的规定,"电子商务当事人使用自动信息系统订立或者履行合同的行为对使用该系统的当事人具有法律效力"。

(2) 电子代理人引发的法律责任 电子代理人是订约当事人使用的特殊形式的工具,因此,电子代理人引起的法律责任应由设立电子代理人的当事人承担。

【案例8-2】中,自动成交系统发生故障,导致交易信息未能及时进入被告计算机系统,从而引发了合同争议。如果当事人之间有相关的约定,那么按约定承担责任;如果没有约定,那么根据《民法典》《电子签名法》《电子商务法》等法律承担责任。

某些电子代理人不需要人工值守,不但发生故障不易及时察觉,而且解决纠纷时举证困难。同时,由于是自动成交,某些特殊情况下合同的订立可能违背当事人真实意愿。因此,交易双方在使用电子自动成交系统时,应事先约定自动成交系统发生故障或失误时的应对措施,并事先确定相关法律责任的承担方式。

8.3.2 关于供应链金融方面的规范

1) 供应链金融的概念及其产生和发展

供应链金融(Supply Chain Finance,SCF)是一种新型的贷款和理财模式。供应链金融是指商业银行等金融企业从处于供应链中不同环节的企业间所存着的利益的相互依存性和风险的紧密关联性出发,以一个核心企业作为主要参照对象,在为核心企业提供金融理财服务的同时,向核心企业的上游供应商和下游销售商提供金融理财服务,以保证整个供应链条不因上下游企业的资金周转困难而导致整个供应过程资金链条断裂所开展的金融活动。

供应链金融与传统的金融具有不同的特点。首先,从服务的对象看,供应链金融服务面向整个供应链系统。传统金融主要是为某个特定的企业提供贷款或理财服务,而不考虑与其生产经营密切相关的其他企业。而供应链金融则着眼于整个供应链的可持续性,在向核心企业提供金融服务的同时,主要向核心企业的上游原材料等供货企业或下游的产品销售企业提供贷款、托收等金融服务,因此是一种面向整个供应链的系统性的金融服务。其次,从服务的功能看,供应链金融可以有效化解商业和金融风险。在供应链金融模式中,上下游的中小企业则可通过向银行等金融机构质押货权或转让其应收账款的方式,或以核心企业担保作为条件,就预付款和应收账款等取得融资,从而减少资金占用,盘活有限的资产,而核心企业也不会因为上下游企业因资金困难倒闭而影响其产品生产和销售,从而保证了整个供应链的正常运行。

现代供应链金融发展的一个重要趋势是随着互联网的发展,供应链金融P2P模式的出现及快速发展。所谓供应链金融模式指的是运用互联网平台和电子商务技术,将社会闲散资金用于供应链金融,在借款企业和出借人之间形成点对点(Peer to Peer,P2P)贷款关系的贷款模式。作为网贷的一种特殊形式,供应链金融模式可以在为出借人提供收益的同时利用网络的跨地域优势获得广泛的资金来源,从而保证了对供应链金融的资金供给,而且由于其在手续上具有高效便捷的特点。供应链金融模式的特点表现为以下几个方面:

(1) 从运行结构上看,互联网平台成为交易的中心。互联网平台虽然并不是借贷的直接当事人,却处于中心地位,是供应链金融的组织者,对借贷活动的成功与否起着关键的作用。

(2) 从参与的主体和资金来源上看,范围更为广泛。供应链金融模式下,出借人不仅是银行,还可以是其他金融机构或企业,甚至是个人。

(3) 在贷款的安全保障上,更多地依靠网络平台的相关数据。在供应链模式下,由于采用的是线上交易的形式,因此出借人对借款人和核心企业资信情况的了解,更多的是依赖网络平台所提供的相关数据和资信评估。而网络平台数据的取得,除由借款人自身提供和线下调查以外,往往需要借助云计算和大数据等技术手段,这就对网络平台的数据服务质量提出了很高的要求。

(4) 从监管的要求来说,法律规范更为严格。在资金流动上要求进行第三方监管,而不允许网络平台自身设立资金池。

(5) 在法律适用上,必须同时遵循金融和互联网管理的相关规定。

2) 供应链金融相关具体法律规定

(1) 监管模式 我国目前在供应链金融的管理上,实行的是分类和协同监管模式。各省级人民政府负责本辖区网络借贷信息中介机构的监管。工业和信息化部负责对网络借贷信息中介机构业务活动涉及的电信业务进行监管。公安部牵头负责对网络借贷信息中介机构的互联网服务进行安全监管,依法查处违反网络安全监管的违法违规活动,打击网络借贷涉及的金融犯罪及相关犯罪。国家互联网信息办公室负责对金融信息服务、互联网信息内容等业务进行监管。

(2) 备案管理制度　供应链金融平台必须办理相关的备案手续。根据法律有关规定,拟开展网络借贷信息中介服务的网络借贷信息中介机构及其分支机构,应当在领取营业执照后,于10个工作日以内携带有关材料向工商登记注册地地方金融监管部门备案登记。

(3) 业务规则与风险管理规定

在要求网络借贷平台履行其义务的同时,法律还要求借贷平台应守住法律底线和政策红线,落实信息中介性质,不得设立资金池,不得发放贷款,不得非法集资,不得自融自保、代替客户承诺保本保息、期限错配、期限拆分、虚假宣传、虚构标的,不得通过虚构、夸大融资项目收益前景等方法误导出借人,除信用信息采集及核实、贷后跟踪、抵质押管理等业务外,不得从事线下营销。网络借贷平台未经批准不得从事资产管理、债权或股权转让、高风险证券市场配资等金融业务。网络借贷平台和股权众筹平台客户资金与自有资金应分账管理,遵循专业化运营原则,严格落实客户资金第三方存管要求,选择符合条件的银行业金融机构作为资金存管机构,保护客户资金安全,不得挪用或占用客户资金。

另外,为了有效防范金融风险,有关法律还规定网络借贷金额应当以小额为主,并规定同一自然人在同一网络借贷信息中介机构平台的借款余额上限不超过人民币20万元;同一法人或其他组织在同一网络借贷信息中介机构平台的借款余额上限不超过人民币100万元;同一自然人在不同网络借贷信息中介机构平台借款总余额不超过人民币100万元;同一法人或其他组织在不同网络借贷信息中介机构平台借款总余额不超过人民币500万元。

【知识拓展8.5】

"e租宝"被判处集资诈骗罪

(4) 出借人与借款人的保护制度　为了充分保护出借人和借款人的权益,法律规定未经出借人授权,网络借贷信息中介机构不得以任何形式代出借人行使决策。网络借贷信息中介机构应当实行自身资金与出借人和借款人资金的隔离管理,并选择符合条件的银行业金融机构作为出借人与借款人的资金存管机构。

8.3.3　互联网三级分销与传销的区别及法律规定

1) 三级分销与直销

三级分销亦称为直销,根据国务院所颁布的《直销管理条例》,直销是指直销企业招募直销员,由直销员在固定营业场所之外直接向最终消费者推销产品的经销方式。因此从产品的销售渠道看,直销是生产经营企业不通过批发、零售、代理、特许加盟等中间商环节间接销售产品,而是通过招募与企业没有劳动关系的推销人员作为媒介向消费者推销产品的销售方式。由于目前我国法律对直销的层级有严格的限定,在直销关系中,仅允许生产经营企业、直销员和最终消费者三级存在,因此直销也相应被形象地称作三级分销。

三级分销既不同于生产者经营者完全依靠自身人力、资金、销售渠道等条件进行的直营销售,也不同于传统商业中通过中间商进行的销售,在我国仍属于一种新型的独立产品销售模式。

三级分销主要是利用推销人员的社会关系进行营销,无须建造、购置或租用经营场地或仓库,也不需要添置设备、雇用员工以及开展广告宣传,因此还可以减少销售成本,在一定程度上降低产品的最终市场售价,从而提高产品的竞争力和经营利润,因此这一销售模式对很多企业特别是中小企业具有较强的吸引力。

2) 三级分销与传销的法律界限

应当说三级分销在推动电子商务发展的同时,也在一定程度上出现了无序发展的趋势。特别是三级分销与传销在形式上存在着一定的相似之处,在实践中往往难以区分。一些企业甚至利用这一特点,热衷于"打擦边球",以三级分销之名,行传销之实,甚至恶意曲解三级分销的含义,侵害社会大众和消费者的合法权益。

根据国务院《禁止传销条例》的规定,所谓传销,是指组织者或者经营者发展人员,通过对被发展人员以其直接或者间接发展的人员数量或者销售业绩为依据计算和给付报酬,或者要求被发展人员以交纳一定费用为条件取得加入资格等方式牟取非法利益,扰乱经济秩序,影响社会稳定的行为。根据国务院《禁止传销条例》,下列行为属于传销行为:

① 组织者或者经营者通过发展人员,要求被发展人员发展其他人员加入,对发展的人员以其直接或者间接滚动发展的人员数量为依据计算和给付报酬(包括物质奖励和其他经济利益,下同),牟取非法利益的。

② 组织者或者经营者通过发展人员,要求被发展人员交纳费用或者以认购商品等方式变相交纳费用,取得加入或者发展其他人员加入的资格,牟取非法利益的。

③ 组织者或者经营者通过发展人员,要求被发展人员发展其他人员加入,形成上下线关系,并以下线的销售业绩为依据计算和给付上线报酬,牟取非法利益的。

正常的三级分销与传销在法律上存在着以下几方面本质上的不同:

(1) 两者的主观目的不同　正常的三级分销虽然招募直销员进行销售,但招募直销员只是推销的具体方式和途径,其目的在于扩大产品销售,并通过提高产品销量、降低销售成本的方法提高生产经营利润。而传销则主要是通过发展人员加入销售,向加入人员收取或变相收取费用,并利用人员的滚动发展形成不同层级金字塔形的抽头机制,上线依靠下线缴纳或变相缴纳的费用和报酬牟取高额的利益,销售业绩往往只是其分赃的计算方法和依据之一。

(2) 两者的客观表现不同

① 从销售的层级看,合法的三级分销应当遵循国家有关的直销规定进行,在生产经营企业和最终消费者之间只存在一级直销员。而传销则每一级销售人员均可组织、发展下线人员,在生产经营企业和最终消费者之间存在多层次的中间环节。

② 三级分销在确定直销员收入时主要是考虑其本身的销售业绩,而传销虽然有时也根据

传销人员的销售业绩支付相应提成,但销售业绩仅仅是作为传销人员"拉人头"成果的辅助计量手段而加以使用,甚至在很多情况下可以完全不用考虑销售业绩,仅根据传销人员直接或间接发展其他人员的数量或缴纳的费用作为计算报酬和给付返利的依据。

③ 三级分销对直销员并无缴纳费用、购买商品或发展人员的要求,而传销则要求被发展人员发展下线人员、缴纳费用或者以认购商品等方式变相缴纳费用,取得加入或者发展其他人员加入的资格,以牟取非法利益。

④ 三级分销由于减少了产品销售的中间环节,因此销售给最终消费者的产品往往价格相对低廉,质量也较有保证。而传销由于存在着层层加价和盘剥,销售给消费者的产品往往质次价高,严重损害了消费者的合法权益。

【知识拓展8.6】

湖南省一手易卖商贸有限公司涉嫌利用微信平台开展传销活动

由于传销活动的社会危害巨大,因此我国《刑法》将组织领导传销活动定为犯罪行为,根据《中华人民共和国刑法》(以下简称《刑法》)第二百二十四条之一规定:"组织、领导以推销商品、提供服务等经营活动为名,要求参加者以缴纳费用或者购买商品、服务等方式获得加入资格,并按照一定顺序组成层级,直接或者间接以发展人员的数量作为计酬或者返利依据,引诱、胁迫参加者继续发展他人参加,骗取财物,扰乱经济社会秩序的传销活动的,处五年以下有期徒刑或者拘役,并处罚金;情节严重的,处五年以上有期徒刑,并处罚金。"为了进一步明确组织领导传销活动罪的法律适用,2013年,最高人民法院、最高人民检察院、公安部联合发布的《关于办理组织领导传销活动刑事案件适用法律若干问题的意见》对传销组织层级及人数的认定问题做出了具体的规定。该意见第一条规定:"以推销商品、提供服务等经营活动为名,要求参加者以缴纳费用或者购买商品、服务等方式获得加入资格,并按照一定顺序组成层级,直接或者间接以发展人员的数量作为计酬或者返利依据,引诱、胁迫参加者继续发展他人参加,骗取财物,扰乱经济社会秩序的传销组织,其组织内部参与传销活动人员在三十人以上且层级在三级以上的,应当对组织者、领导者追究刑事责任"。

为了欺骗广大的社会公众,一些生产经营企业往往将其传销活动伪装成三级分销,并误导称目前我国法律允许的合法销售层级为三级,只要传销层级不超过三级,就是合法的。但实际上他们所说的三级分销与合法的三级分销并不是同一个概念。合法的三级分销是包括生产经营者、直销员和最终消费者在内的三级,而不是中间销售环节的三级,也就是说我国目前的直销或三级分销,事实上就是以往法律所允许的单层传销。我国刑法虽然规定组织内部参与传销活动的人员在30人以上且层级在三级以上才应当对组织者、领导者追究刑事责任,但这并不表明不超过三级的传销活动就符合法律规定。

根据国务院《禁止传销条例》的规定,只要是要求被发展人员发展其他人员加入,并以其直接或者间接滚动发展的人员数量为依据计算和给付报酬,或者以其下线的销售业绩为依据计算和给付上线报酬的,均构成非法传销。非法传销活动虽然由于层级及人数未达到定罪量刑的标准,但仍然会受到法律的制裁。组织策划传销的,应没收非法财物,没收违法所得,处50万元以上200万元以下的罚款。介绍、诱骗、胁迫他人参加传销的,责令停止违法行为,没收非法财物,没收违法所得,处10万元以上50万元以下的罚款。

【知识拓展8.7】

"云在指尖"特大微信传销案

3)三级分销相关具体法律制度

由于电子商务中的三级分销不仅涉及广大消费者的合法权益,同时也关系到正常经济秩序的维护,因此三级分销的开展应当遵守法律的相关规定。我国目前对三级分销主要存在着以下法律制度:

(1)三级分销企业的资质与审批 根据国务院《直销管理条例》的规定,在中华人民共和国境内设立的企业,可以依照有关规定申请成为以直销方式销售本企业生产的产品以及其母公司、控股公司生产产品的直销企业,直销企业可以依法取得贸易权和分销权。

(2)三级分销企业的分支机构 根据国家法律规定,直销企业从事直销活动,必须在拟从事直销活动的省、自治区、直辖市设立负责该行政区域内直销业务的分支机构。直销企业申请设立分支机构,应当提供符合规定条件的证明文件和资料,并应当按照法定程序提出申请。在经过审批后,国务院商务主管部门应当将直销企业及其分支机构的名单在政府网站上公布并及时进行更新。

(3)有关直销员任职的相关规定 根据法律规定,三级分销企业及其分支机构可以招募直销员。直销企业及其分支机构以外的任何单位和个人不得招募直销员。

8.3.4 跨境电子商务相关规定

从事跨境电商不仅要满足国内电商的条件,同时由于其具有涉外的因素,因此必须遵守国家有关外贸管理、外汇管理、涉外税收和海关监管的相关规定。

(1)在外贸管理方面,根据《中华人民共和国对外贸易法》的规定,从事货物进出口或者技术进出口的对外贸易经营者,应当向国务院对外贸易主管部门或者其委托的机构办理备案登记;但是,法律、行政法规和国务院对外贸易主管部门规定不需要备案登记的除外(目前我国在自由贸易试验区已取消了外贸经营者备案登记审批)。

(2)在外汇管理方面,我国目前虽然在经常项目下已实现人民币和外汇的自由兑换,但同时在传统对外贸易中仍然存在着严格的外汇核销制度,而这往往给跨境电商的跨币种支付带来了一定的困难。

(3)在税收和海关监管方面,根据有关法律规定,外贸进口货物需征收关税,同时由海关对应税货物代征增值税和消费税,而外贸出口货物则享有增值税和消费税出口退税的优惠。另外,跨境电商还必须向海关办理备案登记。

8.4 电子商务及网络领域知识产权的法律保护

8.4.1 网络著作权的法律保护

1) 网络著作权的内容和形式

著作权是指公民、法人和其他组织对其创作的文学、艺术和科学领域中的作品所享有的财产权利和人身权利。根据《中华人民共和国著作权法》(以下简称"我国《著作权法》")第十条,这些权利包括发表权、署名权、修改权、保护作品完整权、复制权、发行权、出租权、展览权、表演权、放映权、广播权、信息网络传播权、摄制权、改编权、翻译权、汇编权以及应当由著作权人享有的其他权利。

著作权法保护的作品是指文学、艺术和科学领域内具有独创性并能以某种有形形式复制的智力成果。根据我国《著作权法》第三条,作品包括文字作品,口述作品,音乐、戏剧、曲艺、舞蹈、杂技艺术作品,美术、建筑作品,摄影作品,视听作品,工程设计图、产品设计图、地图、示意图等图形作品和模型作品,计算机软件以及符合作品特征的其他智力成果。但我国《著作权法》所称的作品不包括法律、法规,国家机关的决议、决定、命令和其他具有立法、行政、司法性质的文件及其官方正式译文,单纯事实消息,历法、通用数表、通用表格和公式。

根据《最高人民法院关于审理涉及计算机网络著作权纠纷案件适用法律若干问题的解释》,计算机网络著作权纠纷涉及的"作品",主要包括以下两类:

(1) 我国《著作权法》第三条规定的各类作品的数字化形式,包括由传统形式的作品转化而来的数字化作品,也包括在计算机上直接形成的数字化作品。

【案例8-3】

原告Compuserve是一家通过计算机网络经营在线商业服务的公司。该公司通过链接Internet向用户提供丰富的信息资源,并且允许用户在其所有的计算机网络上收发电子邮件。被告Cyber Promotions公司和公司董事长Sanford Wallace通过Internet向数以百万的Internet用户发送公司的广告,这些用户大都为Compuserve的用户。Compuserve因此通知被告禁止使用其计算机设备处理并储存这些未经用户要求的电子邮件,并停止该行为。然而被告Cyber Promotions公司不但未停止其行为,却发送更多的电子邮件给Compuserve的用户。尽管Compuserve试图采用技术手段阻止被告的行为,却没能成功。原告因此向法院提起诉讼,要求法院禁止被告的行为。

(2) 在网络环境下无法归于我国《著作权法》第三条列举的作品范围,但在文学、艺术和科学领域内具有独创性并能以某种有形形式复制的其他智力创作成果,如网页、网络数据库、网络多媒体等。【案例8-3】中被告Cyber Promotions公司通过Internet向原告Compuserve的用户大量发送电子邮件广告,就是利用了原告的数据库。

2) 信息网络传播权的侵权及法律保护

(1) 信息网络传播权的概念　信息网络传播权是指以有线或者无线方式向公众提供作

品、表演或者录音录像制品,使公众可以在其个人选定的时间和地点获得作品、表演或者录音录像制品的权利。

【案例8-4】

2005年9月,EMI集团香港有限公司、SONY BMG音乐娱乐(香港)有限公司、华纳唱片有限公司等七大唱片公司以百度公司提供的MP3搜索下载服务侵犯其信息网络传播权为由向北京市第一中级人民法院起诉百度公司。

七家唱片公司诉称,百度公司未经他们的许可,在其经营的网站上从事七家公司享有信息网络传播权的歌曲的在线播放和下载服务,请求法院判令百度公司停止提供涉案歌曲的在线播放和下载服务,公开赔礼道歉,并赔偿经济损失人民币173万元。

随着计算机技术和互联网的发展,在世界范围内网络信息传播权纠纷在著作权诉讼中已占有较大的比例。在我国,此类案件近年也不断出现,案件类型集中在信息网络传播权的侵权方面。【案例8-4】中,七大唱片公司起诉百度公司的理由就是因为他们认为百度公司侵犯他们的信息网络传播权。

(2) 信息网络传播权的保护 我国《著作权法》和《信息网络传播权保护条例》都明确了对著作权人的信息网络传播权的保护。《信息网络传播权保护条例》第二条规定:"除法律、行政法规另有规定的外,任何组织或者个人将他人的作品、表演、录音录像制品通过信息网络向公众提供,应当取得权利人许可,并支付报酬。"

因此,未取得权利人许可,或者未按权利人要求支付报酬而在网络上将著作权人的作品、表演、录音录像制品向公众提供的,构成对信息网络传播权的侵权,须承担相应的法律责任。

(3) 侵犯信息网络传播权的主要形式

① 未获授权上传权利人作品:侵权人未得到权利人允许,将权利人传统形式的作品上传到互联网供人浏览或下载。

② 未经允许在网络上转载、摘编他人的网上信息:网络上存在大量的原创作品,如网络小说、博客、播客、铃声、网络评论等,这些作品如果被人转载,那么可能引发侵权纠纷。

【知识拓展8.8】

网络侵权纠纷

③ P2P技术(同等文件传输技术)引发的信息网络传播权侵权:P2P技术实现了网络用户之间的资源共享,在共享资源的同时,也可能造成对权利人信息网络传播权的严重危害。

④ 链接所引发的著作权纠纷:包括未经允许链接使用他人作品和链接含有侵权内容的网站引起的纠纷。实际中的链接纠纷多为后者。

(4) 侵犯信息网络传播权的法律责任 根据《信息网络传播权保护条例》第十八条,违反

该条例规定,构成对信息网络传播权侵权的,须承担如下法律责任:

① 根据情况承担停止侵害、消除影响、赔礼道歉、赔偿损失等民事责任;

② 损害公共利益的,可以由著作权行政管理部门责令停止侵权行为,没收违法所得,并可处以 10 万元以下的罚款;

③ 情节严重的,著作权行政管理部门可以没收主要用于提供网络服务的计算机等设备;

④ 构成犯罪的,依法追究刑事责任。

【知识拓展 8.9】

利用区块链保全电子数据作为认定侵权的依据

3) 其他著作权侵权纠纷及法律保护

(1) 在网络上侵犯著作权人的某项具体权利引发的著作权纠纷　这类纠纷主要表现为侵犯权利人的修改权、保持作品完整权、署名权等。如:"网络恶搞",网站刊载、转载他人作品时擅自对作品进行改动、删节,不署作者名或擅自改变作者署名等。

(2) 网页模仿引起的著作权纠纷　模仿别人公司网页也会引起著作权纠纷,构成对原告著作的使用权、获得报酬权的侵犯。因为图标、文字、颜色的组合搭配,并以数字化的形式表现出来,也是一种具有原创性的独特构思。

8.4.2　域名的法律保护

1) 域名的法律特征

域名作为一种字符的创意和构思组合,与著作权有类似之处,但由于域名的价值主要表现为这种特有字符下的网络空间,因此本质上是对特定网络空间的专有权。域名的法律特征包括:

(1) 标识性　域名可以在互联网上对不同的网络空间所有者进行标识和区分。

(2) 唯一性　域名可以极度相似,但不可以完全相同。并且,这种独一无二是全球性的。

(3) 排他性　域名与特定空间及所有者的严格的一一对应关系使得域名具有绝对的排他性。

2) 域名抢注争议及其法律解决途径

与域名有关的法律纠纷主要集中在域名抢注和利用相似域名进行不正当竞争两个方面。限于篇幅,本章只介绍域名抢注的法律问题。

(1) 域名抢注争议　由于域名注册系统不断发展,许多新功能应运而生,如计算机用户可通过软件自动注册过期域名,注册后可免费享受 5 天的"体验期"等。加之通用顶级域名的建立和注册机构的日益增多,域名抢注案件日益增多。

域名的"恶意抢注"是常见的域名争议种类。"恶意抢注"是指明知或应知他人的商标、商号及姓名等具有较高的知名度和影响力而进行抢注的行为。由于域名不属于传统知识产权法的保护对象,无法直接利用知识产权方面的法律对抗域名抢注。

【知识拓展 8.10】

恶意抢注域名

（2）域名争议的解决　根据《中国互联网络信息中心域名争议解决办法》，任何机构或个人认为他人已注册的域名与该机构或个人的合法权益发生冲突的，均可以向争议解决机构提出投诉。争议解决机构实行专家组负责争议解决的制度。专家组由 1~3 名掌握互联网络及相关法律知识，具备较高职业道德，能够独立并中立地对域名争议做出裁决的专家组成。

需要说明的是，《中国互联网络信息中心域名争议解决办法》适用的域名争议限于由中国互联网络信息中心负责管理的 CN 域名和中文域名的争议，并且，所争议域名注册期限满 2 年的，域名争议解决机构不予受理。

8.5　电子商务领域的消费者权益保护

8.5.1　电子商务涉及的消费者权益

根据《中华人民共和国消费者权益保护法》（以下简称《消费者权益保护法》），消费者的权利主要包括以下内容：

1）消费者的知情权

《消费者权益保护法》第八条规定："消费者享有知悉其购买、使用的商品或者接受的服务的真实情况的权利。"知悉商品或者服务的真实内容，是消费者决定消费的前提。互联网的虚拟性及不确定性使得电子商务消费者的知情权比传统商务更加难以保障，因而显得更加重要。

目前一些电子商务经营者为了提高电子商铺的销售量和信誉度，热衷于雇佣他人进行"网络刷单"，即通过虚假的买卖，制造产品热销的假象，并做出虚假的好评，甚至衍生出专业的"刷单"公司和平台。"刷单"行为本质是一种商业欺诈，给消费者的知情权造成了不应有的损害，而且同时也是一种不正当竞争行为，因此为法律所禁止。

2）消费者的公平交易权

公平交易权是指消费者在交易中获得公平的交易条件，经营者不得利用优势地位将明显不公平的条件强加于消费者，即交易条件不能"显失公平"。随着电子技术的发展，一些电子商务经营者恶意利用消费者的忠诚度，存在着较为普遍的"大数据杀熟"现象，即根据消费者既有的消费信息，在销售同一种产品时，向老客户提供的价格反而高于新客户，网络电商的这种行为，不仅不符合商业伦理，同时还违反了法律的规定。

3）消费者的自由选择权

《消费者权益保护法》第九条规定："消费者享有自主选择商品或者服务的权利。消费者有权自主选择提供商品或者服务的经营者，自主选择商品品种或者服务方式，自主决定购买或者不购买任何一种商品,接受或者不接受任何一项服务。"

4) 消费者获得消费安全的权利

消费者的消费安全主要包括消费时的人身安全、财产安全和隐私安全。

5) 消费者的损害赔偿请求权

消费者在进行交易时人身、财产受到损害的,有权请求并获得相应的损害赔偿。在网络购物中,以往消费者在所购买的货物延误、遗失或损毁的情况下,快递公司和电子销售商往往互相推诿,给消费者行使求偿权带来了较多的困难。我国《电子商务法》规定,合同标的为交付商品并采用快递物流方式交付的,收货人签收时间为交付时间。根据这一规定,在收货人签收之前,应视为交付未完成,如货物延迟交货或灭失的,销售商应承担违约责任。2018年国务院出台的《快递暂行条例》明确规定快件延误、丢失、损毁或者内件短少的,对保价的快件,应当按照经营快递业务的企业与寄件人约定的保价规则确定赔偿责任;对未保价的快件,依照民事法律的有关规定确定赔偿责任。因此,销售商在向消费者承担责任后,可以根据其与快递公司的协议,向快递公司再行索赔。

8.5.2 与网络交易平台有关的消费者权益保护

2013年10月修订的《消费者权益保护法》对与网络交易平台有关的消费者权益保护问题做出了规定。

1) 关于无理由退货的规定

根据该法第二十五条,经营者采用网络、电视、电话、邮购等方式销售商品,消费者有权自收到商品之日起7日内退货,且无须说明理由。消费者退货的商品应当完好。经营者应当自收到退回商品之日起7日内返还消费者支付的商品价款。除非经营者和消费者另有约定,退回商品的运费应由消费者承担。

2) 关于经营者信息提供的规定

该法第二十八条规定,采用网络、电视、电话、邮购等方式提供商品或者服务的经营者,应当向消费者提供经营地址、联系方式、商品或者服务的数量和质量、价款或者费用、履行期限和方式、安全注意事项和风险警示、售后服务、民事责任等信息。

3) 网络交易平台提供者的责任

根据该法,消费者通过网络交易平台购买商品或者接受服务,其合法权益受到损害的,可以向销售者或者服务者要求赔偿。但网络交易平台提供者不能提供销售者或者服务者的真实名称、地址和有效联系方式的,消费者也可以向网络交易平台提供者要求赔偿。网络交易平台提供者做出更有利于消费者的承诺的,应当履行承诺。网络交易平台提供者赔偿后,有权向销售者或者服务者追偿。

8.6 电子商务领域的网络隐私及个人信息法律保护

8.6.1 网络隐私权的保护

1) 网络隐私权的含义

网络隐私权通常是指公民在网络中享有的私人生活安宁与私人信息依法受到保护,不被他人非法侵犯、知悉、搜集、复制、公开和利用的一种人格权；也指禁止在网上泄露某些与个人有关的敏感信息，包括事实、图像以及毁损的意见等。

网络中侵犯个人隐私权的事件屡有发生。个人信息在互联网上极易被搜索或传播，尤其是这些信息在本人不情愿的情况下与某些特定事件产生联系，极有可能因此降低这些人的社会评价，给他们带来精神损失。

2）网络隐私权的内容

网络隐私权主要包括以下三个方面：

（1）涉及个人资料的隐私权　根据《中华人民共和国个人信息保护法》（以下简称《个人信息保护法》），个人信息是以电子或者其他方式记录的与已识别或者可识别的自然人有关的各种信息，不包括匿名化处理后的信息。一般认为，属隐私权范畴的消费者个人资料主要有：

① 特定的个人信息（姓名、性别、出生日期、身份证号码、照片）等。

② 敏感性个人信息（宗教信仰、婚姻、家庭、职业、病历、收入、经历等）。

③ E-mail 地址、IP 地址、用户名与密码等。

（2）涉及通信秘密与通信自由的个人隐私权　私人间的电子邮件通信常常涉及个人隐秘生活内容或商业秘密，如果这些信息在网络上泄露、扩散，将给该个人造成极大伤害。因此，除法律另有规定外，任何个人和组织未经授权都无权截获或复制他人正在传递的电子信息。

（3）个人生活安宁权　促销广告电子邮件因成本低廉且难以监控而日益泛滥。这些"垃圾邮件"不但耗费消费者大量的时间和金钱，而且占用邮箱空间。既影响了正常信件的传送，也侵害了消费者个人生活的安宁。

8.6.2 网络用户个人信息法律保护

1）关于网络用户个人信息保护的法律法规

《中华人民共和国宪法》第四十条规定："中华人民共和国公民的通信自由和通信秘密受法律的保护。除因国家安全或者追查刑事犯罪的需要，由公安机关或者检察机关依照法律规定的程序对通信进行检查外，任何组织或者个人不得以任何理由侵犯公民的通信自由和通信秘密。"

《民法典》第一百一十一条规定："自然人的个人信息受法律保护。任何组织或者个人需要获取他人个人信息的，应当依法取得并确保信息安全，不得非法收集、使用、加工、传输他人个人信息，不得非法买卖、提供或者公开他人个人信息。"

2）《个人信息保护法》的主要内容

《个人信息保护法》明确规定自然人的个人信息受法律保护，任何组织、个人不得侵害自然人的个人信息权益。

（1）个人信息保护的原则　《个人信息保护法》规定了个人信息处理中的基本原则，主要包括处理合法、正当、必要和诚信的原则，目的明确、合理原则，不得过度收集个人信息的原则，保证个人信息质量的原则，以及保护个人信息安全的原则，体现了个人信息法律保护总的精神。

（2）个人信息的处理规则　根据《个人信息保护法》的规定，符合下列情形之一的，个人信息处理者方可处理个人信息：取得个人的同意；为订立、履行个人作为一方当事人的合同所必需，或者按照依法制定的劳动规章制度和依法签订的集体合同实施人力资源管理所必需；为履行法定职责或者法定义务所必需；为应对突发公共卫生事件，或者紧急情况下为保护自然人的生命健康和财产安全所必需；为公共利益实施新闻报道、舆论监督等行为，在合理的范围内处理个人信息；依照法律规定在合理的范围内处理个人自行公开或者其他已经合法公开的个人信息；法律、行政法规规定的其他情形。

（3）个人在个人信息处理活动中的权利及处理者义务　　根据《个人信息保护法》，个人在信息处理中拥有的权利包括：对其个人信息的处理享有知情权、决定权；向个人信息处理者查阅、复制其个人信息的权利；请求个人信息处理者更正、补充；按照规定要求处理者删除个人信息的权利。

8.7　电子商务安全与网络犯罪

8.7.1　电子商务安全的法律规范

1）网络安全保护制度

2016年，我国颁布了《中华人民共和国网络安全法》。根据该法的规定，国家实行网络安全等级保护制度。网络运营者应当按照网络安全等级保护制度的要求，履行下列安全保护义务，保障网络免受干扰、破坏或者未经授权的访问，防止网络数据泄露或者被窃取、篡改。

（1）制定内部安全管理制度和操作规程，确定网络安全负责人，落实网络安全保护责任。

（2）采取防范计算机病毒和网络攻击、网络侵入等危害网络安全行为的技术措施。

（3）采取监测、记录网络运行状态、网络安全事件的技术措施，并按照规定留存相关的网络日志不少于六个月。

（4）采取数据分类、重要数据备份和加密等措施。

（5）法律、行政法规规定的其他义务。

2）数据安全保护制度

根据《中华人民共和国数据安全法》，国家建立数据分类分级保护制度，根据数据在经济社会发展中的重要程度，以及一旦遭到篡改、破坏、泄露或者非法获取、非法利用，对国家安全、公共利益或者个人、组织合法权益造成的危害程度，对数据实行分类分级保护。重要数据的处理者应当明确数据安全负责人和管理机构，落实数据安全保护责任。

【知识拓展8.11】

关于下架"滴滴出行"App的通报

8.7.2 关于网络犯罪的法律规范

《中华人民共和国刑法》(以下简称《刑法》)对网络犯罪做出了规定,具体而言,网络犯罪主要表现为以下三类不同的形态:

1) 侵犯网络及计算机信息安全的犯罪

(1) 非法侵入计算机信息系统罪　《刑法》第285条第1款规定,违反国家规定,侵入国家事务、国防建设、尖端科学技术领域的计算机信息系统的,构成非法侵入计算机信息系统罪,处以3年以下有期徒刑或者拘役。

该规定对国家重要计算机信息系统安全实行了严格的保护,行为人只要在未有授权的情况下,侵入国家重要计算机信息系统,即使并未实施任何删除、修改信息等行为,也构成该罪。该罪名对那些以破解安全保护程序、非法侵入重要计算机信息系统为乐的黑客们来说,具有很强的针对性。

(2) 非法获取计算机信息系统数据、非法控制计算机信息系统罪　《刑法》第285条第2款规定,违反国家规定,侵入前款规定以外的计算机信息系统或者采用其他技术手段,获取该计算机信息系统中存储、处理或者传输的数据,或者对该计算机信息系统实施非法控制,情节严重的,处3年以下有期徒刑或者拘役,并处或者单处罚金;情节特别严重的,处3年以上7年以下有期徒刑,并处罚金。

(3) 提供侵入、非法控制计算机信息系统程序、工具罪　根据《刑法》第285条第3款规定,提供专门用于侵入、非法控制计算机信息系统的程序、工具,或者明知他人实施侵入、非法控制计算机信息系统的违法犯罪行为而为其提供程序、工具,情节严重的,依照前款的规定处罚。

(4) 破坏计算机信息系统罪　《刑法》第286条第1款规定,违反国家规定,对计算机信息系统功能进行删除、修改、增加、干扰,造成计算机信息系统不能正常运行,后果严重的,处5年以下有期徒刑或者拘役;后果特别严重的,处5年以上有期徒刑。第2款规定,违反国家规定,对计算机信息系统中存储、处理或者传输的数据和应用程序进行删除、修改、增加的操作,后果严重的,依照前款的规定处罚。第3款规定,故意制作、传播计算机病毒等破坏性程序,影响计算机系统正常运行,后果严重的,依照第1款的规定处罚。

(5) 拒不履行信息网络安全管理义务罪　根据《刑法》第286条之一规定,网络服务提供者不履行法律、行政法规规定的信息网络安全管理义务,经监管部门责令采取改正措施而拒不改正,有下列情形之一的,处3年以下有期徒刑、拘役或者管制,并处或者单处罚金:

① 致使违法信息大量传播的。
② 致使用户信息泄露,造成严重后果的。
③ 致使刑事案件证据灭失,情节严重的。
④ 有其他严重情节的。

2) 非法利用网络或帮助非法利用网络的犯罪

非法利用网络或帮助非法利用网络,不仅可能承担其他刑事或行政责任,同时还可能独立构成罪名。

(1) 非法利用信息网络罪　根据我国《刑法》第287条之一的规定,利用信息网络实施下

列行为之一,情节严重的,处 3 年以下有期徒刑或者拘役,并处或者单处罚金:

① 设立用于实施诈骗、传授犯罪方法、制作或者销售违禁物品、管制物品等违法犯罪活动的网站、通讯群组的。

② 发布有关制作或者销售毒品、枪支、淫秽物品等违禁物品、管制物品或者其他违法犯罪信息的。

③ 为实施诈骗等违法犯罪活动发布信息的。

非法利用网络行为由于为其他犯罪提供了犯罪条件,因此如情节严重的,也属于犯罪行为。根据《刑法》规定,这类犯罪主体如同时构成其他犯罪的,应依照处罚较重的规定定罪处罚。

(2) 帮助信息网络犯罪活动罪　根据我国《刑法》第 287 条之二的规定,明知他人利用信息网络实施犯罪,为其犯罪提供互联网接入、服务器托管、网络存储、通讯传输等技术支持,或者提供广告推广、支付结算等帮助,情节严重的,处 3 年以下有期徒刑或者拘役,并处或者单处罚金。与非法利用信息网络罪相同,这类犯罪主体如同时构成其他犯罪的,依照处罚较重的规定定罪处罚。

3) 利用网络进行的传统犯罪

《刑法》第 287 条规定,利用计算机实施金融诈骗、盗窃、贪污、挪用公款、窃取国家秘密或者其他犯罪的,依照本法有关规定定罪处罚。随着网络在生活中的应用日益广泛,利用网络进行犯罪的现象也日益增加,且形态多样。这些犯罪除符合传统犯罪的特征外,还可能涉及网络犯罪,除法律有特殊规定外,一般也应依照处罚较重的规定定罪处罚。常见的与电子商务相关利用网络进行的传统犯罪主要有:

(1) 利用网络侵犯知识产权　根据我国《刑法》规定,利用网络销售明知是假冒注册商标的商品;销售伪造、擅自制造的注册商标标识,情节严重的;以营利为目的,未经著作权人许可,通过信息网络向公众传播其文字作品、音乐、美术、视听作品、计算机软件及法律、行政法规规定的其他作品的;未经录音录像制作者许可,通过信息网络向公众传播其制作的录音录像的;未经表演者许可,通过信息网络向公众传播其表演的;出售假冒他人署名的美术作品的;以营利为目的,销售明知是侵著作权的侵权复制品的,均有可能构成侵犯知识产权的犯罪。

(2) 网上洗钱　网上洗钱是指在网络上以密码或加密传输信息的方式,在网上销售或存储钱款,通过网上的合法交易,把通过非法渠道得到的"黑钱"洗"白"。犯罪分子除利用银行或其他金融机构的中介转换、兑换外,还利用网络商务、虚拟钱包、电子银行、在线商店、网络租赁等业务进行洗钱活动。可依据《刑法》和《中华人民共和国反洗钱法》对这类行为进行制裁。

(3) 网络色情传播　由于网络支持图片传播,一些网站为获取不当经济利益,在网络上大量制作、传播色情图片、色情电影。网上发布色情广告的案件也时有发生。根据《刑法》的规定,以牟利为目的,制作、复制、出版、贩卖、传播淫秽物品的,应处 3 年以下有期徒刑、拘役或者管制,并处罚金;情节严重的,处 3 年以上 10 年以下有期徒刑,并处罚金;情节特别严重的,处 10 年以上有期徒刑或者无期徒刑,并处罚金或者没收财产。

(4) 网络赌博　即指通过设置赌博程序、控制赌局输赢的互联网赌博。根据《刑法》规定,以营利为目的,聚众赌博或者以赌博为业的,处 3 年以下有期徒刑、拘役或者管制,并处罚金。开设赌场的,处 5 年以下有期徒刑、拘役或者管制,并处罚金;情节严重的,处 5 年以上 10 年以下有期徒刑,并处罚金。组织中华人民共和国公民参与国(境)外赌博,数额巨大或者有其他严重情节的,依照前款的规定处罚。

（5）网上非法经营 《刑法》第 225 条规定，违反国家规定，有下列非法经营行为之一，扰乱市场秩序，情节严重的，处 5 年以下有期徒刑或者拘役，并处或者单处违法所得 1 倍以上 5 倍以下罚金；情节特别严重的，处 5 年以上有期徒刑，并处违法所得 1 倍以上 5 倍以下罚金或者没收财产：未经许可经营法律、行政法规规定的专营、专卖物品或者其他限制买卖的物品的；买卖进出口许可证、进出口原产地证明以及其他法律、行政法规规定的经营许可证或者批准文件的；未经国家有关主管部门批准非法经营证券、期货、保险业务的，或者非法从事资金支付结算业务的；其他严重扰乱市场秩序的非法经营行为。

【知识拓展 8.12】

电子盗窃

练习题

一、判断题

1. 我国电子商务领域的基本法是《民法典》。（　　）
2. 电子烟可以通过网络进行销售。（　　）
3. 通过网络直播销售商品需要取得网络增值服务许可证。（　　）
4. 涉及电子代理人的法律问题可直接适用民商法中有关代理的法律规定。（　　）
5. "电子邮件"不属于我国《民法典》所说的"书面形式"。（　　）
6. 我国目前对经营性和非经营性的互联网信息服务均实行许可制度。（　　）
7. 域名之间虽然不能完全相同，但可以极度相似。在这一点上，域名与商标不同。（　　）
8. 在网络上传播破坏性病毒或逻辑炸弹、蠕虫、特洛伊木马等其他破坏性程序的，属于网络对象犯罪。（　　）
9. 国家优先发展线上商务活动，促进线上线下融合发展。（　　）
10.《中华人民共和国网络安全法》规定，国家实行网络安全等级保护制度。（　　）

二、选择题（可多选）

1. 关于电子合同与传统合同的区别，下面 4 个选项中错误的是（　　）。
   A. 合同当事人的权利和义务有所不同　　B. 合同订立的环境不同
   C. 合同订立的各环节发生了变化　　D. 传统合同的履行比电子合同复杂
2. 电子商务平台经营者知道或者应当知道平台内经营者有其他侵害消费者合法权益行为，未采取必要措施的，依法与该平台内经营者（　　）。
   A. 连带责任　　B. 按份责任
   C. 补充责任　　D. 相应责任
3. 我国外贸出口货物可以享有以下哪些税种的出口退税优惠（　　）。
   A. 增值税和消费税　　B. 增值税和企业所得税
   C. 关税和印花税　　D. 消费税和契税
4. 域名作为一种在互联网上的地址名称，以下（　　）不属于其法律特征。
   A. 安全性　　B. 标识性
   C. 唯一性　　D. 排他性

5. 下列情况中,属于侵犯信息网络传播权的有(　　)。

A. 未经授权上传权利人作品

B. 未经允许在网络上转载、摘编他人的网上信息

C. 未经授权以 P2P 方式共享他人作品

D. 未经允许链接使用他人作品

三、问答题

1. 电子商务及互联网涉及的法律问题有哪几类?

2. 我国电子商务的基本法律原则是什么?

3. 在电子商务活动中,网络服务提供商有可能承担哪些法律责任?

4. 针对电子商务中出现的新问题,你认为我国现行法律还有哪些亟待完善之处?

5. 如果你的隐私照片被他人擅自发到 BBS 上,并被很多网站转载,对你造成极坏的影响,你准备采取什么对策?

9 电子商务项目策划

[学习目标] 了解电子商务项目策划的基本概念;掌握电子商务项目策划的内容;了解电子商务项目策划的过程;掌握电子商务项目策划报告等文案的编写。

9.1 电子商务项目策划概述

9.1.1 电子商务项目策划的概念

项目策划是以具体的项目活动为对象,为达到一定的目标而进行的策划活动,体现一定的功利性、社会性、创造性和超前性。它是从无项目到有项目的一个过程,需要在充分占有信息的基础上,针对项目实施和决策的问题进行组织、管理、经济和技术等多方面的科学分析和论证。项目策划阶段的主要任务包括分析需求、提出建议、分析可行性、确认需求、制定并发布需求建议书、提出解决方案、评价并选择方案、合同签约等多项任务。虽然项目策划的成果通常是纸面上反映出来的一系列文档,相对于整个项目来说投入资金也不多,但这部分工作却是整个项目管理工作的核心,是决定项目成功的关键。

在很多企业组织内部,项目策划的工作由企划部门或投资发展部门来完成,而项目的执行工作则由一个专门的项目团队来完成。项目的策划方和执行方可能是两个独立的主体。在这种情况下,项目的策划方和执行方都必须具备项目策划和管理的基本知识和技能,了解项目策划和管理的全过程。

随着电子商务的蓬勃发展,电子商务项目越来越多,小到企业上网、一个电子商务网站的建设,大到一个省、市的电子商务规划项目,电子商务项目也从简单逐步趋于复杂。因此,一个好的电子商务项目策划,是电子商务项目成功的关键。

电子商务项目策划,就是发起和运作电子商务项目,是电子商务项目实施前所做的计划和准备工作。这是一项非常有意义的开创性工作,可以由各类传统企业自己去做,也可以由电子商务项目的承约商(如IT公司)去做或由独立的第三方(如咨询顾问公司)去做。随着信息技术的不断深入和企业竞争的日益加剧,电子商务项目几乎是所有企业不可回避的工作,而上述IT类企业和第三方咨询类企业,有可能成为电子商务项目的专业运作人。

9.1.2 电子商务项目策划的原则和方案

1) 策划原则

电子商务项目策划要遵循以下6个原则。

（1）可行性原则　项目策划，考虑最多的便是其可行性。"实践是检验真理的唯一标准"，同样，项目策划的创意是否能够得以实现是项目策划能否成功的前提。电子商务项目也不例外，可行性是项目策划要遵循的基本原则，要充分考虑各方面的可行性，包括经济可行性、技术可行性、管理可行性及社会文化、法律等环境的可行性。

（2）调适性原则　调适性原则指要求策划方案必须是弹性的，能够随着市场变化而进行调整。企业内部的微观环境、外部的宏观环境，无时无刻不在发生着变化，而信息技术的日新月异，更加剧了电子商务的环境变化。项目策划人员必须充分考虑到电子商务在实施过程中可能会遇到的各种变化，以使项目不仅能满足各维度要求，而且可时刻顺应新的变更，达到与时俱进。

（3）创新性原则　项目策划能否有新的突破，是其成功的关键，创新能够吸引人们的兴趣，吸引策划人员投身其中，吸引客户的眼球，进而增加策划中标的概率。电子商务项目更呼吁创新，一个全新的电子商务模式可能会为企业带来巨大的商机。

（4）价值性原则　价值性原则是项目策划功利性的具体要求与体现。一个项目策划的结果要能创造一定的价值，只有这样，才能体现出策划自身的价值。电子商务项目的价值更多地在长期得以体现，比如一个企业 ERP 系统的应用不可能立刻就体现出其价值，但从长远来看，为企业带来的成本和效益等方面的价值是不可估量的。

（5）信息性原则　信息是项目策划的起点，在市场调研阶段要利用各种媒介充分收集电子商务项目的相关信息，力求信息的真实、可靠，尽可能保持信息的系统性与连续性，并且及时、准确地对信息进行加工、分析，用于指导近期的行动与决策。

（6）整合性原则　电子商务涉及经济、技术、管理与法律等多个领域，容纳合作者、竞争者、上游供应商、下游消费者等多个角色，项目策划者必须全面考虑电子商务项目对各个领域、各个角色的影响和作用，充分协调、整合各方资源，以利于项目的推动和实施。

2）策划方案

电子商务集经济、管理、技术、法律于一体，决定了电子商务项目较传统项目有众多不同之处。进而在其策划过程中，不仅要考虑各项因素，还需控制其在多重关联的商业活动中的变化，以使项目满足多维度的要求，顺应环境的变化。

电子商务项目策划方案是指根据客户对项目的具体要求，结合拟建的电子商务项目的总体目标，对项目进行总体规划，形成项目策划方案的过程，可按照"四项流程、六大模式"实施。在项目策划实施过程中通过项目浮现、筛选、孵化和评测的循环分析机制，能较系统、科学地帮助企业完成项目创建和定型。项目的业务、经营、技术、资本、组织管理、信用与风险管理六大模式则从内容上提出了电子商务项目的基本模式。

（1）四项流程　我们将电子商务项目的策划过程归纳为四项流程：项目浮现、项目筛选、项目孵化和项目评测。

① 项目浮现：项目浮现就是对各种可行的电子商务项目构建雏形的过程。对可实施的有利项目的捕捉不仅需要敏锐的商业嗅觉，而且对细致的市场调查也必不可少。因为只有经过全面调查，才能发现真正的市场需要，做到有求必应。同时，也才能提出为实现特定目标的多样化方案，避免项目的单一选择。如果说整个项目的构建如同竖起一栋摩天大厦的话，那么项目浮现就是基石的打造阶段，因为只有真实而缜密的调查、全面而创新的设想才能为后期成功做好铺垫。

项目浮现通常有两种情况：

第一,客户企业内部的管理人员结合本身工作实际,通过机会研究之后发现需求提出建议。

第二,客户企业外部机构(如咨询公司或承建商),凭借其专业背景,对电子商务发展的认识比较深刻,了解的信息比较多,有的还与客户有一定的业务关系,对客户比较了解,因而比较容易发现客户有需求,并帮助客户进行需求分析,提出项目建议。

② 项目筛选:项目筛选过程的主要工作有以下3个:

第一,对前阶段浮现的项目进行具体勾画并构造简单模型。这一工作的重点是明晰各项目选择在经济、技术、管理等方面遵循的路径和实现的方法。

第二,对各项目进行可行性分析,其中包括经济可行性,技术可行性,管理可行性及社会文化、法律等环境的可行性。通过分析,删除明显不可能的项目,并对逻辑不严密的项目进行循环修正和评判。

第三,要根据项目的经济收入多少、难易程度大小等指标进行综合比较排序,确定各项目孵化的优先度。

对于该阶段的工作,企业通常会在内部指派专门人员来进行研究,也可能委托第三方咨询公司进行研究,最终提出一份详细的可行性报告供企业高层讨论决策。

③ 项目孵化:电子商务项目策划的最关键部分就是项目孵化。要成功孵化一个项目,一个高度协同、紧密团结的项目孵化组,一份任务明了、奖惩有制的孵化任务书和一项公平合法、权责分明的孵化合同是不可或缺的。

电子商务项目策划是一项复杂的工作,它涉及商业、技术、法律等众多领域,容纳合作者、竞争者、上游供应商、下游消费者等多个角色。同时,它又是一个变动的工作,所属领域的规则改变、标准更新,相关主体的角色转换、策略创新都会牵动项目,促使其跟进。因此,策划电子商务项目不仅需要掌握不同知识和技能的人,而且要求他们能时刻跟随阶段变化,快速调整项目计划。

因此,电子商务项目孵化组也呈现出多样化、专业化和动态化的共同特点。首先,核心领导层要有极强的综合知识,能高瞻远瞩,规划调整项目;其次,专业实施人员在本领域中要有较深钻研,尽其所能,如期完成任务;最后,孵化组的管理应是矩阵式的,能根据项目需要灵活转变职能。

项目孵化计划的制订庞大而又细致。为了实现项目目标,它需要项目管理人员有效运用各种资源,安排内容,制订全方位计划。签署项目孵化合同或协议书可为项目的实施提供保障,明确各参与主体的责、权、利,清除后期不必要的隐患。在项目的各项进程中,这种文字性的确认都是必不可少的,如立项前的意向书、立项后的协议书及各阶段子项目实施中的多层确认书等。

有了上述三方面的保证,电子商务项目孵化工作才可以顺利展开。在该阶段,企业会指派一个项目经理来负责项目孵化,同时也可能借助第三方咨询企业的力量为项目孵化提供指导建议。

④ 项目评测:这里的项目评测包括项目验收、改进及评估等。项目验收主要是根据项目孵化计划任务书及项目合同,对各项要求进行验收。若有遗漏或随环境变化需要更新,则进入项目改进阶段,即新一轮的项目浮现、筛选及孵化过程。经过几次循环,直到基本满足要求。项目评估可由项目使用者或实施者进行,在总结经验教训的同时提炼成熟的方法。

(2) 六大模式 上述的"四项流程"是针对电子商务项目策划过程的,而"六大模式"则是策划的关键,它指明了电子商务项目的主要内容。这六大模式分别是:业务模式、经营模式、技术模式、资本模式、组织管理模式、信用与风险管理模式。通过对各模式内涵的分析,项目以发掘业务、拓展服务为主线,依靠多层次技术支持,通过明晰上、下游经营路径,实施内、外部整合管理,加之有效的资本运作,可在时间、资源等约束下较顺利地实现预期目标。

商务本身就是宽泛的,可以说除了纯生产环节外的市场调查、生产计划、原材料采购,产成品储运、流通、交易、消费等商品经济链都属于商务活动。因此,与软件、工程等项目不同的是,电子商务项目并非专注于特定领域,而是高综合性的,容纳了经济、技术、管理、法律等多个范畴。因此,这六大模式也揭示了电子商务项目区别于传统项目的主要特征。

① 业务模式:如果说电子商务项目是解决"做什么"的问题,其业务模式就是为达成此特定目标而构建"如何做"的框架性体系。从商业买卖角度出发,业务模式从商品选择开始,将信息的发布、商品的呈现、交易的达成、款项的交付、实物的流动或服务的提供等连成一线。从搭建角度讲,业务模式又可包括后台的布置,前台的规划,前、后台的交流线路设计等。可以说,业务模式勾画出项目策划过程的每一必要环节,明晰项目策划路径。当然,对具体的电子商务项目而言,所需环节都是不同的。例如,建造一个全新的B2C企业就需要考虑从商品选择到交易达成的全过程,而一个电子政务项目则只需最优化策划各部门的应用路径。

② 经营模式:经营模式与业务模式是密切相连的。如果说业务模式注重对整体环节的设计和具体路径的选择,那么经营模式则主要考虑如何展开行动,实现业务模式各环节设想,促进预期目标达成的问题。这不仅包括选择各环节协作者、协作方式、分成方法,还包括非业务模式环节的市场开拓、广告宣传等事宜。可以说,经营模式将业务模式的框架丰润化、饱满化、灵活化。

③ 技术模式:技术模式是电子商务项目策划过程中实现业务和经营模式的技术支撑系统,主要维护系统正常运行及在意外发生时负责保护与恢复硬件、软件及相关人员配备。硬件系统包括通信、计算机及其他有专项功能的设备、仪器,如路由器、服务器、PC、扫描机、刷卡机等。软件系统主要涵盖系统软件和应用软件。

虽然技术模式是基于项目策划的业务模式构建而成的,但在应用过程中尤其要注意以下几个问题:

第一,对每一模块需运用的方法和工具要提出多样化选择方案,通过综合评价,采用最适宜的系统。这样,能够保证工具的先进性、系统的操作性,使前、中、后期的投入量尽可能达到均衡,在解决不必要支出的同时,防止后期隐患。

第二,要从全局出发,考虑各子模块及各阶段的兼容性,保证系统的较全面结合。

第三,应注意对前期设备和数据的整合运用,提高系统的有效性。

④ 资本模式:资本模式囊括了从资本进入(选择类型、计划筹措)、运作(内部运作与外部运作)到退出(主动退出、被动退出)的整个过程。要策划一个电子商务新项目或在原有基础上建设一个大的电子商务优化项目,对资本模式的规划必不可少。同样,在资本模式设计过程中要权衡各方因素,选择最优提案。资本获取有多种方式,包括自有资金、天使基金、风险资金、银行贷款、招商入股或股票发行、售卖债券等。一般对于新项目而言,以前两者为主要形式,也常常使用招商入股和银行贷款,但有一定风险。对大的电子商务优化项目,股票发行、售卖债券或进行企业股份制改造则较为常见。作为项目负责人,不仅要考虑项目建设阶段的资金筹集以及投放环节,还要为后期资金运作和退出做好一定规划。

⑤ 组织管理模式:一般意义上,项目管理自始至终都伴随着项目。这里的组织管理模式

指组织上提供的为保证项目正常运行和发生意外时能保护与恢复项目的法律、标准、规章、制度、机构、人员和信息系统等,它能对系统的运行起到跟踪监测、反馈控制、预测和决策的作用。

利恩兹和雷曾提出,电子商务项目实施能分为 4 个战略方案:覆盖式、整合式、独立式和替代式。覆盖式战略指电子商务覆盖在整个公司的现行经济活动之上;整合式战略重在开拓新项目,并与现行经营活动相融合;独立式战略的项目与企业整体分离,旨在尽量完整地实施电子商务项目;替代式战略电子商务项目则取代公司现有的一部分商业活动,删减现存流程。因此,在策划电子商务项目的过程中,会不可避免地与现有流程及盈利方式产生冲突,促使原有流程及组织形式不断修正和创新。

⑥ 信用与风险管理模式:信用模式是指以建立信任、树立信用为目的的各种机制,也指促进各环节信任达成的途径和方法。电子商务项目的信用模式主要回答的问题是为了达成用户(企业)的信任,企业(用户)在各环节采取什么措施。

风险存在于整个项目的生命周期中。企业电子商务的风险有来自项目管理的风险,也有来自软、硬件及系统运行的安全性风险,还有比较突出的信用风险。电子商务项目的风险管理模式就是在企业电子商务运营过程中,企业为了衡量各环节的潜在风险,设置一定的预警、控制及补救机制,以科学控制电子商务项目风险,包括建立各种风险预警机制、安全管理制度与方案、信用机制与信用模式等。

上述六大模式按照流程或关联度可有不同划分。从分析步骤讲,项目策划应首先探讨业务模式,研究项目各环节的逻辑框架,形成项目策划的大体思路。然后进入技术模式分析阶段,按照业务模式模型,细化相应的技术路线和工具。工作完成后,移交下一阶段的经营模式策划,即在业务模式和技术模式的支持下,具体分析经营路径和方法,做出较全面的计划。组织管理模式策划主要负责安排相应工作,制定详尽的任务书,预备实施事宜。信用与风险管理模式策划的主要任务是识别出项目实施过程中各环节可能遇到的风险,针对这些潜在风险,设置一定的预警、控制及补救机制。资本模式作为最后一个环节,要全局考虑各项需求,筹划资金引入和运作方式。

当然,从关联度讲,电子商务项目策划的业务模式是基础阶段,经营模式是升华阶段,而技术、组织管理、资本、信用及风险管理模式则是全面的支持模块。任何电子商务项目首先要做的是对业务模式的探讨,只有经过业务模式分析,项目才会有明晰的发展主线。经营模式将业务模式的设想具体化,起到激活器的作用。剩余的技术、组织管理、资本、信任与风险管理模式从四个方面对项目的实施提供有力支持。

9.2 电子商务项目策划内容

9.2.1 业务模式

影响一个电子商务项目绩效的首要因素是它的业务模式。电子商务的业务模式是电子商务项目运行的秩序,是指电子商务项目所提供的产品、服务、信息流、收入来源以及各利益主体在电子商务项目运作过程中的关系和作用的组织方式与体系结构。它具体体现了电子商务项目现在如何获利以及在未来长时间内的计划。电子商务的业务模式主要包括以下内涵。

1) 战略目标

一个电子商务项目要想成功并持续获利,必须在商业模式上明确战略目标。这种战略目标本质上表现为这一项目的客户价值,即企业必须不断向客户提供对他们有价值的、竞争者又不能提供的产品或服务,才能保持竞争优势。换句话讲,战略目标就是企业价值的社会定位,即企业使命。比如阿里巴巴的战略目标就是为中、小型制造商提供一个销售和采购的贸易平台,让全球的中、小企业通过互联网寻求潜在贸易伙伴,并且彼此沟通和达成交易。"让天下没有难做的生意"成为阿里巴巴的使命。

按照迈克尔·波特的竞争优势理论,电子商务项目对客户提供的价值可以表现在产品或服务差别化、低成本、目标集聚战略上。

(1) 产品或服务差别化战略　产品或服务差别化战略主要表现在以下几个方面。

① 产品特征:公司可以通过提供具有竞争者产品所不具有的特征的产品来增加差别化。拥有独有的特征是最普通的产品差别化形式,使用互联网能够使公司为客户提供更好的产品特征。比如,Dell公司通过网络直销的形式,为客户提供个性化计算机产品。

② 产品上市时间:公司率先将产品投向市场,往往因产品是市场上唯一的,自然而然就是产品具有差别性了,进而可以获得丰厚的利润。电子商务的应用,可以使企业在产品的开发与设计、推广与分销等方面大大地缩短周期,取得产品的市场先机,从而战胜竞争对手。比如,网景公司曾经在线分发自己的浏览器软件,使它很快就在市场上占据了主导地位。

③ 客户或服务差别化:电子商务可以帮助公司更好地实施以客户为中心的发展战略。一方面,利用电子商务所提供的电子化服务,公司可以通过向出现故障的产品提供快速的售后服务来实现差别化,大大提高公司对客户投诉的反应速度,能够有针对性地为客户提供更周到的服务。另一方面,由于信息更加容易获取,公司可以为客户提供大量的商品选择机会,从而使客户有更多的选择余地。公司提供的这种产品的多种组合可以使自己的产品与竞争对手具有明显的差异性。比如,亚马逊书店可以在网上提供几千万种图书,而且很容易根据客户的需求进行多种组合,这与传统的线下书店形成了明显的差别化。

④ 品牌形象:公司可以通过互联网来建立或强化自己的品牌形象,使客户感到他们的产品是差别化的,进而建立和保持客户的忠诚度。谁拥有了客户,谁就拥有了未来。

(2) 低成本战略　低成本战略是一种先发制人的战略,这意味着一家公司提供的产品或服务比其竞争者让客户花费更少的金钱。这种成本的降低表现在生产和销售成本的降低上。一方面,公司通过电子商务方式与供应商和客户联系,大大提高订货和销货效率,使订货、配送、库存、销售等成本大幅度降低。另一方面,通过互联网,企业可以为客户提供更加优质的服务,甚至可以让客户通过互联网进行自我服务,大大减少了客户服务成本。其实,电子商务在减少公司的产品或服务成本的同时,也可以大大降低客户的交易成本。

(3) 目标集聚战略　目标集聚战略是一种具有自我约束能力的战略。当公司的实力不足以在产业中更广泛的范围内竞争时,公司可以利用互联网以更高的效率、更好的效果为某一特定的战略对象服务,往往能在该范围内超过竞争对手。比如,在竞争异常激烈的保险经纪行业中,有的保险经纪人利用互联网专门为频繁接触互联网而社交范围比较窄的研究、开发人员提供保险服务,取得了良好的经营业绩。

通过以上分析,对于电子商务项目的策划,回答以下问题:

① 公司所运营的电子商务模式的核心价值是什么?

② 电子商务项目能够向客户提供哪些独特的产品或服务,或者使公司的产品或服务具有

哪些独特的客户价值,差别化、低成本还是目标聚集?

③ 对传统企业而言,要明确企业实施电子商务是为了产生收益、减少开支、改善客户关系还是支持传统商务?

④ 电子商务能否为客户解决由此产生的一系列新问题?

2) 目标用户

一种电子商务模式的目标用户一般指在市场的某一领域或地理区域内,基于这种商务模式建立的网站的浏览者、建设者、使用者和消费者。电子商务项目业务模式的目标用户定位是提升网站流量,吸引客户的重要步骤,也是项目收入来源定位的重要基础。

目标用户可以是广大个人用户,即通常所谓的网民;也可以是企业客户,即所谓的网商。对目标用户的界定,一方面要从地域范围界定,即判定用户的地理特征;另一方面还要从用户的性别、年龄、职业、受教育程度、生活方式、收入水平等人口学特征来划分。

进行电子商务项目的目标用户分析,需要回答以下几个问题:

(1) 电子商务项目网站的用户范围是哪些?具有什么特征?

(2) 电子商务项目的服务对象范围是哪些?具有什么特征?

(3) 对传统企业的电子商务项目而言,电子商务能够使公司接触到哪些范围的用户?是面向全球的用户还是一定地理范围的客户?是面向商家还是面向消费者?这些用户具有什么特征?

3) 产品或服务

当公司或网站决定了目标用户后,必须决定向这些用户提供什么产品或服务。例如,一家定位于面向大学生的互联网公司必须决定要满足他们多少需求。它可以在基本的连接服务、聊天室、电影、音乐、游戏、网上教学、考研答疑等方面来选择要提供的服务内容。目前,电子商务项目能够提供的主流产品或服务有以下几种,如产品销售、搜索引擎、网络广告、网络经纪、网络营销、网络支付、网络分享、网络社区、网络游戏等。

4) 盈利模式

电子商务项目策划的一个极为重要的部分是确定公司的电子商务项目收入和利润来源,即盈利模式。在现实的市场中,很多公司直接从其销售的产品中获得收入和利润,或者从其提供的服务中获得收入和利润。但是,在电子商务市场中,因为互联网的一些特性,使公司利用互联网从事电子商务的收入和利润的来源变得更加复杂。例如,从事网络经纪电子商务模式的公司的收入来源至少有交易费、信息和建议费、服务费和佣金、广告和发布费等。一个采取直销模式的公司的收入则主要来自对客户的直接销售,也可以来自广告、客户信息的销售和产品放置费,还可以通过削减直接向客户提供服务的成本或减少配送环节来增加利润。

从为客户提供的产品或服务中获取利润的非常重要的一个环节是对所提供的产品或服务正确地定价。在电子商务市场中,大多数产品和服务是以知识为基础的,以知识为基础的产品一般具有高固定成本、低可变成本的特点,因而产品或服务的定价具有较大的特殊性,企业定价的目标不在于单位产品的利润率水平,而更加重视产品市场占有率的提高和市场的增长。而且这种产品还具有能够锁定消费者的特点,使许多消费者面临着较高的转移成本,使已经在竞争中占有优势的公司不断拉大与其竞争者的距离。

对于传统企业,在利用电子商务来创建、管理和扩展商业关系过程中,可能很难计算其直接的收入和利润。但是,仍然可以分析其盈利模式,这种电子商务的盈利模式在很大程度上表现为电子商务对公司价值链结构的改变:基本活动中的信息处理部分,如商品信息发布、客户沟通、供应和分销商订单处理乃至支付都可以通过电子商务在网上完成,带来大量的成本节约,产生了电子商务的收益递增利润;基本活动中的采购、进货、发货、销售等环节的物流活动,则可以通过第三方物流加以完成或通过信息化水平的提高而提高效率,将大大减少企业的经营成本,因而产生经营成本降低收益;辅助活动中的人力资源管理和技术开发中的部分活动也都可以通过电子商务方式在网上完成,将会使企业的管理成本大幅度下降,产生管理成本降低收益。

进行电子商务项目的收入和利润来源分析与策划,需要回答如下问题:

(1) 电子商务项目的网站从哪些客户获得哪些收入?

(2) 对传统企业来讲,公司原有的收入来源有哪些途径?电子商务使公司收入来源产生了哪些变化?公司实施电子商务后有哪些新的收入来源?

(3) 在公司收入来源中,哪些对公司的利润水平具有关键性影响?

(4) 哪些客户对哪些收入来源做出贡献?

(5) 公司利润的决定因素有哪些?

5) 核心能力

核心能力是相对稀缺的资源和有特色的服务能力,它能够创造长期的竞争优势。核心能力是公司的集体智慧,特别是那种把多种技能、技术和流程集成在一起以适应快速变化的环境的能力。

电子商务具有快速的实现周期,对信息和联盟也具有很强的依赖性,而且要坚持不懈地改革商务活动的方式。因此,它需要有一种能综合考虑以上所有因素的分析工具,将公司的技术平台和业务能力进行集成。经过集成后的公司的核心能力应该包括以下几个方面。

(1) 资源 公司需要有形的、无形的以及人力的资源来支持向客户提供价值的一系列关键活动。有形资源包括厂房、设备以及现金储备。对于从事电子商务的公司来讲,有形资源主要表现在公司的网络基础设施以及电子商务的软、硬件建设水平。无形资源包括专利权、商誉、品牌、交易秘密、与客户和供应商的关系、雇员之间的关系以及不同形式存在于公司内部的知识,例如含有重要的客户统计数据的数据库以及市场研究发现的内容。对于从事电子商务的公司来讲,这类资源往往包括公司自行设计的软件、访问者或客户的登录信息、品牌和客户群。人力资源是公司员工具有的知识和技能,是公司知识资源的载体,在知识经济时代的作用显得更加突出。

(2) 竞争力 竞争力是指公司将其资源转化为客户价值和利润的能力。它需要使用或整合公司的多种资源。根据哈梅尔(G.M.Hamel)和普拉哈拉德(C.K.Prahalad)的观点,当公司遇到客户价值、竞争者差别化和扩展能力三个目标的时候,公司的约束力就是公司的核心能力。客户价值目标要求公司充分利用其核心能力加强其向客户提供的价值。如果公司在多个领域使用其竞争力,那么这种竞争力是可扩展的。

(3) 竞争优势 公司的竞争优势来源于公司所拥有的核心能力,其他公司获得或模仿这些能力的难易程度决定了公司保持这些优势的难易程度。这些核心能力难以取得或模仿往往是由于拥有这种优势的公司在发展进程上处于领先或者这些核心能力的形成需要较长的时间,模仿者难以在短期内获得。

进行电子商务项目的核心能力分析,需要回答以下几个问题:

① 公司拥有的能力是什么?

② 公司实施电子商务需要哪些新能力?

③ 电子商务对公司已有的能力有哪些影响？
④ 公司的哪些能力是其他公司所难以模仿的因素？
⑤ 公司如何才能保持它的竞争优势？
⑥ 公司在形成和保持这些竞争优势的过程中，采用哪些营销战略？

9.2.2 技术模式

在所有的电子商务项目中，都需要合理规划其技术模式。技术模式是商业模式的实现基础。电子商务的技术模式是支撑电子商务系统正常运行和发生意外时能保护系统、恢复系统的硬件、软件和人员配置系统。

1) 技术建设模式

企业电子商务的技术模式选择与企业基础条件是紧密相关的，而不同信息化基础条件的企业，在以电子商务为主的信息化建设过程中，会采取不同的信息化技术建设模式。

（1）自主开发模式　这种模式通常由企业内部自己组建信息化队伍，在采购成熟软、硬件设备基础上，主要依靠企业自身力量从事企业信息化建设。在信息化建设中，企业能控制其全过程，开发出的系统能够充分、真实地反映企业的实际业务要求，针对性较强，系统实施相对比较容易，并且风险较小。

（2）外包开发模式　这种模式是企业委托具有雄厚技术实力和丰富经验的软件公司、科研机构、高等院校等外部技术单位进行信息化建设和电子商务解决方案设计，由受托方提供解决方案、成套设备、系统实施及技术服务。

（3）合作开发模式　这种模式是企业与系统集成商、计算机软件或硬件公司合作，联合进行信息化建设和电子商务项目实施。借助于"外脑"，将电子商务与体制创新有机地结合起来，解决原有企业中组织机构设置不合理、管理流程低效等问题；同时，将先进的管理思想运用到信息系统和电子商务系统的开发中，使企业的管理水平有更高层次的提升。

（4）ASP 模式　ASP（Application Service Provider）模式是由应用服务提供商集中为企业搭建电子商务所需要的所有网络、硬件、软件等运行平台，负责所有前期的实施、后期的维护等一系列服务。企业只需前期支付一次性的项目实施费和定期的 ASP 服务费，即可通过互联网享用信息系统。同时，ASP 服务商会通过一定的技术和措施保证每家企业数据的安全性和保密性，因此在效果上与企业自建信息系统基本没有什么区别。ASP 模式目前已经成为中、小型企业信息化和电子商务的最佳路径。

2) 通信系统

通信系统是用来连接公司内不同部门以及供应商、客户、结盟者、政府、第三方服务商等商务活动主体的系统。在通信系统中，计算机通信网络的构建是关键，计算机通信网络是多台独立的计算机通过有形或无形的介质连接，在网络协议的控制下实现资源共享。其中，采用 TCP/IP 通信协议的内联网和外联网构成了公司内部以及公司之间的通信网络。在具体构建通信网络时，可以选择宽带专网、电视网、电话网等网络通信技术。

3) 计算机硬件系统

计算机硬件系统是电子商务的重要基础设施，是电子商务技术系统的支撑体系和各种应用软件的重要载体，包括服务器和客户机两个方面的硬件系统。其中，服务器是存储文件和其他内容的硬件组合，客户机是为存取和显示内容而配置的硬件组合。

4) 计算机软件系统

计算机软件系统包括系统软件、应用软件、其他专用系统，如在电子商务应用中所使用的商品扫描系统、支付刷卡系统、企业资源计划（ERP）、客户关系管理（CRM）、供应链管理（SCM）等专用系统。

进行电子商务项目的技术模式策划，需要进行以下几个方面的分析：

（1）企业电子商务采取哪种技术开发与应用模式？

（2）公司电子商务应用的总体技术结构是什么？

（3）公司电子商务应用中网络和通信系统的结构与技术水平。

（4）公司电子商务系统中计算机硬件系统的配置情况。

（5）公司电子商务软件的选择与应用情况。

（6）公司商品扫描系统、支付刷卡系统、企业资源计划（ERP）、客户关系管理（CRM）、供应链管理（SCM）等专用系统的应用情况。

（7）公司电子商务网站的安全解决方案和使用的安全技术。

（8）公司电子商务的支付技术应用情况。

9.2.3 经营模式

电子商务项目的经营模式是公司面向客户，以市场的观点对整个商务活动进行规划、设计和实施的整体结构。它包括如何让客户知晓并认同企业的电子商务商业模式和如何实现公司的电子商务商业模式，以满足客户需求。

进行电子商务项目的经营模式策划，需要进行以下几个方面的分析：

（1）公司采用何种策略和方式推广自身的商业模式，以扩大客户规模？

（2）客户搜寻商品和服务信息的渠道与方式有哪些？商品展示采取什么方式？客户与公司的信息交流采取什么方式？

（3）商务咨询洽谈的方式与途径是什么？交易订单签约方式是电子化的还是纸质的？

（4）交易的货款支付采取何种方式？具有什么特点？商品的物流配送采取哪种方式？具有什么特点？公司提供什么样的电子化服务方式？

9.2.4 资本模式

电子商务项目的资本模式是指从电子商务资本的进入、运作到退出的整个结构。公司电子商务的资本模式主要有风险投资型资本模式和传统投资型资本模式两种。

1) 风险投资型资本模式

风险投资是由职业金融家的风险投资公司、跨国公司或投资银行所设立的风险投资基金投入新兴的、迅速发展的、有巨大竞争潜力的企业中的一种权益资本。在这种投资方式下，投资人为融资人提供长期股权投资和增值服务，培育企业快速成长，数年后再通过上市、兼并或其他股权转让方式撤出投资，取得高额投资回报。

风险投资型资本模式，是指风险投资对电子商务公司的直接投资，或已经建立电子商务网站的电子商务公司吸引风险投资的介入。这种风险投资一般在电子商务公司创业阶段就进入，因而也被称为创业投资。

2）传统投资型资本模式

传统投资型资本模式是指传统企业通过各种形式进入电子商务领域,将资本引入电子商务公司或 Internet 服务公司。我国传统投资型资本模式主要有以下 4 种形式。

（1）传统企业建立网站,实现企业上网　随着 Internet 的飞速发展和我国企业上网、政府上网工程的启动,许多传统企业尤其是国有企业,纷纷建立自己的网站,实现了企业上网,在网上发布信息,进行广告宣传或业务洽谈,已经形成了电子商务的雏形。但是,这类企业网站总的来讲,投资少,没有形成规模,网站的整体水平不高,未能充分开展电子商务活动。

（2）传统企业直接投资电子商务　这类电子商务资本模式主要指一些实力比较雄厚的大企业,投资开发自己的网站,并且实现在线交易。这类网站基本具备了企业电子商务的功能,其显著特征是实现了网上订购,但是,网上支付和电子账户等功能还未能实现。

（3）政府或企业投资专业电子商务网站与网上商品交易市场　这类网站往往是针对某一行业,由政府或实力雄厚的企业投资组建,而向某一行业提供电子商务交易平台和面向更多行业的网上交易平台。

（4）传统企业和电子商务网站间的资本联合,实现传统企业与电子商务的结合　这种电子商务资本运作模式有两种情况:一是一些虚拟网站参股传统企业组建电子商务网站;二是传统企业收购虚拟网站,从而进军电子商务。

9.2.5　信用管理模式

基于网络环境与商品交易的双重背景,我们可以简单地将信用表述为"买、卖方出于各种原因,在交易中遵守规则、履行条约,按照双方的共识行事,实现彼此信用的最大化"。需要强调的是,任何的信用特性（名词性特性,即他方认定的"守信"）或信用活动（动词性特性,即遵守规则,实施预期行为）都是以信任为基础的。因为信任是"一种在不确定性风险情势存在的情况下,一方主体相信另一方主体会按照共同的期望行事,不攻击其脆弱性的一种主观信念",所以信任首先是一种主观的信念、个人的意愿。因此,除了基于权势、威胁的行为外,在商品交易中,信任是交易行为的最基本、最底层的前提。因为只有先获得他方的信任,才会存在实施信用交易的机会;同时,也只有在前期的信任基础上,交易者才能相互合作、建立关系,继而树立"守信用"的声誉。

随着互联网的发展,信任有了新的提法:网上信任（Online Trust）和网下信任（Offline Trust）。其实,从本源上讲,这种划分不尽合理,因为无论是网上信任,还是网下信任,其本质都是信任。它们有着一样的传递要素或评判维度（如通过产品质量、企业声誉、个人的品德）、一样的形成机制（基于熟悉、制度或认同）。但是,网下信任的对象多是单个的人或组织;而网上信任除了要考查对方主体的可信性外,还需建立对网络媒介的一种信任。也就是说,要顺利进行网上交易,主体需跨越两层鸿沟:对交易对象的信任度衡量和对交易媒介（互联网）的信任度判断。

所有的信任机制都是围绕信任的特点而设计的,旨在通过采取各种手段,促进主体为了共同信念的达成而遵守诺言,实施可信行为。目前,较常见的有第三方的权威（如司法部门）、公正（如民间团体）、验证（如证书颁发中心）、保证（如担保体系）等中介,通过传播声誉、实施适当的可信惩罚或建立有共同兴趣的团体促进信任的达成,实现信任行为。网上交易常用的信任机制有声誉体系（Reputation System）、网上印章（Online Seals）、网上保证中介（Online

Escrow)、网上共同组织(Online Community)以及收取进入费(Entry Fee)等。这里的信用模式是指以建立信任、树立信用为目的的各种机制,也指促进各环节信任达成的途径和方法。

进行电子商务项目的信用模式设计,需要考虑以下问题:

(1) 电子商务项目业务模式遵守的信用规则是什么?

(2) 为了取得用户的信任,项目在各环节采取了什么措施?

(3) 针对客户的欺诈行为,项目如何进行防范?设置了何种特定的机制?

9.2.6 风险管理模式

风险是可测定的不确定性以及由此带来的意外损失,风险存在于整个项目的寿命周期内。从企业的内部管理来看,存在的风险包括生产风险、环境风险、技术风险、人员风险、财务风险、经营风险、信用风险、销售风险、品牌风险等。从企业所处的外部环境来看,存在的风险有民族矛盾、局部战争、政治对抗、民族争端、行业不正当竞争、行业相关法律法规的不健全。

风险管理主要研究如何对企业的人员、财产和财务资源进行适当的保护。风险管理是指经济单位对风险进行识别、衡量、分析,并在此基础上有效地处理风险,以最低成本实现最大安全保障的科学管理方法。风险管理过程包括4个阶段:风险处理计划、风险处理的组织、风险处理的指导和风险处理的管制。

(1) 风险处理计划　通过对各种风险的科学考察,判断风险的性质和后果,制定并选择风险处理方案,编制风险处理的实施计划。

(2) 风险处理的组织　根据风险处理计划,组织处理手段,包括业务分工、权利和组织上的调整等,即合理安排人力、物力,以为达到经营管理的目的和实现管理计划创造合适的条件。

(3) 风险处理的指导　采用信息交流的方式,组织管理计划的实现过程。

(4) 风险处理的管制　按照规定,进行业务成绩记录、评价和分析,形成制度化管理。

企业在风险管理过程中要完成以下任务。

(1) 制定风险管理计划,包括管理方法(对可能用于风险管理的方法工具和信息来源进行明确的定义)、岗位和职责(对涉及风险管理的岗位和职责进行定义)、预算(建立风险管理的预算)、时间(实施风险管理有关活动的频率及确切时间定义)、评定和解释(对风险管理中的各种情况进行定性、定量分析,并对说明方法进行定义)、承受度(对企业对风险承受的能力进行定义)、文档格式(对风险管理过程中形成的各种文档格式及信息沟通的方式进行定义)、反馈(对建立文档资料、便于以后对风险管理的审计和回顾的方式进行定义)。

(2) 进行风险因素识别。

(3) 衡量和选择对付风险的方法,有风险控制措施和风险补偿的筹资措施。

(4) 贯彻和执行风险管理的决策。

(5) 对风险管理进行检查和评价。

企业电子商务的风险有来自项目管理的风险,也有来自软、硬件及系统运行的安全性风险,还有比较突出的信用风险。电子商务项目的风险管理模式就是在企业电子商务运营过程中,企业为了衡量各环节的潜在风险,设置一定的预警、控制及补救机制,以科学控制电子商务项目风险,包括建立各种风险预警机制、安全管理制度与方案、信用机制与信用模式等。

进行电子商务项目的风险管理模式设计,应该考虑以下几个方面的问题:

(1) 电子商务项目遵守的风险管理规则是什么？
(2) 电子商务项目在各环节的风险管理计划是什么？
(3) 项目如何对各环节的风险因素进行识别？
(4) 项目对付各环节风险的方法是什么？
(5) 电子商务项目实施过程中存在哪些具体风险？采取何种安全技术和系统安全管理制度？
(6) 项目网站建立了哪些信用机制，以保证电子商务交易各环节的顺畅进行？

9.3 电子商务项目策划过程

9.3.1 市场调查

1）市场调查的定义和主要内容

市场调查就是用科学系统的方法，有针对性地搜集、整理有关相应市场的信息和资料，了解市场发展的现状、存在的问题、发展趋势，为企业做相关决策提供客观的资料的过程。

市场调查的内容很多，一般包括市场环境调查、市场基本情况调查、行业发展调查分析、用户需求调查、影响销售因素调查、项目需求调查，等等。市场环境调查主要包括政策环境、经济环境、社会文化环境、技术环境、法律环境等方面的调查；市场基本情况调查主要包括市场容量、市场分布、市场动向、制约市场发展的因素等情况调查；行业发展调查分析主要包括竞争对手、潜在的竞争对手、上游供应端、下游流通端等情况的调查；用户需求调查主要包括用户数、需求量、需求变化趋势、存在痛点等内容；影响销售因素的调查主要包括产品质量、价格、渠道、促销、用户需求等内容；项目需求调查主要包括项目立项的背景、涉及部门状况、需要解决的问题、存在哪些障碍、项目预算、执行团队等内容。

电子商务项目的设立，首先洞察企业对电子商务项目需求。这里电子商务是指广义的电子商务概念，包含企业一切信息化的动作，不仅仅指网上销售。对企业项目需求的调查就是为项目立项做准备的，如何识别电子商务项目的需求是非常重要的一步，也是至关重要的一步。

一般识别企业的需求都是从存在的问题着手，前提是了解企业运作的一般流程，如果是电子商务企业的话，还要了解电子商务的运营流程。例如企业常见的一些问题如下：

(1) 员工每天忙于一些数据手工输入工作，看着很忙，其实对结果没有大的帮助。
(2) 经常看到企业内部忙的忙死，闲的闲死。
(3) 两个部门因工作问题经常发生扯皮推诿。
(4) 经常发生订单漏发、错发现象。
(5) 店铺的 ROI（投资回报率）值很低。
(6) 用户的复购率低。
(7) 企业对员工的管理难度越来越大。
(8) 企业内部经常发生网络太慢、打开文件需要等一段时间，严重影响效率。
(9) 企业的知名度、影响力太小。
(10) 企业领导在外出差，签字流程复杂，不能处理公司事务。

诸如此类问题，都是说明有相关项目需求。一般企业常见的需求有建设网站、网络推广、办公自动化(OA)、企业资源计划(ERP)、客户关系管理(CRM)、企业管理流程优化等。

2) 市场调查的基本方法

市场调查的方法也是多种多样，原始数据采集一般有访谈法、问卷调研、观察法、实验法；二手数据采集一般包括购买相应的统计数据、专业报告、网络收集相关的行业报告、企业数据资料等。

访谈法主要分为电话访谈和面对面访谈，通过事先准备好的问题向被调查者询问，以获得所需的相关资料，这是市场调查中常用的一种方法。面对面调查访谈效果最好，但效率较低。访谈法的核心关键在于找对专业的人，准备好问题，正规的访谈是需要付费的。

问卷调研主要分为线下定向发放问卷和网络问卷调研。线下发放问卷的针对性更强些，有效问卷数比例较高，但仍然是效率慢，成本高，统计工作量大；网络调查当下越来越普遍，特点是效率高，覆盖范围广，统计工作量较小，网络调查常用的工具如问卷星、金数据等，非常简单实用。问卷调研的注意事项在于问法和选项的设置，尽可能都用选择题，少用开放性问答题，降低被调查者的填写时间；高质量的问卷调研也是需要一定费用的。

观察法是指安排调查人员到调查现场进行实地观察，一般是在消费品方面调查居多，到店铺、商圈等场所进行观察，对客流、进店流量、转化率、客单价等指标进行收集；也可能对区域的人口、消费、竞争情况等进行收集。其优点是客观的收集资料，直接记录现场行为，调查结果更为真实，缺点就是需要长时间调查，不然很难看到内在因素。比如为了了解用户在购买鸡蛋时的决策情况，项目团队可以派人在超市柜台通过观察询问100天甚至更长时间，有关鸡蛋销售的策略就可能得到优化。

实验法一般用于产品的包装或者新产品的上市销售，从影响调查问题许多因素当中选择一到两个关键因素，在一定条件下进行小规模实验，对实验结果进行分析，看是否值得大面积推广。比如在调查葡萄是否可以发快递时，联合快递公司进行实验，最后通过将葡萄用充气袋包裹，放入泡沫箱，外加冰块，可以在次日达的地域范围销售。

二手数据采集也是市场调查的主要形式，资料来源渠道比较丰富，如企业内部资料、政府机关公开的文献、行业协会报告、证券公司行业分析报告等。

如果一家企业是上市公司，了解其最佳途径就是查找这家公司的招股说明书和年报；若不是上市公司，可以从企业内部的财务报表、用户往来、主要业务合作伙伴、人力资源统计数据等方面进行收集。如果要快速了解一个行业的情况，那么需要找到这个行业中排名前5名的上市公司，找到它们的招股说明书和年报，在其中寻找行业发展现状、存在的问题和未来发展趋势等内容，整合一下就可以了解到整个行业大致情况。

3) 市场调查报告的格式与内容

市场调查报告的格式一般由标题、目录、概要、正文、结论及建议、附件等几部分组成。

标题一般把被调查单位、调查内容明确地表示出来，如《关于南京市母婴市场调查报告》《中国直播电商生态研究报告》《健康食品消费趋势研究报告》等。一般把报告日期、委托方、调查方等放在封面上。

目录就是方便委托方及使用者阅读，使用索引形式列出报告的主要章节和附录，注明标题和页码，篇幅一般不超过一页。

概要主要介绍项目的基本情况，按照技术路线图展开，阐述对收集资料的选择、评价、做出结论和提出建议的原则等。一般包括调查的目的、对象和内容、方法等。

正文是整个报告的主体，准确说明所有的论据，分析过程、分析方法、分析结果，并能为决策者提供可供参考的市场信息。

结论及建议是写市场调查报告的目的,提出怎样利用调查结果来为解决某一问题提供有效的措施。

附件主要是与正文相关的一些背景材料,包括数据汇总表、必要的技术报告、样本的有效性文件,等等。

市场调查报告的主要内容包括:

(1) 介绍调查目的和要解决的问题。
(2) 介绍市场背景资料。
(3) 分析的方案。
(4) 调研数据以及分析。
(5) 根据分析结果提出论点。
(6) 论证论点的有效性。
(7) 提出解决问题的方案。
(8) 风险预测及对策。

9.3.2 项目筛选

项目筛选是指从多个项目中选择出可行性较高的投资项目或者指项目大赛评选出获奖项目的过程。一般分为3种情景:一是在企业内部,企业人员根据企业内部存在的问题,进行项目策划;或者企业指定项目主题,几个团队进行项目策划,通过层层筛选,公司对项目进行立项,获得公司资金和资源的支持。二是投资公司筛选项目,筛选的标准会更严格一些,在投资公司内部还需要经过项目初审、项目立项、项目尽职调查、投资决策等流程,项目计划一旦通过投资公司的认可,项目发展速度则会加快。三是指项目大赛,一般主办方会邀请专家制定筛选标准,进行评分,选出获奖项目。

项目筛选的方法一般有综合评分法、比较法、目标排序法。综合评分法,事先根据项目考量的维度,制定详细的评分标准,如项目大赛。比较法,一般是企业内部针对同一个课题进行比较筛选,主要是方案的创新性和可行性;投资公司一般也是用比较法筛选项目,主要从项目的发展前景、创新性、团队资源等方面进行比较。目标排序法主要是集团公司或者政府部门,根据各不同项目的重要紧急程度,结合方案的可行性进行筛选。

一般项目筛选的标准主要在可行性方面,项目性质不同,标准也不尽相同。一般包括项目市场空间、运营模式、团队组成、核心资源、创新性、财务状况等内容,其核心是根据项目可行性报告来做出进一步的判断。

1) 项目可行性报告

项目可行性研究的目的是为降低失败的风险,减少投资失误。可行性研究的任务就是以市场为导向,以技术为手段,以效益为目标,通过投资前对项目的宏观环境分析、中观产业分析、微观企业分析,全面论证项目的必要性、可行性、合理性,对项目做出可行或者不可行的判断,进而做出投资分析。

2) 可行性研究的类型和基本要求

可行性研究一般分为3种类型:机会研究、初步可行性研究和正式可行性研究。这3种类型一般是依次进行,从粗放到精细的过程,每个类型的基本要求会有较大的不同。

机会研究主要识别投资方向,通过对企业的需求进行初步了解,根据行业发展的大势和当下技术背景,分析项目的必要性和可行性,以定性分析为主,一般误差在上下30%的幅度内。

初步可行性研究在确认有投资必要性的基础上,进行深入的调查研究,在产业分析阶段,通过波特五力模型进行分析,有各方面定量测算,结果要有精度,一般误差在上下20%以内。

正式可行性研究在初步研究的基础上进一步细化,寻求行业专家论证,从经济、技术、方案实施等方面进行充足的论证,做出投资分析预测,编制最终版本的可行性研究报告,其误差在上下10%范围之内。

3)电子商务项目可行性研究的内容及方法

可行性报告研究内容主要包括必要性研究、技术可行性研究、经济可行性研究、综合评价4部分内容。

必要性研究主要根据企业遇到的实际问题,进而提出的需求分析,关键点在于识别企业的需求,并能根据其显性需求挖掘出其隐性需求,进而提供技术方案来解决问题。技术可行性研究主要考虑技术的先进性、适用性和经济合理性,倡导技术领先半步就可以,不要跨得太大,以免企业资源不能匹配。经济可行性研究主要是财务预测和投资效益分析,财务预测主要体现在未来几年销售收入预测和净利润预测,静态分析为主;投资效益分析主要从投资回收期和投资报酬率两个指标体现。综合评价部分主要研究还有哪些潜在风险和应对措施。

可行性报告分析过程中,经常用到一些分析工具,在这给大家分享一下,详情如图9-1所示。

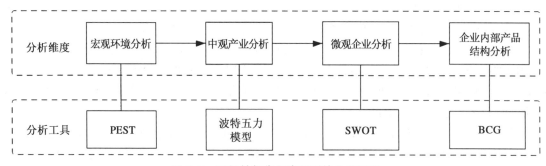

图9-1 可行性报告经常用到的分析工具

4)可行性报告的编制

电子商务可行性研究报告的编制,实际上是对项目可行性研究的最后书面总结,编制内容大致如下:

(1)项目概述 介绍项目的背景、意义、大概内容、总投资、期限、效益等。

(2)项目必要性 从不同角度阐述面临的机遇或者挑战,带来新的需求,通过研究结果来论证项目的必要性。

(3)技术方案 根据必要性的要求,提供企业可供选择的解决方案,方案需要详细和具体,并有相应的投资预算。

(4)实施方案 组建项目团队,做好协调分工,确定谁负责建设、谁负责监督、谁负责协调等。

(5)投资测算 根据技术方案和组织管理方案,综合市场报价,计算项目所需资金。

(6)财务分析 预测项目建成后的收入、费用、利润等财务数据,表述分析过程和依据。

(7) 风险分析　介绍项目不确定性分析过程和结果。

(8) 结论和建议　根据上述各方面分析,明确项目是否可行并署名。

9.3.3　项目孵化

1) 项目孵化的类型

项目孵化一般分为 3 种类型,一是企业内部项目孵化;二是企业在外部进行项目孵化;三是在孵化器平台进行项目孵化。其中孵化器平台可以分为政府主办、专业平台公司主办、高校科研院所主办 3 种。不同类型具有不同的特点,企业内部项目孵化的特点是企业真实需求,内部人负责建设运营,整体可控,风险较低。企业外部孵化的特点是企业真实需求,外部团队负责建设运营,大方向可控,存在一定风险。孵化器孵化是当前项目孵化的主要载体,不管哪种类型的孵化器平台具有一些相同的特点:提供办公场所、设备、财税、法律、知识产权、项目申报等一些基础服务,目的是让入住项目和创业企业快速发展。不同点在于一些入住政策的细微差别。孵化器的类型有行业垂直型、科技型、文创型等。

2) 孵化器项目孵化的过程

孵化器一般通过招商相应的项目团队入住,签订入住协议,项目开始发展运营。孵化器项目孵化的一般流程如图 9-2 所示。

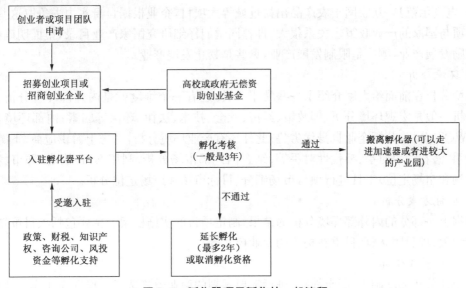

图 9-2　孵化器项目孵化的一般流程

9.4　电子商务项目策划报告

9.4.1　项目策划报告的定义与作用

项目策划报告是包容所有策划内容的容器,除可行性报告的全部内容外,需要有具体的落地方案措施,如项目团队搭建、营销方案设计、进度控制等内容的一个整体报告。因项目不同略有差异,但整体上具有一定的相似性。

项目策划报告是在前期大量市场调查的基础上,在经过严谨的可行性研究前提下,根据一定的格式和内容编辑的具体要求,整理出一个全面展示公司和项目状况、未来发展潜力与执行策略的书面材料。项目策划报告可以理解为项目发展的活地图,再加上企业强有力的执行力,项目成功的概率将大大增加。

9.4.2 项目策划报告的主要内容

1) 项目策划目的

这是项目策划的原始动力,是项目开始,也是贯穿整个项目始末的核心。主要包括:一是背景介绍,即在什么样背景下诱发需求,通常体现在外面环境变化、重大政策变化、社会环境变化等,如新冠疫情,倒逼企业做出应对,同时梳理项目本身的社会价值和意义。二是项目策划范围,是项目就有边界,项目涉及范围、时间期限等需要明确。三是项目的目的介绍,目的有多种多样,一般需要体现项目为公司创造价值方面,如战略制定、营销策略等。

2) 政策依据

项目策划一般与政策息息相关,在公司内部与相关政策有关,公司通过对政策的解读申请新的项目。目前乡村振兴战略是国家战略,各级政府都出台大量的支持政策,涌现出像数字乡村、农村电商示范县、互联网+农产品出村进城等大项目,企业根据自身实力去争取这些项目。项目立项与国家的产业政策也关系很大,推荐同学们仔细研究国家产业目录,里面明确指出哪些是鼓励发展产业,哪些是限制发展产业,哪些是禁止发展产业。

3) 环境分析

环境分析在前面给大家介绍了一些常用工具,还有一个维度就是内外部环境分析。外部环境分析一般是宏观环境分析,即政策、经济、社会、技术、法律、环保等因素;内部环境分析一般用 SWOT 分析,分析企业自身优劣势;此外还有产业环境分析,考虑上游供应商、下游用户、竞争对手、潜在竞争对手、替代性对手等;结合内外部市场分析,利用 STP 战略(即市场细分、目标市场和市场定位)工具进行项目市场细分、目标市场和市场定位分析。

4) 项目方案分析

根据上一部分的内外部环境分析的结果,制定项目的实施框架。主要包括项目策划、项目进度计划表、项目团队、项目重新构建的商业模式等。

5) 商业模式分析

在上述分析的基础上,制定战略,进行需要规划的商业模式选择。根据商业模式画布的九宫格工具,加上前面市场调查、可行性分析等资料重新规划商业模式。主要体现在 9 个方面:首先是价值观的定位,这是核心部分,后续考虑细分用户是谁?需要与用户建立怎样的客户关系?通过哪些渠道可以找到用户?为了建立客户关系与开发渠道,关键业务是什么?企业核心资源是什么?需要哪些外部合作伙伴来支持实现关键业务?成本结构是什么?收入结构是什么?回答清楚以上 9 个问题,整个商业模式理论闭环就形成了。在此基础上针对商品进行 4P(即产品、定价、渠道、促销战略营销)的打造。

6) 组织结构分析

项目实施有时间性,也具有临时性,有必要对组织结构进行设计和安排,具体内容包括组织结构分析、组织架构设计、岗位职责分工、预计需求人数、组织招聘等。

7) 项目财务分析

项目财务分析不仅仅是对内的财务管理,做好资产负债表、现金流量表、净利润表三大表,还要肩负对外的融资需求、成本费用控制、财务预测分析、投资回报分析、市值估算、退出机制等内容。

8) 进度控制分析

一般项目管理中都有进度计划控制,常用的工具是甘特图。项目计划与进度控制需要按照一定时间节点进行管控,分阶段制定目标,每一个节点,明确的项目成果,定时跟进项目进度、品质、费用三方面控制的成果。

【知识拓展 9.1】

项目商业计划书的撰写

练习题

一、判断题

1. 电子商务项目可行性分析通常发生在项目的启动阶段。（　　）
2. 对于项目成员大多来自同一个部门的情况,项目型组织更容易协调。（　　）
3. 网络营销组人员不属于电子商务项目技术团队的成员。（　　）
4. 电子商务项目监理按照业主的要求和介入项目的深度划分为:咨询式监理、里程碑式监理和全程式监理。（　　）

二、选择题（可多选）

1. 电子商务项目可行性分析,主要包括技术可行性、(　　),管理可行性及社会文化、法律等环境的可行性。
   A. 经济可行性　　　B. 政策可行性　　　C. 科技可行性　　　D. 组织可行性
2. 电子商务项目的技术建设方式包括企业自行建设、(　　)、ASP 模式。
   A. 购买　　　　　　B. 合作开发　　　　C. 外包　　　　　　D. 租用
3. 电子商务项目经理的能力包括(　　)、沟通能力和平衡能力。
   A. 判断能力　　　　B. 领导能力　　　　C. 设计能力　　　　D. 运营能力

三、简答题

1. 什么是电子商务项目策划？电子商务项目策划有何原则？
2. 电子商务项目的盈利模式主要有哪些？
3. 如何进行电子商务项目孵化？

四、实践应用篇

10 跨境电子商务应用

[学习目标] 了解跨境电子商务的发展动态;掌握跨境电子商务的概念;了解我国跨境电子商务的商业模式、跨境电子商务物流管理、跨境电子商务支付、跨境电子商务海外营销。

10.1 跨境电子商务概述

跨境电子商务是指分属不同关境的交易主体,通过电子商务平台达成交易、进行支付结算,并通过跨境物流送达商品、完成交易的一种国际商业活动。跨境电子商务是基于网络发展起来的,网络空间相对于物理空间来说是一个新空间,是一个由网址和密码组成的虚拟但客观存在的世界。网络空间独特的价值标准和行为模式深刻地影响着跨境电子商务,使其不同于传统的交易方式而呈现出自己的特点。我国跨境电子商务起步晚但增速快,跨境电子商务及支付也将成为企业新的盈利点。

10.1.1 跨境电子商务的概念

近年来,网上购物者越来越多,许多商家开始在世界范围内寻觅消费者,以至于全球跨境电子商务市场发展明显增速,跨境电子商务市场潜力巨大。跨境电子商务,其本质是以国际贸易为主体。有人曾将其比作以下等式:跨境电子商务＝产品品牌化＋网络营销＋策略本土化＋全渠道。跨境电子商务脱胎于"小额外贸",这种形式在国内最早始于2005年,主要是交易双方通过互联网达成交易,再通过PayPal等第三方支付方式进行支付。由于买家多为个人,交易产品量小、交易金额小,在当时主要通过DHL、联邦快递等快递方式完成运送,因此形成了一个区别于传统贸易流程的进出口交易方式。

跨境电子商务(Cross-Border E-Commerce)是分属不同关境的交易主体,通过电子商务平台达成交易、进行支付结算,并通过跨境物流送达商品、完成交易的一种国际商业活动,它包括出口和进口两个层面。我国跨境电子商务主要分为企业对企业(即B2B)和企业对消费者(即B2C)两种贸易模式。B2B模式下,企业运用电子商务在线上以广告和信息发布为主,成交和通关流程基本在线下完成。B2C模式下,我国企业直接面对国外消费者,以销售个人消费品为主,物流方面主要采用航空小包、邮寄、快递等方式,其报关主体是邮政或快递公司。

近年来,全球跨境电子商务市场增速明显。其中,B2B电子商务模式被全球性的力量所拉动,倾向于全球化,而B2C则倾向于本地化。其原因就在于:B2B主要是跨国公司通过其全球性的供应商、客户和全球分公司来推动电子商务的发展,这反过来促使本地企业也从事电子商务以保持竞争力。相比之下,B2C则被消费者市场所拉动,更多的是本地化、发散化。因此,虽然消费者都希望购买便利、价格低廉的商品,但是因消费者的偏好和价值观、民族文化、各国的物流体系等的不同,不同国家之间的本地消费者市场呈现出差异化。跨境电子商务的兴起得益于信息通信技术的发展,带来的是消费模式的变化。不可否认,跨境电子商务的发展,对国际贸易产生了一系列影响,从贸易市场、贸易主体、贸易产品、贸易方式、贸易成本到贸易政策和贸易风险,都发生了相当程度的变化。电子商务在促进进出口贸易发展的同时,也增加了一定的贸易风险,并对已有的贸易政策提出了新的挑战。但是,跨境电子商务突破了进出口贸易的传统市场,深化了国际分工,缩短了生产者和消费者之间的距离,优化了全球资源配置;同时,需求者可以掌握商品更多相关信息,具备更广阔的选择空间。突破时空限制,打破区域政策限制,遵循全球贸易法则,有利于形成全球统一市场。

10.1.2 跨境电子商务对传统国际贸易的影响

跨境电子商务的发展使国际贸易主体出现了重大变化。跨国服务公司导致了信息在全球范围内的加速流动,产生了"虚拟"企业这样一种新型的企业组织形式,向世界市场提供产品或服务。在各自专业领域拥有卓越技术的公司利用现代信息技术进行沟通协作,相互联合形成合作组织,可以更加有效地向市场提供商品和服务,迅速扩大市场范围。

跨境电子商务扩大了传统进出口贸易商品范畴。电子商务使一切可以数字化的产品和大多数服务项目进入了国际贸易领域,尤其是一些在传统国际贸易中不可交易或者是由于交易成本太高而难以进行贸易的产品。世界贸易组织积极推进的网络贸易零关税方案,使出口国能充分发挥自身在网络化产品方面的竞争优势,提升外贸竞争力。

跨境电子商务使进出口贸易方式发生变革。电子商务形成了一种现代化的贸易服务方式,这种方式突破了传统贸易以单向物流为主的运作格局,实现了以物流为依据、以信息流为核心、以商流为主体的全新战略。它可以将代理、展销等传统的贸易方式融合,将进出口贸易的主要流程引入网络,为贸易双方提供服务,促进进出口贸易的深入发展,使贸易商品的供需双方可以通过网络直接接触,使得网络信息成为最大的中间商。贸易中间商、代理商和专业的进出口公司的地位相对降低,从而引发了国际贸易中间组织结构的革命。

跨境电子商务的突出优势是降低进出口贸易成本。通过"无纸化"的网络广告可降低促销成本;互联网将产品采购过程与制造、运输、销售过程有机结合降低采购成本;网络直销方式的采用可降低外贸企业的代理成本;标准化、格式化的电子合同、单证、票据等在网络中的瞬间传递,提高了交易效率,降低了签约成本;便捷的网络沟通降低了售后服务成本。

10.1.3 我国跨境电子商务整体发展现状

近年来,受国内外贸易环境的影响,我国传统外贸发展速度明显放缓,而跨境电子商务却保持高速增长。2022年4月27日,网经社电子商务研究中心《2021年度中国跨境电商市场数据报告》显示,2021年中国跨境电商市场规模为14.2万亿元,较2020年的12.5万亿元同比增长13.6%。

在全球五大跨境电子商务市场中,追求产品的多样化及高性价比是消费者进行跨境网购的两大驱动力。热门消费类别中,服装、鞋及配饰稳居榜首,其他热门类别包括健康及美容产品、个人电子产品、计算机硬件及珠宝钟表。此外,各个市场的热门消费类别仍显现出地域性特点。例如,英国消费者更青睐网购机票,德国消费者更偏向于家庭电子产品,巴西消费者则更热衷购买计算机硬件。

1) 监管政策过渡期二次延长带来发展利好

2016年4月8日起,我国正式实施跨境电子商务零售进口税收政策:

(1) 跨境电子商务零售进口商品不再按物品征收行邮税而是按货物征收关税、增值税、消费税。

(2) 公布跨境零售进口电商正面清单,跨境零售进口商品的品类受到一定的限制。

(3) 规定个人购买限额,"跨境电子商务零售进口商品的单次交易限值为人民币2 000元,个人年度交易限值为人民币2万元"。

(4) 跨境进口标准提高,化妆品、婴幼儿配方奶粉、医疗器械、特殊食品等的首次进口需提供许可批件、注册或备案。

虽然跨境监管政策规范调整内容较多,但国家给出了一定的过渡期。经国务院批准,2016年5月11日起,我国对跨境电商零售进口有关监管要求给予一年的过渡期。2017年9月20日,李克强总理主持召开国务院常务会议,会议部署进一步促进扩大就业,指出要加大就业促进力度;要求培育就业新增长点,保障重点群体就业;要求新建跨境电商综合试验区,将跨境电商监管过渡期政策延长至2018年底。过渡期的二次延长给了跨境电商企业更多的调整空间,目前跨境电商整体处于政策利好期。

2) 跨境电子商务行业市场规模不断扩大

中国跨境进口零售电商在2014—2018年呈现爆发式增长。2018—2020年,由于基数较大、贸易摩擦等因素,行业增速趋于平稳。根据艾瑞咨询测算,2020年,中国跨境进口零售电商市场的规模约为2 050亿元,预计在政策、疫情、消费等因素趋于稳定的前提下,未来5年行业年均复合增速可在25%左右。艾瑞预计2025年,中国跨境进口零售电商行业市场规模将突破6 000亿元。如图10-1所示。

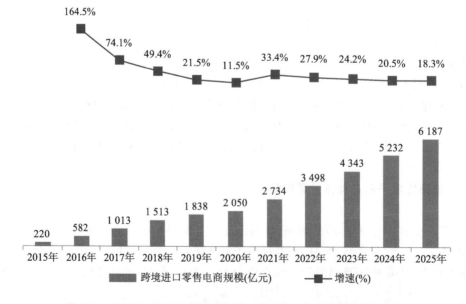

图 10-1　2015—2025年中国跨境进口零售电商行业市场规模及增速

3) 保税备货是目前跨境电子商务主流商业模式

集货模式是直邮模式的升级,差异在于是否集中订单统一发货。中国跨境电子商务从物流模式来看,主要分为保税备货模式和海外直邮模式,其中海外直邮模式根据是否集货分为小包裹直邮和集货模式,如图 10-2 所示。

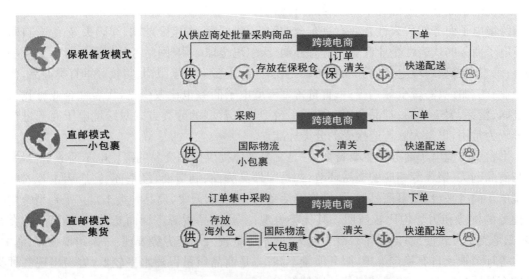

图 10-2　2021 年中国跨境进口电商物流模式对比图

【知识拓展 10.1】

我国跨境电子商务的相关政策

10.2　跨境电子商务商业模式类别

10.2.1　跨境电子商务商业模式类别

1) 按照交易主体属性划分

根据交易主体属性的不同,可将交易主体分为企业、个人、政府 3 类,再结合买方与卖方属性,可将电子商务的类型划分为很多种,其中又以 B2B、B2C、C2C、B2G 的提法最多,可将这种分类方式引入跨境电子商务交易。由于目前的跨境电子商务交易尚未涉及政府这一交易主体,因此跨境电子商务可分为 B2B 跨境电子商务、B2C 跨境电子商务、C2C 跨境电子商务 3 类。其中,B2B 跨境电子商务中具有代表性的是阿里巴巴(为与阿里巴巴集团进行区分,此处的阿里巴巴特指阿里巴巴集团旗下的 1688 全球购物网站);B2C 跨境电子商务中具有代表性的有天猫国际、京东全球购、网易考拉、洋码头等;C2C 跨境电子商务中具有代表性的有阿里速卖通(成立之初为 C2C 模式,后于 2016 年向 B2C 主营方向转型)、海蜜、易贝等。

2) 按照平台经营商品品类

跨境电子商务分为综合平台型、综合自营型、垂直平台型、垂直自营型 4 类。其中,综合平台型跨境电子商务的代表性企业有京东全球购、天猫国际、淘宝全球购、洋码头等;综合自营型跨境电子商务的代表性企业有亚马逊海外购、沃尔玛全球 e 购、网易考拉海购、小红书、兰亭集势等;垂直平台型跨境电子商务的参与者比较有限,主要集中于服饰、美妆等垂直类商品,代表性企业有美丽说、海蜜全球购等;垂直自营型跨境电子商务也比较少见,代表性企业有我买网跨境购、蜜芽、聚美优品、唯品会等。按照平台型与自营型的分类方式对跨境电子商务进行的划分较为常用,也是大家普遍接受的分类标准。

平台型跨境电子商务的主要特征:一是交易主体提供商品交易的跨境电子商务平台,并不参与商品购买、销售等相应的交易环节;二是国外品牌商、制造商、经销商、网店店主等入驻该跨境电子商务平台,从事商品展示、销售等活动;三是商家云集,商品种类丰富。平台型跨境电子商务的优势和劣势均比较鲜明。其优势表现:一是商品货源广泛而充足;二是商品种类繁多;三是支付方式便捷;四是平台规模较大,网站流量较大。其劣势表现:一是跨境物流、海关、商检等环节缺乏自有稳定渠道,服务质量不高;二是商品质量保障水平较低,容易出现各种类型的商品质量问题,导致消费者信任度偏低。

自营型跨境电子商务的主要特征:一是开发和运营跨境电子商务平台,并作为商品购买主体从海外采购商品与备货;二是涉及从商品供应、销售到售后的整条供应链。自营型跨境电子商务的主要优势:一是电商平台与商品都是自营的,掌控能力较强;二是商品质量保障水平高,商家信誉度好,消费者信任度高;三是货源较为稳定;四是跨境物流、海关与商检等环节资源稳定;五是跨境支付便捷。自营型跨境电子商务的主要劣势:一是整体运营成本高;二是资源需求多;三是运营风险高;四是资金压力大;五是商品滞销、退换货等问题显著。

3) 按照商品流动方向

跨境电子商务的商品流动跨越了国家地理空间范畴。按照商品流动方向划分,可分为跨境进口电商、跨境出口电商两类。海关统计数据显示,2021 年中国跨境电商进出口规模达到了 1.98 万亿元,同比增长 15%,其中出口 1.44 万亿元,同比增长 24.5%。可见,我国跨境电子商务交易仍以跨境出口为主,其中又以跨境 B2B 出口为主要形式。顾名思义,跨境进口电商指的是从事商品进口业务的跨境电子商务,具体指国外商品通过电子商务渠道销售到我国市场,通过电子商务平台完成商品的展示、交易、支付,并通过线下的跨境物流送达商品、完成商品交易的电商企业,其代表性企业有天猫国际、京东全球购、洋码头、小红书等;跨境出口电商指的是从事商品出口业务的跨境电子商务,具体指将本国商品通过电子商务渠道销售到国外市场,通过电子商务平台完成商品的展示、交易、支付,并通过线下的跨境物流送达商品、完成商品交易的电商企业,其代表性企业有亚马逊海外购、易贝、阿里速卖通、环球资源、大龙网、兰亭集势、敦煌网等。

4) 按照跨境电子商务企业类型

企业是商业和市场活动中主要的构成要素,也是表现最为活跃的要素之一,在跨境电子商务交易中扮演着重要角色。随着跨境电子商务的蓬勃发展,越来越多的企业涉足该市场,这些企业来自越来越多的行业,不仅包括传统电商企业,也包括传统互联网企业、零售企业、物流企业等。根据行业背景划分,涉足跨境电子商务业务的企业主要包括以下几类:一是全球性电商企业将业务辐射到跨境电子商务业务,其代表性企业有亚马逊、易贝等。二是国内电商企业拓展跨境电子商务业务。国内电商企业成立之初,主要经营或辐射本国市场,为实现持续增长或顺应跨境电子商务发展趋势,其经营范围由本国市场扩展到国外市场,从而发展为跨境电子商务企业,其代表性企业有京东商城、天猫商城、印度的 Zomato 等。三是传统互联网企业涉足跨境电子商务业务,其代表性企业有网易考拉海购、谷歌等。四是传统行业企业进入跨境电子商务市场。传统企业在电商发展的推动下,不再满足于原有实体渠道,纷纷将触角延伸到电商领域,并逐渐步入跨境电子商务市场,该类企业主要以传统零售业为主,其代表性企业有沃尔玛、家乐福、麦德龙、家得宝、劳氏等。五是专营跨境电子商务业务企业。该类企业系为经营跨境电子商务业务而成立的专业跨境电子商务企业,其成立之初就定位于跨境电子商务市场,代表性企业有全球速卖通(AliExpress)、洋码头、兰亭集势、敦煌网等。六是物流企业拓展跨境电子商务业务。一些物流企业凭借自身在跨境商务生态系统中的物流资源优势,实现多元化发展,立足于物流网络,进入跨境电子商务市场,其代表性企业有顺丰海淘、科努瓦(CnovaBrasil)等。七是社交网络企业尝试进入跨境电子商务市场。社交网络在跨境电子商务市场中的价值和地位不断提高,特别是年轻消费群体热衷于使用社交网络,为一些社交网络企业提供了发展机会,其代表性企业有脸书(Facebook)等。

10.2.2 跨境电子商务主流交易平台

2018 年 5 月 21 日,国内知名电商智库——电子商务研究中心(100EC.CN)发布《2017 年度中国出口跨境电子商务发展报告》。报告显示,目前出口跨境电子商务平台主要由以下几类构成:

(1) B2B 类 主要有阿里巴巴国际站、环球资源、中国制造网、敦煌网、大龙网、拓拉思、领工云商、大健云仓、宝信环球、全球贸易通。

(2) B2C 类 主要有亚马逊全球开店、eBay、全球速卖通、Wish、Shopee、SHEIN、安克创新、环球易购、棒谷科技、有棵树、联络互动、通拓科技、赛维时代、兰亭集势、执御、傲基、蓝思网络、万拓科创等。

(3) 第三方服务企业 主要有一达通、卓志、嘉云数据、世贸通、SHOPLINE、泛鼎国际、小笨鸟、启橙电商、纵腾集团、运去哪、递四方、斑马物联网、Paypal、PingPong、连连支付、领星、店匠、易仓科技等。

1) 亚马逊(Amazon)

亚马逊(Amazon)全球业务涉及三大地区、10 个国家站点,其中北美站包括美国站、加拿大站、墨西哥站 3 个站点。欧洲站包括英国站、德国站、法国站、意大利站、西班牙站 5 大站点。日本站仅日本亚马逊站点。所以,亚马逊专业卖家的收费结构=月租金+销售佣金。北美站的月租为 39.99 美元/月,佣金也是根据不同品类来收取不同比例的金额,一般为 8%~15%。欧洲站的月租为 25 英镑/月,佣金也根据不同品类来收取不同比例的金额,一般为 8%~15%。日本站为 4 900 日元/月(合约人民币 309 元),销售佣金 8%~15%。

亚马逊走精品化路线,不适合大批量铺货,有平台自主物流系统 FBA,8 000 万 Prime 会员客户,质量高,流量大,全球站点多,利润高。但如果想要在亚马逊平台获得成功,就必须使用 FBA 配送,同时也能获得购物车。可是一旦选择 FBA 配送,就意味着你需要囤货,这其实是有一定风险的,我们都知道货是在亚马逊仓库,一旦账号出现问题,或者选品不正确都有可能导致发出去的产品变成库存。

随着现在亚马逊竞争进入白热化阶段,越来越多的商家涌入亚马逊平台,为了能在平台上面获得一个比较好的排名,商家得给自己的新产品做各种测评以及广告,CPC 成本(每点击成本)也就越来越高,转化率在逐渐变低。亚马逊对仿品审查非常严格,对产品质量要求较高,需要各项证书等。

2)eBay(易趣)

eBay(易趣)算是一个非常老牌的北美电商,一个做拍卖二手货起家的电商平台。众所周知,eBay 卖家刊登 listing 需要缴纳一定的刊登费,不过卖家们每个月可以获得一定的免费刊登额度(不同类型卖家,免费额度也不同),当你的 listing 刊登超过了免费刊登数量,才会收取每条 0.3 美元的刊登费。对于免费的部分,有些品类或产品是不参加的。

当卖家成功售出产品后,eBay 会收取一定的成交费。eBay 成交费基于买家支付的费用来计算,包含了产品费用和物流费用。在没开店铺的情况下,绝大部分产品的成交费是收取销售总额的 10%,但最高不超过 750 美元。注意:在美国站,若您的账号销售表现跌落到 below standard seller,则成交费收取的费率会有一定比例的上涨哦!如果卖家订阅了店铺,那么刊登费和成交费会有一定程度的优惠。PayPal 会根据销售额收取一定比例的费用,不过最近 eBay 宣布即将和 PayPal 结束合作关系,由新的支付平台荷兰公司 Adyen 取代。相对来说,eBay 门槛低,收款容易,买家多,风险小。但是,eBay 非常偏向买家,对上网时效非常严格,利润相对也比较低,并且需要大量的 SKU(Stock Keeping Unit,库存保有单位),新账号有额度限制,需要慢慢往上调。

3)Wish

Wish 是 2011 年成立的一家高科技独角兽公司,有 90% 的卖家来自中国,也是北美和欧洲最大的移动电商平台。它使用一种优化算法大规模获取数据,并快速了解如何为每个客户提供最相关的商品。Wish 旗下共拥有 6 个垂直的 App:Wish、Geek、Mama、Cute、Home、Wish for Merchants。在 Wish2020 年财务报告中,其中值得注意的两个数据分别为 Wish 在 2020 年全年的每月活跃用户同比增长 19%,超过 1.07 亿;根据 Sensor Tower 的数据预测,全球跨境移动电商平台 Wish 以 1 380 万次安装量成为 2020 年 1 月全球下载量最高的购物类应用,相较 2019 年 1 月下载量同比增长 38%。在 2020 年 12 月份,Wish 成功公开募股上市,给其带来了更好的发展机遇。据悉,欧美移动电商 Wish 目前估值超过 112 亿美元。目前有超过 100 万的商人通过 Wish 平台进行产品展示及销售,每天销售超过 300 万种产品。2022 年 3 月 2 日,Wish 母公司 ContextLogic 公布了 2021 年全年财务业绩。截至 2021 年 12 月 31 日,平台营收为 20.85 亿美元,较去年 25.41 亿美元下降 18%。为实现公司长期及稳定发展,Wish 宣称将精简全球员工,以改善用户体验、深化商户关系、提高组织效率。

在 Wish 购物的客户能够买到很多有趣且低价的东西,并且还能从平台拿到特别的优惠。Wish 是一个纯粹的在线市场,卖家自己负责发货,具有出单速度快、上传产品非常简单、收款容易、不需要特别多的运营技巧等优点,但相对来说客单价非常低,需要上传大量的 SKU,欺诈客户多,虽然平台也在尽全力阻止这种情况,但完全以买家为准则,太偏袒客户,仿品审查严格,被抓到关店封号钱也拿不回来。

4) 速卖通(AliExpress)

速卖通,即全球速卖通,是阿里巴巴旗下面向全球市场打造的在线交易平台,被广大卖家称为国际版"淘宝"。本土化平台使其更接地气,背靠阿里国际站,流量特别大,在俄罗斯知名度高,但入驻门槛高,最低需要 1 万元人民币保证金。阿里系平台需要做大量的直通车烧钱广告,客单价太低,价格战严重,利润低,只能走量为主。

【知识拓展 10.2】

我国跨境电子商务综合试验区的建设

10.3 跨境电子商务物流管理

在 2016 年跨境电商新政实施前,对跨境电商零售进口的商品视为"物品"而非一般贸易的"货物"进行管理,税收方面对跨境电商零售进口征收行邮税,而非一般贸易的关税、增值税等,且应征税额低于人民币 50 元可以免征。我国陆续设立宁波、郑州、上海、重庆、杭州、广州、深圳、福州和平潭等 9 个跨境电商进口试点城市。这些城市皆可开展网购保税进口业务,即"跨境零售进口直邮模式"和"跨境零售进口保税备货模式"。

直邮模式是指国内消费者在电商网站购买境外商品后,由电商海外仓库直接发送包裹,邮寄给国内消费者;保税备货模式则指电商企业从境外集中采购货物,运至国内海关特殊监管区域内备货,国内消费者从其网站购买商品后,电商直接从海关特殊监管区发货,送达消费者手中。这两种模式的跨境商品在"一线"进区时无须验核通关单,也无须缴税,在"二线"出关时才需要电商企业向海关系统发送"物流信息""订单信息"和"支付信息",同时进行清单申报和缴纳行邮税。政策的宽松使得跨境零售进口获得了爆发式增长,但同时也出现了诸如"蚂蚁搬家"等偷税漏税的问题,行业发展秩序亟待规范。

10.3.1 跨境电子商务直邮物流模式

直邮主要分为 EMS 直邮、个人快件和 BC 直邮三种模式。

1) EMS 直邮

EMS 的好处是速度相对较快,也比较稳定。对跨境电子商务来说比较关键的一点就是,除了抽查,它基本上是不用缴税的。而 EMS 的劣势也比较明显——价格较高。

EMS 也分不同种类,如日本邮政、韩国邮政、新加坡邮政等。不同地区的 EMS 有着各自的政策,比如有的物流服务商就将商品发到香港或台湾邮政,再利用两岸的相关政策得到一些优惠。

2) 个人快件

个人快件原则上是海外的个人发给国内的个人,用于自身使用的物品,因此这些物品都不需要备案,也不会受到正面清单的约束,这也是个人快件最主要的特点。但个人快件的税率很高,根据商品类型分别有15%、30%和60%三档税率,虽然有50元的免征额度,但综合来说依然比跨境电子商务综合税高得多。此外,个人快件清关很不稳定,会使消费者的体验大打折扣。

3) BC直邮

BC直邮又称保税直邮,是国家主推的一种方式。它相对较快也较稳定,并且合法合规。但每一单都必须缴税,需要进行备案,并受到正面清单的限制。

对于中小平台和卖家来说比较头疼的一点,是BC直邮必须与海关进行系统对接,进行物流、支付和订单的比对。这里面的技术问题是必须要解决的。

但BC直邮在各个口岸都有一些专业的公司提供相关的对接服务,如菜鸟、京东等。它们的系统已经与海关进行了对接,可以让平台上的卖家或者中小型的平台直接使用BC直邮。这也帮助国家征收到更多的进口税,有利于行业的发展。

(1) 直购进口模式　2014年2月,杭州跨境电子商务试点首批"直购进口"模式商品顺利进境。该模式面向国内消费者,提供全球网络直购通道和行邮税网上支付手段。消费者通过跨境贸易电商企业进行跨境网络购物交易,并支付货款、行邮税等,所购买的商品由跨境物流企业从境外运输进境,并以个人物品方式向海关跨境贸易电子商务通关管理平台申报后送至消费者手中。同时,电子税单也将投递至消费者注册时使用的电子邮箱。其主要涉及的参与者有境内消费者、跨境电子商务企业、支付企业、物流企业、跨境贸易电子商务服务平台、海关等相关企业和政府部门。其中,境内消费者需在跨境贸易电子商务服务平台实名注册,电商企业、支付企业、物流企业需提前在海关备案。

(2) 网购保税模式　网购保税进口模式主要依托海关特殊监管区域的政策优势,在货物一线进境时,海关按照海关特殊监管区域相关规定办理货物入区通关手续;二线出区时,海关按照收货人需求和有关政策办理通关手续。针对特定的热销日常消费品(如奶粉、平板电脑、保健品等)向国内消费者开展零售业务,将自贸区内商品,以整批商品入区,根据个人订单,分批以个人物品出区,征缴行邮税。网购保税进口商品及购买金额限制等问题具有以下规律性:一是试点商品为个人生活消费品,但国家禁止和限制进口的物品除外;二是行邮税的征收以电子订单的实际销售价格作为完税价格,参照行邮税税率计征税款;三是参与试点的电商、仓储等企业需在境内注册并能实现与海关等管理部门的信息系统互联互通。

【知识拓展10.3】

宁波保税区的"保税进口"模式

10.3.2 跨境电子商务海外仓物流模式

海外仓物流模式是指跨境电子商务平台运营商、第三方物流公司独自或共同在本国以外地区建立海外仓库,卖家将货物通过传统外贸方式采用海运、空运等形式运输并存储到国外仓库,当海外买家网上下单购买商品时,卖家通知国外仓库对商品进行分拣、包装、派送。这种方式一是可采用运费较低的海运运输,提早将货物储存于海外仓库,节约了物流成本;二是使本需从本国发送的货物直接从海外仓库配仓运送,一般情况下从发货到收货只需1~3天,大大缩短了物流时间。但并非所有货物都适合海外仓方式,一般销量好、周转快的商品较为适合,否则容易出现压仓的情况。此外,使用海外仓储方式,需要提前备货仓储,占压卖家资金,增加仓储费用。建海外仓成为跨境电子商务的发展趋势。近年来迅速兴起的海外仓使跨境电子商务在海外市场提供本土化服务成为可能,并将成为推动跨境零售出口加速发展的新动力。对从事跨境零售出口的卖家来说,以往大多通过类似国际小包快递方式,将货物快递给国外消费者,这种方式的缺点非常明显:费用贵、物流周期长、退换货麻烦,还有各种海关查扣、快递拒收等不确定因素,由此造成客户体验差,长期下去还会限制卖家扩张品类。解决小包物流成本高昂、配送周期漫长问题的有效方案,就是在海外设立仓库。海外仓的本质就是将跨境贸易实现本地化,提高跨境卖家在出口目的市场的本地竞争力。通过使用海外仓,中国卖家将在提高单件商品利润率、增加销量、扩充销售品类、降低物流管理成本、提升账号表现等方面得到显著提升,这最终还将促进跨境电子商务产业由价格战逐渐变成良性的服务竞争。跨境电子商务出口零售未来一定是"海外仓+自营",把仓储建到目的国去,通过一般贸易、集装箱把主要货物拉到海外仓库,当网上消费者下单之后,通过当地物流配送直接送给消费者,这样可以显著降低物流成本。国内各大跨境电子商务平台也开始纷纷布局海外仓。例如,阿里巴巴旗下菜鸟网络公司,已着手建立覆盖全球五大洲的海外仓储网络和航空干线资源能力,在全球各个重要城市设置仓库节点。

10.3.3 跨境电子商务物流配送方式

跨境电商卖家业务开始有订单时,首要考虑的问题就是选择哪种快递物流模式把货发到国外去。一般来讲,小卖家可以通过平台发货,也可以选择国际小包等渠道。但是大卖家或者独立平台的卖家,需要优化物流成本,考虑客户体验,整合物流资源并探索新的物流模式。

1) 邮政小包

邮政小包是万国邮联邮政产品体系中的一项基本业务,即通过万国邮联体系采用个人邮包方式收发、运送货物。我国跨境电子商务中70%左右的业务使用邮政小包配送,常用的有中国邮政小包和新加坡邮政小包,其中中国邮政小包占业务量的50%左右。借助基本覆盖全球的邮政网络,邮政小包的物流渠道能延伸到全球各主要城市,这是其最大的优势。另外,中国邮政为国有企业,享受国家税收补贴,虽然随着近年政策的调整,运费价格在不断上涨,但相比国际快递等物流方式,其运价相对低廉。例如,中国邮政小包以前邮递至美国的价格为50元/kg,2013年涨价后为90元/kg,而采用国际快递的话,运费在200元/kg以上。

邮政小包限制单包质量、速度较慢、丢包率高、非挂号形式无法跟踪商品、无法享受出口退税是其存在的问题。虽然理论上邮政小包的运送时间一般在15~30天，但实际运送时间半数以上均超过30天。邮政小包若通过非挂号形式发出，中国海关显示通关后无法跟踪邮件后续信息，容易造成较高的丢包率；若采用挂号形式，则需要另缴挂号费，增加了成本。邮政小包以个人行邮方式进出关境，在自用合理范围内进境无须缴纳进口税，同时出境也无法享受出口退税。

2) 国际快递

国际快递方式主要是指由 FedEx(联邦快递)、UPS(联合包裹)、DHL(敦豪)、TNT 4 大跨国快递公司提供的全球快递物流服务。这些国际快递公司拥有自己的运送机队、车辆，设有地区航空中转站，签约有服务机场，在全球主要城市自建投递网络，配以现代化的信息管理系统支撑，具有信息传递失误率较低、丢包率低、能时时进行邮件跟踪、配送速度快、服务较为完善等优势。但国际快递的收费较高，特别是到偏远地区的费用更是昂贵。以 2 kg 邮件为例，采用 FedEx 从我国邮寄到美国，最快 48 h 内可以送达，但运费 200 元以上。除非客户对时效性要求较强，一般使用国际快递方式运输的跨境电子商务很少。此外，国际快递主要采用航空运输，对商品的要求也比较高，不适合航空运输的商品，如含电类商品就不能采用国际快递。目前，国际快递在跨境电子商务物流中所占份额相对较小。

近年来，我国国内快递公司也开始积极开拓国际市场。我国邮政的 EMS 业务，属于万国邮联管理下的国际邮件快递服务，依托邮政网络，可直达全球多个国家，并且在航空、海关等部门享有优先处理权，通关能力较强。顺丰、韵达等快递公司，近年逐步开通了到美国、日本、新加坡等国家的快递服务。国内快递公司的跨国业务，优势在于费用较国际快递低廉，速度比邮政小包要快，但因起步较晚，覆盖城市有限，服务体系有待提高。

3) 专线物流(含铁路专线)

跨境专线物流是针对某一国的专线运输，其主要是采用航空包舱的方式将商品运送到国外目的国，再通过目的国合作公司送达目的国终端客户。其优势是通过到同一目的地的规模运输使运费较国际航空快递便宜，丢包率较低，通关服务专业效率高。时效性较国际快递稍慢，始发国机场到目的国机场的物流速度较快，但邮件到达目的国后最终派送到终端客户手中的时间受目的国合作公司效率的影响。专线物流国内发货时间基本固定，若终端客户所在地较远，合作公司网点不完善，容易出现"最后一公里"运送延误。同时，由于专线物流覆盖地区有限，当到某一国家或地区的货物较多时，可开通专线物流，以集中运输。我国市场上最多的专线物流目的国也是我国主要贸易伙伴国，如美国专线、欧洲专线、澳洲专线、俄罗斯专线等。跨境电子商务若专注于某国市场，可以选择专线物流。

跨境铁路专线方面，我国于 2010 年和 2013 年分别开通了"渝新欧"国际货运铁路专线和"郑欧班列"，从我国重庆、郑州始发，经西安、兰州、乌鲁木齐，从新疆阿拉山口出境，再经哈萨克斯坦、俄罗斯、白俄罗斯、波兰等国，分别到达德国的杜伊斯堡和汉堡。国际货运铁路专线的开通，加之我国海关给予的通关便利，大大缩短了我国到欧洲的距离，以及降低了成本，并且适用于大体积、大批量货物的运输。以郑欧班列为例，途经五国，全程运行时间为 16~18 天，与邮政小包物流时间相差无几，比海运节省 20 天左右的时间，费用是航空运输的 1/3。其发展劣势除覆盖地区受限外，运输节点的阿拉山口冬、春季常有大风，恶劣的天气可能会延长交货时间、增加丢货风险。

4）海外仓储物流

海外仓储服务指为卖家在销售目的地进行货物仓储、分拣、包装和派送的一站式控制与管理服务。确切来说，海外仓储应该包括头程运输、仓储管理和本地配送三个部分。

（1）头程运输　中国商家通过海运、空运、陆运或者联运将商品运送至海外仓库。

（2）仓储管理　中国商家通过物流信息系统，远程操作海外仓储货物，实时管理库存。

（3）本地配送　海外仓储中心根据订单信息，通过当地邮政或快递将商品配送给客户。

【知识拓展 10.4】

跨境电子商务物流海关检验检疫

10.4　跨境电子商务支付

10.4.1　跨境电子商务支付概述

跨境电子商务涉及买卖双方，在商品流动的同时，必然会发生资金的跨境流动，由此产生跨境电子商务的支付结算，由于国家对外汇的管制和进出口贸易政策，支付业务发生的外汇资金流动，必然涉及资金结售汇与收付汇。

跨境支付作为跨境电子商务资金流动的主要形式，承担着保障交易资金安全、保护买卖双方合法权益的责任。跨境支付大体分为收、支两条线，收款线是指国内卖家通过跨境支付机构回笼销售商品或服务货款的收结汇业务，如图10-3所示；支出线是指国内买家通过跨境支付机构支付购买境外商品或服务货款的购付汇业务，如图10-4所示。全球商品市场基本处于买方市场时代，作为买方对于跨境支付方式的选择有较大自主权，相对而言，卖方话语权较小，大多数第三方跨境支付机构向卖方收取佣金、账户管理费、提现费等费用。

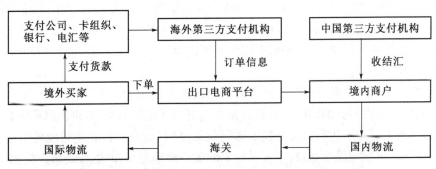

图 10-3　出口电商平台第三方支付机构收结汇业务流程图

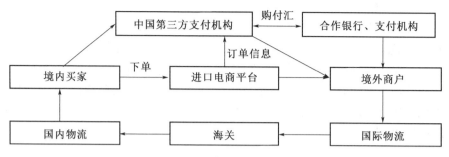

图 10-4 进口电商平台第三方支付机构购付汇业务流程图

跨境支付方式主要分为线上与线下。在线支付包括各种第三方电子账户、国际信用卡、银行转账等多种支付方式,在线支付受到额度管制,适用小额跨境电子商务零售。另一种是线下支付,如电汇、信用证等,大多适用于大额跨境电子商务交易。

在进口跨境电子商务业务中,当境内买家下单并通过第三方支付机构支付货款后,由我国第三方支付机构代客户申请将人民币兑换为外币向境外商户支付。

在出口跨境电子商务业务中,中国第三方支付机构主要负责将外汇结算成人民币付给境内商户。

我国跨境支付实体主要分为两类:一类是以电商平台为依托的自有支付品牌如支付宝;另一类是独立的第三方支付机构,如快钱。无论是何种类型的跨境支付企业,都是以支付圈覆盖达到一定程度为基础。跨境支付的竞争舞台不止在国内,我国跨境支付企业应积极参与国际竞争,努力为国内外客户提供价值。

10.4.2 国际银行卡跨境支付

近年来,随着我国经济稳步增长、自然人跨境往来频繁,加之电子商务的蓬勃发展以及中国银联国际化步伐的加快,银行卡跨境使用规模大幅攀升。银行卡跨境支付,是指出于自然人跨境旅游、商务交流、消费以及取现(包括 ATM 取现和柜台取现)等,引起银行卡跨境支付结算、结售汇以及跨境清算等行为。

当前,银行卡跨境支付所采用的清算渠道可分为 4 类:通过国际银行卡组织跨境清算,通过中国银联跨境清算,通过委托清算行参与清算,通过银行自有渠道进行清算。

1) 通过国际银行卡组织跨境清算

(1) 境内卡在境外使用的清算流程 当持卡人在境外使用银行卡,产生使用数据后,为持卡人提供服务的银行通过国际银行卡组织,与国内银行卡的发卡总行取得联系,进行清算。国际银行卡组织作为中间桥梁,直接扣划银行卡的国内总行在国际银行卡组织中的清算账户,以此完成境内卡在境外的清算。

(2) 境外卡在境内使用的清算流程 若在境内消费的银行卡属于境外卡,则产生使用数据后,由为境外卡提供服务的国内银行将数据传送给国际银行卡组织,再由国际银行卡组织将数据转发给境外卡的发卡银行。境外发卡银行收到使用数据后,首先要对境外卡的使用数据进行审核,在确认审核无误后,对持卡人银行卡的账户余额进行扣除,或是减少信用额度。

(3) 境内卡境内使用清算流程 境内卡在境内使用的过程中,有以下两种情况需要通过国际银行卡组织进行清算：第一种是境内银行发行的外币卡；第二种是"误抛"交易，也就是境内银行发行的外币卡在境内使用，但是，被收单银行误认为是外币卡，然后将其转至国际银行卡组织进行清算。

2) 通过中国银联跨境清算

（1）境内卡在境外使用，通过中国银联进行清算　具体而言，是指我国境内的银行本行发行的银行卡，在境外使用产生数据，然后通过中国银联，进行集中清算。

（2）境外银行卡在境内使用，并通过中国银联进行清算　我国境内的银行卡，在境外消费、结算，以及境外的银行卡，在我国境内使用，两者通过中国银联进行清算。此时，资金在中国银联和境外银行之间进行跨境流动。

（3）境外的银行卡在境内使用，并通过中国银联组织进行清算　此种情况下，中国银联看作是国际银行卡组织中的主要成员，而我国国内的银行看作是中国银联的分支成员，以此种身份参加资金的清算。此时，资金在中国银联和国际银行卡之间进行跨境结算。

（4）境外银联卡在境外使用，通过中国银联结算　此种情况下，境外的银行卡在境外使用，但由于某种原因，被境外的银行错误判定为是我国的境内的银行卡，然后转交给中国银联，此时，资金在境内进行清算。

（5）花旗模式　所谓花旗模式，是指清算双方交换市场模式。花旗模式主要用于花旗银行的银行卡，此类银行卡可以在通过中国银联的清算渠道在我国境内使用；或是在境外通过国际银联卡组织进行清算。两种情况的资金流动分别在中国银联和境外银行之间，以及中国银联和国际银行卡组织之间。

3) 通过委托清算行参与清算

此种情况，我国境内提供服务的银行与境外银行形成委托关系，委托其参与国际银联卡组织之间的清算，境内银行不作为国际银行卡组织中的一员。此时，资金在境内银行和境外委托银行之间流动清算。

4) 通过银行自有渠道进行清算

此种情况，利用银行的 ATM 机和 POS 机，通过直接连接和间接连接两种方式，将其与银行卡组织进行连接。直接连接就是将交易终端直接与卡组织进行连接；间接连接就是将交易终端通过其他桥梁与卡组织进行连接。

10.4.3　跨境电子商务第三方支付

根据《非金融机构支付服务管理办法》，跨境电子商务的第三方支付是指：一些和产品所在国家以及国内外各大银行签约，并具备一定实力和信誉保障的第三方独立机构提供的交易支持平台。

第三方支付这几年发展非常迅速，已经渗透到消费者生活的方方面面，网络支付账户功能也不断开疆拓土，从简单存款业务渗透到理财、资金管理、清算，在金融业的角色越来越多。银行和支付机构不存在业务上直接的冲突，各自定位不同，大家共同构成了这个社会的金融体系，相互补充，不断融合。在政策支持下，跨境电子商务第三方支付试点工作启动以来，试点支付机构不断增多，前景看好。

在跨境电子商务交易过程中，第三方支付机构扮演的角色一定程度上代替了银行的部分职责，在资金的支付、保管等方面提供金融服务。第三方支付机构通过为消费者提供技术服务等方式,介入资金存管。2013 年 9 月,国家外汇管理局发放了首批 17 张跨境支付牌照。2014 年,第二批共 5 家第三方支付平台获得跨境支付牌照。进入 2015 年国家外汇管理局允许部分拥有支付业务许可证且支付业务为互联网支付的第三方支付公司开展跨境业务试点。截至 2015 年底,获得该资格的支付平台数量为 27 家。直至 2017 年春季,拥有跨境支付资格的支付平台数量达到 30 家,如图 10-5 所示。

图 10-5 跨境支付牌照

【知识拓展 10.5】

PayPal 发布 2020 财年第四季度业绩报告

10.5 跨境电子商务海外营销

10.5.1 跨境电子商务独立站营销

独立站运营指的是企业自己建立一个电商平台(PC 网站、App 等)进行交易。目前我国跨境电子商务企业主要依靠电子和服装两大优势品类建立了一批优势垂直网站,其中电子类站点的主要代表为环球易购旗下 Gearbest、棒谷科技创立的 Banggood;服装类站点主要包括 Shein 平台、环球易购旗下 Zaful 网站、浙江执御创建的中东电商 Jolly Chic。

2016 年中国跨境电商独立站市场规模仅为 0.2 万亿元,2020 年该数字上涨为 0.8 万亿元,预计到 2025 年市场份额将从 2020 年的 25.0%上升至近 50.0%。

独立站具有一定的优势。第一,塑造企业品牌,通过独立站域名或者 App,可以不断累积企业品牌,既可以提升产品的消费者信赖度,又可以为品牌赋能做好铺垫(就像京东从自营开始,做开放平台后,其品牌优势可以赋能于入驻的品牌商)。第二,实现数据安全和增值,将数据 100% 留存在自己手里,实现数据安全和增值。目前第三方平台只开放了部分数据,并且很多核心的用户数据是不对卖家开放的,但是在独立站上,所有数据都属于企业,企业除了对数据的安全性有掌控之外,还可以实现数据的二次开发,源源不断地挖掘数据价值。第三,避免规则制约,自主权高。由于平台是自营,灵活性非常高,不必担心平台规则的变动会影响运营,同时可以通过产品设计,提高商品的溢价空间。第四,降低成本,交易佣金成本低,减少了向第三方平台缴纳的交易佣金或年费,同时在支付端的服务费用也相对低廉。

独立站的核心难点其实是运营和流量获取。这也是导致很多跨境电子商务企业独立站做不起,甚至亏损的原因。独立站的运营与在第三方平台的运营不同。第三方平台的运营是基于平台的规制和平台用户的属性来决策执行的,是对商品的运营。但独立站是从零开始的,它要面向的消费群体、平台的属性、用户的购物体验等,全都是要企业自己设计的,等于企业既要运营平台还要运营商品,这对企业的运营提出非常高的要求。流量推广是独立站最烧钱的地方,流量成本持续支出是导致很多独立站无法生存的原因。其实独立站的流量从 ROI 的角度来看,只要 ROI 高,那么流量成本的价格就低。流量的价值核心指标在于转化率,没有好的转化率,再多的流量进入网站也是白费。所以,要做好流量推广:第一步是做好引流,引流的方式有很多,像 Facebook 商业广告、谷歌 Adwords、KOL、信息流、再营销、DSP、SEO 等,但不同的流量来源,流量的"质量"也不一样,需要将"平台-商品-流量属性"三者进行匹配,确定最优的流量来源。第二步是做流量转化,流量转化可以分为展示量—点击率—下单率—复购率,最后形成交易。在每一个环节都要做优化,从展示方式、图片设计到支付设计都要做好用户体验,这部分非常考验精细化的运营。

10.5.2　跨境电子商务交易平台营销策略

平台交易模式就是第三方跨境电子商务卖家在亚马逊、eBay、速卖通等国际电商大平台上,开设网络店铺销售品牌产品或其他产品。本节将借助 4P 营销策略及 4C 营销理论(即消费者、成本、便利和沟通)对跨境电子商务交易平台进行营销策略分析。

1) 产品策略:商品品种要丰富,质量品质能保证

受收入水平的影响,初始阶段跨境电子商务平台的主要消费群体是白领和家庭主妇,其消费产品大多集中在电子产品、服装、美妆、母婴用品上。但随着人们生活水平的提高,越来越多的人追求高品质的商品,所需商品种类越来越多,已有的大多数商务平台还不能较好满足此类需求,大多是只针对母婴、美妆、数码类的垂直模式,下一阶段为满足消费者对产品多样性的需求,平台需要逐渐向综合类转型。其次,根据 2016 年"3·15"晚会曝光的信息:国家质量监督检验检疫总局 2015 年对跨境电子商务渠道进口的儿童用品质量进行抽检,总计抽样 654 批,检出不合格 217 批,不合格率约为 33%。从上述数据可以看出,如火如荼的跨境电子商务目前的市场还不完善,有很多漏洞导致产品问题百出。跨境电子商务作为中国进出口贸易未来的中流砥柱,对这一问题需要付出更大的努力,保证跨境电子商务商品的质量,否则就会丧失对消费者的吸引力。从产品的质量着手赢取消费者的口碑和信任感,不仅对品牌的树立有一定的积极作用,还增强了消费者对平台的信任,有利于培养顾客忠诚度。

2) 价格策略:价格实惠是关键,关税多少易计算

在跨境电子商务市场中,消费者在购买海外商品时,减少了交易环节、降低了交易成本,并通过平台产生规模效应,使得消费者在购物时从价格上享受到了较高的服务体验。

虽然消费者对商品的价格不敏感,但在实际购买中,价格仍会影响消费者决策。2016年4月8号进行税改之后,各平台的商品均出现了或多或少的涨价现象,其中中国消费者最热衷于购买的奶粉涨价比例最高,京东全球购中成人奶粉的涨价率高达60%,而婴幼儿奶粉也有43.83%的商品涨价。虽然平台短期内会承担税费,然而最终依然会通过价格转嫁到消费者头上。虽然税改对跨境电子商务的价格优势造成了一定的冲击,但是相对于实体店,其价格优势还是大大存在的。

一般商品的价格由零售商决定,但针对海外商品,较为复杂的就是关税的征收,其透明度较差,计算方法复杂,这很大程度影响了消费者的购物体验。税改会把跨境电子商务未来的不确定性打消。税是非常公平的,消费者纳税,由平台代缴代扣,消费者在结账的时候就清楚地知道自己交了多少税。这对中国的零售业会是一个很大的革新。

3) 渠道策略:公开渠道有风险,海外仓、体验店等来帮忙

提到产品的品质,首先要保证的就是产品渠道。目前有多家跨境电子商务平台被曝光产品的假冒伪劣现象,造成了消费者的信任危机。针对这一问题,多家平台开始尝试公开供货商、公开进货渠道等方式来赢取消费者的信任。这一做法无疑会进一步增加企业的成本,在"渠道为王"的规则下,企业将面临越来越大的竞争压力。

针对目前渠道的瓶颈问题,通过海外仓、体验店等方式可以进一步拓宽营销渠道。以海外购为例,其旗下友谊商店、友谊商城、阿波罗商业广场、友阿春天、友阿百货、友阿奥特莱斯等多家大型百货商场中已经开设体验馆,为消费者提供购买前的体验服务,同时,这些体验店也承担着友阿海外购线上所售商品的售后服务,消费者如有任何疑问均可立即获得解决。这一模式可以被其他平台借鉴,在拓宽营销渠道的同时也解决了跨境电子商务业务中退换货等较为复杂的售后问题。

4) 促销策略:包税留人心,促销保证量

促销的实质就是企业与顾客之间的信息沟通。促销的成功与否在于沟通的艺术与效果。之前,由于国家政策的扶持,在税收方面有着较大的优惠,各大商家打出"包邮"的促销口号,而在2016年4月8日税收政策调整之后,80%的商品从税收层面增加了产品价格。针对这一问题,企业艺术性地把"包邮"促销口号转变为"亲!我们包税哦"。其次,还有不少平台对高税产品,如尿不湿、奶粉等进行了限时促销活动。但是享受此服务必须满足一定的条件,这些商品大部分都以套装的形式出售,消费者需要一次性购买三四件才能享受优惠。有一位电商行业人士认为:现在的竞争局面下,我们会尽量避免消费者支出增加,税改带来的成本增加需通过平台本身来消化。因此,目前的促销目的是保证销售量的稳定和增长,在量的基础上进一步优化商品结构,提高平台的盈利能力和顾客的消费体验。

5) 4C理论与顾客让渡价值分析:顾客满意最大化,时间成本尽量小

4C理论强调的是顾客总价值最大化来达到顾客满意度最大化。跨境电子商务的主要消费群体是80后、90后,购买商品的关注点不仅有品质优良、品类多样,更多的还有个性化需求和服务。平台可从个性化需求入手,提高顾客价值,增大顾客满意度并吸引更多的消费者。顾客成本不仅包括顾客为购买商品所付出的货币成本,还包括顾客的时间成本、精神成本以及体力成本。消费者通过平台来购买外国商品,主要便利是节约了购物的时间成本,但是由于跨境

物流发展跟不上跨境电子商务的脚步,消费者购买商品最迟需 80 天才能收到货物,使消费者的时间成本增加,便利性减弱,严重影响了消费者的购物体验。目前通过保税区的政策以及建立海外仓可以一定程度解决此问题。消费者迟迟收不到货物,也使得消费者的精神成本大大增加,这里就需要平台与消费者建立良好的沟通机制,在其他方面做出努力,使精神成本不至于大幅度地影响顾客的消费体验。

【知识拓展 10.6】

基于云平台的跨境电子商务整合平台——小笨鸟

10.5.3 大数据在跨境电子商务中的应用

利用电子商务大数据,可以使每个跨境电子商务企业全方位地参与到跨境电子商务整个生产、销售、消费的过程中。

1）数据优化市场选品与供应链管理

（1）数据优化市场选品　在大数据时代,利用海量数据不仅有利于店铺运营优化,还能了解企业目前所处的行业环境,从而抓住更多发展机会。在跨境电商平台中,选品至关重要。下面以速卖通平台为例,阐述通过数据维度选品的主要方法。

速卖通平台的数据分析工具包括站内工具和站外工具,其中,站内工具有:"数据纵横"可以查看平台各行业的交易状况、买家分布、热卖商品、热搜关键词等数据；"行业情报"可了解速卖通各行业的市场情报（如流量占比、订单占比、竞争力、上架产品数、平均成交单价、买家国家分布等）,为店铺经营指导方向；"选品专家"提供了速卖通的热卖产品及热门关键词数据,是选品、取名、定价必备的数据工具。

站外工具有：Google insight for search,可以查询产品关键字的海外搜索量排序,产品在不同地区、季节的热度分布及趋势；Google adwords,可以查询关键字和相关关键词的海外搜索量,找到热卖的品类；eBay Pluse,方便查看美国 eBay35 个大类目下被买家搜索次数最多的前 10 关键字,进入某个大类目下可以查看二级、三级、四级……类目下被买家搜索次数最多的前 10 关键字；Watcheditem,方便查看美国 eBay 各级类目下热卖的商品；Watchcount,查看 eBay 各国站点关注度最高的商品。

（2）数据驱动供应链管理　随着互联网科技的发展,对客户,特别是自有渠道的进销存数据掌握越来越方便,企业完全有理由根据供应链管理的原理,让市场大数据自动产生合理的需求计划。同时也完全有可能让供应商根据制造商的生产计划和预测,产生和修正供应商的产销存计划。理想情况下,所有的供应都应该是需求进行拉动的。拉动的方式有两种,一是根据订单直接拉动采购和生产,这个比较简单。我们重点研究第二种,即根据价值链库存拉动模式,这里的库存是指价值链的成品库存,等于自有库存＋渠道库存＋在途库存。

① 价值链库存拉动的前提：一是渠道数据环境，即有能力取得一级经销商每日库存、销售、在途量。二是库存拉动补货的环境，即产品最好有一定的集中度，符合"二八原则"，产品销售没有剧烈的大起大落，适合连续补货。

② 价值链库存拉动的基本逻辑：根据经销商实际日消耗，对价值链中的各成品库存节点设高低水位和补货批量，连续拉动生产，降低库存，并自动生成生产计划和预测计划。

③ 价值链库存拉动的应用价值：产品族层级的实时分析，可以建立产品族层级的分析报告，跟踪当前的价值链库存是否符合管控要求，揭示大盘经营问题，提供给管理层进行决策，保证经营调整有的放矢。产品层级的实时分析，直接产生销售预测和工厂生产计划，同时提供库存预警。经销商＋产品层级的实时分析，清晰监控每个经销商每个产品的流速情况，对经销商的销售能力和库存分析一目了然，经销商的分销能力和呆滞状况从模糊走向可衡量，可以作为经销商分销能力评估和辅导依据。

大数据驱动的供需管理让我们回归供应链管理的本源，用靠近终端的数据来决定后端供应。随着物联网和移动互联网的发展，未来的供应链供需管理将会更加智能化、实时化，这一领域的进步也需要更多的信息化企业的参与。

2) 数据提升用户定位精准度与服务质量

(1) 数据提升用户定位精准度　用户画像（User Profile），即用户信息标签化，就是企业通过分析消费者社会属性、生活习惯、消费行为等主要信息的数据后，完美地抽象出一个用户的商业全貌，是企业应用大数据的基本方式。用户画像为企业提供了足够的信息基础，能够帮助企业快速找到精准用户群体以及用户需求等更为广泛的反馈信息。用户画像的重点工作就是为用户打"标签"，而一个标签通常是固定的高度精练的特征标识，如年龄、性别、地域、用户偏好等，最后将用户的所有标签综合来看，就可以勾勒出该用户的立体"画像"了。具体来讲，当为用户画像时，需要经历以下 4 个阶段：一是战略解读，明确用户画像平台的战略意义，平台建设目标和效果预期。二是建模体系，结合实际需求，规约数据实体和关联关系。三是根据相关性原则，对用户、商品、渠道三类数据实体进行数据维度分析和列举。四是应用流程，针对不同人员角色需求（市场、销售、研发），设计用户画像平台的使用功能和应用流程。从商业角度出发的用户画像对企业具有很大的价值，其目的主要有两个：一是从业务场景出发，寻找目标客户；二是参考用户画像的信息，为用户设计产品或开展营销活动。

(2) 数据分析提升服务质量　在移动互联网环境中，客户是关键，而客户忠诚度是必须管理才能获得成功的关键业务方面。如果企业没有努力吸引和留住客户，他们将被提供更高质量产品、更低价格或更好体验的竞争对手所吸引。无论是零售业还是服务业，客户体验服务都成为重中之重。这也意味着企业有一个吸引顾客的途径，即使在市场上没有最好的产品或服务，也可以通过向消费者展示有针对性的促销活动来吸引潜在用户。

另外，通过专注于吸引顾客而不是推销一种产品，更容易销售和交叉推广，从而更有效地使用资源。而要实现这些，大数据分析是非常宝贵的，其具体功能如下：

① 提高售后服务：成功说服客户购买很简单，但说服客户重复购买则比较困难。一旦客户在体验中遇到任何问题，都会怀疑该企业的服务水平甚至能力。而通过大数据分析，可以提供优质的售后服务，从而提高客户忠诚度。

② 跟踪和分析客户事件：从客户交互中可以收集大量数据，通过分析这些数据，更容易识别客户想要什么，以便企业确定如何集中为客户提供更好的服务。

③ 预测未来的行为：预测分析可以从过去的事件中获取数据，确定客户将来如何对类似

问题做出反应,并提供最佳响应方式的建议,它甚至可以为某些情况创建自动响应,例如提供优惠券或其他补偿。

④ 识别关键客户:人工难以确定哪些新客户可能会返回,以及将资源集中到哪些方面来吸引他们。而高级分析服务可以找到模式并得出个人无法做出的结论,从而使企业能够更准确地识别客户。

当然,简单地收集数据是不够的,还需要对数据进行整合分析,并对结果进行评估。同时,大数据不应该孤立地使用,与客户交谈仍然是非常宝贵的,因为可以获取更多的数据,并且会让顾客感觉比自动化响应更有价值。此外,营销分析解决方案和工具需要能够适应不断变化的条件,客户的行为和喜好总是变化的,技术也是如此。若要收集新的数据类型,则需要更改分析以适应新情况。最后,大数据分析不应妨碍客户体验,如果使客户难以浏览网站,延长加载时间,或者迫使客户去做一些他们不想做的事情,那么分析就会变成困难而不是帮助。

练习题

一、判断题

1. 一般所说的跨境电子商务是指广义的跨境电子商务,不仅包含 B2B,还包括 B2C 部分,不仅包括跨境电子商务 B2B 中通过跨境交易平台实现线上成交的部分,还包括跨境电子商务 B2B 中通过互联网渠道线上进行交易撮合线下实现成交的部分。( )

2. 跨境电子商务交易环节复杂(生产商—贸易商—进口商—批发商—零售商—消费者),涉及中间商众多。( )

3. 跨境电子商务缩短了对外贸易的中间环节,提升了进出口贸易的效率,为小微企业提供了新的机会。( )

4. 阿里巴巴旗下一达通是跨境电子商务第三方外贸服务平台企业。( )

二、选择题(可多选)

1. _____在整个跨境电子商务中的比重最大,约占整个电子商务出口的 90%。_____虽只占跨境电子商务总量的 10% 左右,但是增长最为迅速的部分。( )

A. B2B B2C   B. B2C B2B   C. B2B B2B   D. B2C B2C

2. 下列选项中,不属于跨境电商直邮物流模式的是( )。

A. EMS 直邮   B. 个人快件   C. BC 直邮   D. 电子邮件

3. 下列不属于跨境电商的是( )。

A. 速卖通   B. 敦煌网   C. 抖音   D. 环球资源网

三、简答题

1. 什么是跨境电子商务?

2. 跨境电子商务支付与传统贸易支付对比,有何特点?

3. 目前,跨境电子商务海外营销方式有哪些?

11 农产品电子商务应用

[学习目标] 掌握农产品电子商务的概念与特点；了解农产品电子商务业态模式；理解农产品电子商务发展的关键环节。

11.1 农产品电子商务概述

农产品电子商务已经走过了 20 余年的发展历程：1994 年，农业信息化起步；1998—2005 年，粮食棉花在网上流动起来；2005—2012 年，农产品电子商务起步；2012 年是生鲜农产品电子商务元年，褚橙进京，荔枝大战，品牌农产品电商出现；2013—2014 年，农产品电商 B2C、O2O 等多种模式同时涌现，预售、众筹、溯源、C2B 等互联网创新风起云涌；2015 年，天天果园获得京东集团战略投资，农产品电子商务进入融资和兼并重组高潮时期；2016 年至今，农产品电子商务完成了由"成长期"向"发展期"转型，进入"发展期"。随着移动互联网时代的来临，农产品电子商务产业迎来了前所未有的发展机遇。

11.1.1 农产品电子商务的概念与特点

1) 农产品电子商务的概念

农产品电子商务是指农产品商务活动的电子化，它包括农产品交易、物流配送、支付结算等经营活动。

2) 农产品电子商务的特点

农产品电子商务具有鲜、活、不耐储藏、不耐运输的特点。

(1) 鲜　指的是新鲜，农产品价值随着时间推移而下降，因此，农产品对冷链物流提出了高要求、高标准。

(2) 活　指的是生鲜，生鲜农产品电商被称为电商领域的新"蓝海"，也是电商的皇冠。作为活体的农产品是自然物，没有统一的质量标准，要求经营者自觉、自律保证对农产品质量和安全的控制。

(3) 不耐储藏　指的是鲜活农产品上市期集中、上市量大，如果不能及时销售，很快会腐烂变质，不宜食用。农产品的储藏成本随着时间而增加，损坏率激增。

(4) 不耐运输　指的是鲜活农产品适合就近销售，不适合长途运输。高温、密闭不透气的环境、颠簸等均可能导致鲜活农产品损坏、腐烂变质。

正是上述的 4 个特点决定农产品电子商务业态有其自身的发展特点，它不像工业品电子商务，产品多放几个月再销售也不影响质量。因此，农产品电子商务在发展过程中，不同的区域有不同的模式。

11.1.2 中国农产品网络零售消费市场

商务大数据监测显示,2021年全国农村网络零售额达2.05万亿元,占全国网络零售总额的15.6%,同比增长14.2%。其中,农村实物网络零售额达1.63万亿元,占全国农村网络零售额的90.93%,同比增长10.5%。如图11-1所示。

图11-1 2016—2020年全国农村网络零售额

(数据来源:商务大数据)

2020年全国农产品网络零售额达4 158.9亿元,同比增长26.2%。休闲食品、粮油和滋补食品网络零售额排名前三,占比分别为19.8%、14.6%和11.3%;粮油、肉禽蛋、奶类、蔬菜和豆制品五品类同比增速超过30.0%。如图11-2所示。

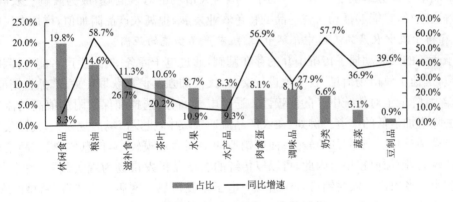

图11-2 2020年全国农产品网络零售市场各品类零售额占比及同比增速

(数据来源:商务大数据)

东部、中部、西部和东北地区农产品网络零售额占全国农村网络零售额比重分别为62.46%、16.87%、14.75%和5.92%,同比增速分别为27.9%、14.4%、27.3%和44.0%。

农村电商发展影响农村经济发展,成为农村经济发展的推动力。目前,在农民的收入结构中,经营性收入占30%多一点,务工收入占45%左右,经营收入主要靠农产品销售,而通过电商销售农产品就成为农民增收的一个亮点。截至2020年12月,袋装柳州螺蛳粉产销突破百亿元,较2019年增长68.8%;山东曹县演出服在淘宝、天猫平台上的销售额比重已超过70%,

并形成全国最大的演出服产业集群之一,带动曹县 2020 年新增淘宝村 27 个。

农产品电商的发展有利于延伸产业链、提升价值链、打造供应链。电商发展简化了农产品流通环节,缩短了供应链条,降低了过程损耗,实现了农产品资源与消费者间的直接对接。农产品电商的发展,不仅可以极大地丰富城镇居民的生活、增加农村居民的收入,对激发农产品产—供—销一体化利益链条上各利益主体的创业热情也具有显著的促进作用,进而引起农村产业组织形式的改变。

11.2 农产品电子商务业态

农产品电子商务业态指的是与农产品生产、流通领域相关的主体如何利用互联网渠道,将其农产品销售给目标消费者的一种经营形态。

强调农产品电子商务业态,并不是认为其与电子商务业态有什么本质区别,而是因为农产品具备不同于一般工业品的特殊性质,既不可能像工业化一样完全实现产品的标准化,更面临产业链、供应链不成熟的严峻现实。农产品电子商务与工业品电子商务相比较而言,具有地域特色鲜明、季节特征突出、风俗人文内涵丰富等特点,有很多差异化的产品可以挖掘。

11.2.1 发展农产品电子商务业态的重要性

1) 解决了农产品小生产与大市场的对接问题

农产品销售最难点是如何解决"最初一公里"和"最后一公里"问题。一家一户的小生产难以对接大市场。目前农产品收购主要是依靠经纪人、中间商,这是农产品价格暴涨暴跌的推手。

农产品电子商务解决了一家一户的小生产与大市场的对接问题,成为破解三农问题的一个新的解决途径,它能够推动一村一品的特色农业发展,提高农产品附加值,增加农民收入。

2) 有利于减少农产品流通中介环节,缩短农产品物流的距离

电子商务的发展动摇了传统中介的存在基础,通过电子商务平台,生产者能直接和消费者进行交流,迅速了解市场信息,自主地进行交易,大大加强其信息获取能力、产品自销能力和风险抵抗能力,降低了对传统中介的依赖性。通过电子商务,选择和保留附加值高的流通环节,合并或去除附加值低的渠道。例如,在农产品流通领域中,批发市场因规模大,商品集散、价格形成及供需调节功能强,附加值较大;而产销地的中间商规模较小,信息传递、产品集散、价格调节功能较弱,附加值较小。因此,可以以传统的农产品批发市场为现实载体,去除中间商环节,构建"生产者农户—农村销售合作组织—电子批发市场—网店—消费者"新型的农产品电子商务产业链,减少农产品流通环节,加速商品和信息的流动。

3) 有利于降低农产品的流通成本

电子商务可以减少农产品流通环节,缩短物流的距离,不仅降低农产品流通的运输保鲜成本和时间成本,而且节约交易中介的运营费用及抽取的利润。另外,通过电子商务平台,生产者能直接、迅速、准确地了解市场需求,生产出适销、适量的农产品,避免因产品过剩而导致超额的运输、储藏、加工及损耗成本,节约信息搜寻成本、摊位费、产品陈列费用、询价议价成本等在内的交易成本和因信息不通畅而带来的风险成本。

4) 有利于健全农产品市场机制和功能

(1) 有利于健全市场价格机制　市场分割、信息不对称、缺乏充分竞争的市场环境是农产

品价格不稳定的主导因素。通过电子商务网络平台,各地的农产品批发市场能相互连通,形成全国性的农产品流通大市场。另外,农产品虚拟市场可以容纳大量的交易者,实现交易的集约化和市场的规模化。再者,电子商务的自动化也大大减少人工成本和人为干预,不仅使交易的边际成本接近零,而且让每个交易者都享有平等的信息获取和交易机会,保证了市场高度的透明性和公平性。因此,电子商务可以打破信息闭塞、市场割据的局面,构建规模大、信息流畅、透明度高、竞争充分的全国农产品统一市场,建立反应灵敏、健全有效的公平价格形成机制。

（2）有利于改进市场交易方式 高成本、低效率的对手交易已经难以适应农产品流通发展的要求,市场呼唤更加先进、高效的交易方式,如拍卖交易方式。电子商务的自动化和空间可扩展性为传统的拍卖交易提供了新的发展空间。通过电子商务拍卖平台,大量分布广泛的交易者可以进行网上零距离的沟通和交易,构成充分竞争的市场环境。另外,虚拟拍卖市场能提供拍卖申请、招标竞价、电子支付、配送服务等一条龙的自动化服务,既提高了交易效率,又减少了人为因素的干扰,保证了市场的公开、公正、公平。

（3）有利于完善市场的信息服务功能 我国已建立和开发了许多农业信息服务系统,主要从各农产品市场中获取最新的信息,进行筛选、加工、处理。它们可作为服务后台,提供原始的或经过分析处理的有用信息。而电子商务网站可作为信息发布前台,将各类信息进行整合、发布,并使农产品市场进行信息联网,使用户能从同一平台上获得即时、全面、有价值的信息。另外,电子商务网站还能提供各类信息增值服务,如信息的搜索、查询、同类产品销量、价格等的汇总、比较等,帮助用户减少信息搜寻成本,提高信息利用率,满足用户的多样化需求。

5）有利于将一批年轻人留在农村创业、就业

农产品电子商务使物流配送、摄影设计等工作机会增多,可以带动农民致富,促进农村更好的发展,缩小城乡差距。

11.2.2 农产品电子商务业态的模式

1）综合交易平台模式

该模式是最常见的农产品电商模式。农产品生产者或供应商在大型电商平台开设网店,并负责农产品的货源、品控、仓储和营销,物流配送多选择第三方快递公司。淘宝、天猫、京东、苏宁易购以及微商的农产品商家店铺、旗舰店均属于这种类型,也是目前普及程度最高的模式。该模式相对较低的进入门槛,有利于各地农产品快速迈入电商时代,农产品交易规模和品类也因此高居现有模式之首。2021年阿里平台实现农产品销售额4 221亿元,稳居中国最大的农产品上行平台。

2）垂直交易平台模式

中国的农产品供需是一个多对多的关系。在美国,农业人口大约只有350万,还不到总人口2%,因此可以实现少对多的集中式供给。但中国的农业体系主要由超过2.3亿的个体种植户和百万个初级批发市场,以及10亿消费者构成,供需两端都极度分散。传统农产品流通路径需要经过原产地收购商、产地批发商、销地批发商、销地零售商（菜市场/超市）等多个环节,每一个环节都需要经过仓储、物流等环节,都会造成损耗和成本叠加。以每日优鲜、本来生活为代表的生鲜平台对上述冗长的流通路径进行了改造,他们直接从农户手中采购商品,然后统一入库、打包,最后完成配送。

3) 新零售模式

通过运用大数据、人工智能等先进技术手段,对商品的生产、流通与销售过程进行升级改造,进而重塑业态结构与生态圈,以消费者体验为核心,将线上、线下的人、货、场三要素重组构成"商品通、会员通、支付通"的农产品"新零售"模式,给消费者带来了众多便利。该模式下处于产业链前端的电商平台,从筛选的供货商处采购农产品,在产业链中后端进行统一的品控、仓储、营销和物流配送,并利用强有力的产业链中后端资源整合优化前端,通过数据分析优化采购计划。新零售模式是由需求驱动,通过消费者需求订货,记录顾客购买物品的种类、偏好、品牌、价格等,以调整自己的营销计划,打造货物的高效流转能力,提升店铺运营效率。盒马鲜生、叮咚买菜、美团买菜等是这一模式的典型代表。

4) 社交电商模式

该模式通过社交工具和粉丝做社交互动、用户自生内容等手段来辅助商品的购买和销售,并将关注、分享、沟通、讨论、互动等社交化的元素应用于农产品电子商务交易过程。作为后电商时代的"新物种",依托微信生态提供的低成本裂变机会,侧重于需求端的整合,打破传统电商无法突破的瓶颈,成为近年来势头最盛的互联网经济"新风口"。创建于2015年的"拼多多",以"拼团"的社交电商思维快速崛起,赋能农产品上行,刷新了市场对电商的传统认知,用了不到5年时间就成为国内规模第三大电商,如今以8.5亿年度活跃用户成为海内外用户规模最大的电商。

5) 直播电商模式

2020年的新冠疫情,把直播电商推上风口浪尖,火热程度,一时无二。直播电商也是网络零售创新的又一次尝试,从电商到新零售,到直播电商,中国一直在引领全球网络零售创新的步伐。以淘宝、抖音、快手等为代表的直播电商呈现爆发式增长。其背后是通过"人、货、场"要素的升维,重构产业链、延伸价值链,实现从"无人店铺"到"有人店铺"的升级,让消费者感受有温度的购物体验。在农村地区,直播变成新农活,手机变成了新农具,数据变成了新农资,农产品直播电商成为脱贫致富的新抓手。

淘宝直播的"村播计划"自2019年启动以来,直播场次已达140万场,覆盖全国31个省区市的2 000多个县域,带动了6万多个新农人加入直播,农产品销售额达60亿元,超过500名县长走进直播间带货,帮助县域农民实现增收。2020年以来,受新冠疫情冲击,许多地方农产品出现滞销的难题,为了将这些农产品销售出去,许多地方干部也开始加入直播,抖音、快手、京东、拼多多等平台都开通了县长、市长直播间,领导们化身本地特产"推销员",向网友推荐当地特色农产品。

【知识拓展11.1】

史上最强直播带货

6) 社区服务商模式

近年来,农产品以销定产、消费者就近购买的社区电商蓬勃发展。社区电商是一种线上线下互动的商业运作模式,它以一个个的社区划分服务范围,消费者根据购买需要,利用微信、支付宝互联网工具下单,第二天所购货物被准时送到所在社区内实体店。社区电商一头下沉到乡村,另一头下沉到社区,通过数字化的手段把生产和销售深度融合起来,把小农户和大市场对接起来,通过高效、透明、可控的订单服务模式和业态,使社区居民方便快捷地买到新鲜实惠的生鲜农产品。这种消费方式,改善了社区的商业结构,促进了消费市场的发育和成长,并将市场数据反馈给生产者,实现以销定产、以销优产,消费者也实现了"以消定购"。

例如,碧优选是碧桂园集团旗下的全资子公司,是一个围绕社区居民生活需求所推出的社区生活服务品牌。碧优选采用生产销售一体化的业务模式通过社区生活超市、线上商城等立体业态组合,为社区居民提供特色生鲜食品、日用品和健康生活服务,打造"覆盖社区生活最后100米"的一站式全方位生活服务平台。

7) 农场直销模式

农场直销模式的代表有沱沱公社、多利农庄,依托自己的农场打造生鲜电商。农场直销模式有三个优势。第一个优势是自己的农场,在食品安全问题上他们有绝对的信心;第二个优势是自产自销,完全不用担心产品的供应会突然出现问题;第三个优势是近距离,刚采摘的新鲜果蔬,近距离配送的话对于农场直销来说能够保证果蔬的新鲜度。

沱沱工社整合了全球食品行业优质的供应资源,致力向中国消费者提供具有质量和信誉保障的高端食品和生活用品。从商品组织、供应商评估、物流配送,沱沱工社确保每一件送达客户手中的正规商品均经过其层层把关。

8) 跨界整合模式

2020年2月14日,中国石化北京石油分公司推出了"一键到车"业务,即在加油的同时,顾客可以享受易捷商品配送到车的服务,并且可以做到"加油不下车、开票不进店、购物不接触"。利用加油站网点多、供应渠道快捷便利的优势,摇身变成卖菜郎,跨界入局生鲜行业,推出了"安心买菜"业务。即用户可以通过线上完成下单之后,加油站工作人员便会把菜品放到用户后备厢当中,全程无须下车、无须开窗,无须与外人接触,即可完成一次购买过程。从而为首都市民提供安全卫生、价格优惠的新鲜蔬菜。为了确保蔬菜品质,北京石油与小汤山、首农农场等专业蔬菜生产基地合作,从田间采摘后,经过质量、新鲜度等一系列检测后当天就可以统一装箱配送到加油站。

11.3 农产品电子商务发展的关键环节

发展农产品电子商务,中国不缺平台、不缺农产品,但是在农产品上行方面,目前很多电商企业做得并不成功,要做好农产品电商,需要在以下的关键环节上下功夫。

11.3.1 商品选择

农产品同质化现象严重,具有地域特色的优质农产品供给有限,难以满足消费者对美好生活的需要;另一方面,某种特定农产品或加工品的消费群体相对小众,普遍性认同的故事挖掘程度远远不够,难以形成有普遍需求、接受度较高的市场。因此企业在选择具体某一个农产品作为电子商务销售时,一定要考虑选择有特色、高附加值、耐储存、能够标准化的优质农产品。

1) 有地方特色

农产品一定要有地方特色,具有独特的特点,且能够与其他地区生产的产品区别开来。名特优农产品往往与一定地域的小环境有关,超出此地域范围,该农产品的营养成分与风味就会下降。特色的农产品可以地理标志认证来进行保护。例如,西湖龙井、阳澄湖大闸蟹、无锡阳山水蜜桃、洞庭山碧螺春等。

2) 具有一定的附加值

大路货、低价值的农产品不适合在电商平台上销售。选择农产品上行一定要选具有一定附加值的农产品及加工品,因为电子商务平台上买家能够货比千家。低价值农产品价格低,线下就有农贸市场、生鲜超市、批发市场、商店等众多地方销售,消费者很方便购买,所以线上很难吸引消费者,消费者没有必要多花费快递费用和运送时间到网上购买。

3) 耐储存

虽然现在电子商务物流发展很快,一般 2~4 天可以送达用户手上,但选择农产品在网店上销售时,还是要找有一定保质期的农产品或者能够解决好该农产品的保鲜问题,才能在电商平台上销售。

4) 标准化

现在很多农产品没有标准,所以卖家要选择有标准的农产品销售或者想办法将农产品标准化,这样才方便消费者比较农产品,才好在网上选购。农产品标准化示例图如图 11-3 所示。

(a) 农产品(田间采收,大小不等)

(b) 商品(标准化,分等、分级)

(c) 网货品/网红品(小包装、保鲜、保质,满足快递要求)

图 11-3 农产品标准化示例图

11.3.2 标准制定

农业标准化是发展农产品电子商务的基石。农产品网络营销必须要有标准,实行分等分级。然而我国很多的农产品缺乏标准,一些农产品网店的店主连分等分级的意识都没有。

中国幅员辽阔,发达地区与发展中地区的经济发展水平、农产品标准化进程相差很大,制定一个统一的标准只能是就低不就高。根据国务院印发的《深化标准化工作改革方案》(国发〔2015〕13号),政府主导制定的标准由6类整合精简为4类,分别是强制性国家标准和推荐性国家标准、推荐性行业标准、推荐性地方标准;市场自主制定的标准分为团体标准和企业标准。政府主导制定的标准侧重于保基本,市场自主制定的标准侧重于提高竞争力。团体标准可以积极采用国际标准和国外先进标准。

农产品电子商务与传统业态营销的根本区别在于:传统业态营销是面对面的交易,可以用手去触摸感觉,用眼睛去挑选,用嘴来品尝。农产品电子商务是不见面的交易,看到的只是图片,没有办法通过感官去鉴别,所以,需要加强农产品的内在品质、加工性能、分等分级、包装新鲜和安全卫生标准的制定,把消费者需要通过感官来鉴别的信息通过量化的指标体现出来,方便他们进行购买决策。

农业标准化有如下作用:

(1) 保证农产品质量安全水平,达到市场准入门槛,保障农产品的消费安全。
(2) 提高农产品的品质规格,满足消费者对农产品优质化、规格化的要求。
(3) 促进农产品流通,提高农产品的市场竞争力。

【案例11-1】

碧螺春茶叶分等分级

碧螺春茶是在江苏环太湖地区、宜溧山区、宁镇丘陵茶产区范围内采摘的茶树鲜叶,经摊放、杀青、搓团显毫、文火干燥等独特的工艺加工而成,以"纤细多毫,卷曲成螺、嫩香持久、滋味鲜醇、回味甘甜"为主要品质特征的绿茶。碧螺春茶感官指标如表11-1所示。

表11-1 碧螺春茶感官指标

级别	外形				内质			
	条索	色泽	整碎	净度	香气	滋味	汤色	叶底
特级一等	纤细、卷曲成螺、满身披毫	银绿隐翠鲜润	匀整	洁净	嫩香清鲜	清鲜甘醇	嫩绿鲜亮	幼嫩多芽嫩绿鲜活
特级二等	较纤细、卷曲成螺、满身披毫	银绿隐翠较鲜润	匀整	洁净	嫩香清鲜	清鲜甘醇	嫩绿鲜亮	幼嫩多芽嫩绿鲜活
一级	尚纤细、卷曲成螺、白毫披覆	银绿隐翠	匀整	匀净	嫩爽清香	鲜醇	绿明亮	嫩、绿明亮
二级	紧细、卷曲成螺、白毫显露	绿润	尚匀整	匀、尚净	清香	鲜醇	绿尚明亮	嫩、略含单张绿明亮
三级	尚紧细、卷曲成螺、尚显白毫	尚绿润	尚匀整	尚净、有单张	纯正	醇厚	绿尚明亮	尚嫩、含单张、绿尚亮

11.3.3 质量控制

质量是指农产品的外观、内在品质以及安全指标,如营养成分、色香味和口感、加工性能等;安全指标,如农药残留、兽药残留、重金属污染等。农产品在产前、产中和产后都需要进行质量控制。

1) 在分拣中心由专业品控人员对装箱的产品进行质量管控

以水果电商为例,第一层次在农产品产后环节,需要商家、品牌农业企业或者平台在分拣中心由专业品控人员对装箱的产品进行质量管控,剔除畸形、有虫眼、有病害、有损伤的果实,按照果实大小、重量分等分级。应制定严格的纪律,不允许让送货的农民来装箱,农民装箱时会忍不住把存在质量问题的产品装箱出售,他们装进包装箱里的水果可能只有一个病(虫)斑,但经过运输就会变成一个烂果。

2) 对农产品生产的全过程进行质量控制

第二个层次需要在农产品产前、产中和产后全过程进行质量控制,如对果树进行修剪、施肥、打药、套袋、收获、存贮、包装全过程制定整套技术规范,通过合作社用技术规范指导农民按规范生产,保证产品的优质、安全。举例来说,第一,如水蜜桃是按重量进行分等分级,所以冬季修剪就是控制产品质量的重要环节,要控制株高,保留几个主要枝干并用绳索向不同方向拉伸,保证每一个树枝都晒到太阳;第二,要疏花疏果,减少花果的数量可以显著促进果实长大,一般长枝留 2 个果,短枝留 1 个果;第三,要科学施肥,冬季应施基肥,水果膨大期要施加追肥;第四,控制农药使用,要按照国家的相关规定使用低毒低残留农药,不允许使用政府明令禁止的农药;第五,水果套袋,如桃子长到乒乓球大小时就要进行套袋,目的是防止病菌感染和虫害,保证水果质量;第六,保鲜与运输,在食品运输之前,应采用合适的包装保护果实,并禁止使用有害保鲜剂,如甲醛、磷钼酸等化学物质,这些物质会对食品安全带来隐患。

【知识拓展 11.2】

"笨鲜生"天猫店一天卖 60 万斤徐闻菠萝,却让店铺赔到破产

11.3.4 平台选择

不同的经营主体有不同资源和特点,可以选择不同的平台。

1) 个体经营户

(1) 可选平台一:淘宝

① 优点:准入门槛低。个人可以开店铺——免费注册,开通支付宝服务。平台的优势是有大量买家资源:如阿里系(淘宝)每天有上亿流量。

② 痛点:店铺淹没在商海中,消费者在淘宝选购商品时,注意力也就集中在前2页的商品,如果某店铺商品的排名在20页之后,就意味着没有消费者会访问。

③ 成功秘诀:扩大引流,如购买付费流量,通过淘宝首页广告、钻石展位、淘宝搜索、直通车、淘宝客来进行促销。

(2) 可选平台二:拼多多个人店

① 优点:准入门槛低、免费注册、极速开店、零佣金。平台的优势是有海量资源位、充沛的流量红利以及高效的店铺工具。

② 痛点:有些低水平的卖家不具备对供应链的掌握能力,最终会被淘汰,倒逼着商家以低毛利高销量的模式盈利。

③ 成功秘诀:扩大引流,如通过数据化标题获取基础流量,形成搜索流量;持续上新增加流量,持续上新可以获得系统流量二次扶持,但是建议不要过多过快。

(3) 可选平台三:微店

① 优点:零元入驻、快速开店、直播带货。潜在客户数量多,门槛低,经营成本低,营销信息到达率高;绝大多数人每天都用微信,很多老年人不会用电脑,但是会用微信。

② 痛点:缺少平台形成的巨量客户资源,需要自己去挖掘买家。

③ 成功秘诀:微店营销的销售业绩首先取决于朋友圈的大小,可以通过吸粉来扩大朋友圈;其次是分销系统中经销商数量,微店可以通过分销系统、全员开店系统来培养经销商。

2) 企业

企业可以选择如下平台:

平台一:淘宝特色中国地方馆、京东商城地方馆、苏宁易购中华特色地方馆。

平台的优势是有大量买家资源,而特色地方馆相当于在商业大厦里开特色店。

平台二:企业也可以自建平台,如天天果园、1号店。

(1) 优点 自己控制平台,掌握主动权。可以控制品种、质量、标准;创建品牌,打造品牌。

(2) 痛点 网站知名度低、访问量少。网站优化不够,在搜索引擎上排名靠后,引流慢。

(3) 成功秘诀 企业应有自己的特色产品,要创建品牌、商标,要有资金投入(风险投资),要进行品质控制,做好包装与物流。销售业绩取决于访问量。企业还可以延长产业链、做加工,提高附加价值。

3) 合作社或协会(行业协会、农技协、电子商务协会)

平台:淘宝特色中国地方馆、京东商城地方馆、苏宁易购中华特色地方馆。

合作社可以将农民组织起来,按照生产规范来组织生产,以扩大规模。新疆"维吉达尼"农产品网站依托喀什地区的村民互助小组和合作社,已与2 000多家农户建立了联系,在线销售当地特产,其中销量最好的一位农户通过网络售出了价值4.8万元的杏干。

协会可以将本地区及不同地区的同行资源整合起来,以组织销售、共享信息。例如,江苏农技协主办的京东商城的江苏农产品馆,遂昌网店协会主办的赶街网。

(1) 优点 可以将当地的农民组织起来形成规模化生产,或者可以将相当规模的协会成员组织起来,组建企业。

(2) 痛点 合作社有名无实,不敢解决会员的产品销售,找不到销路。有大量的卖家资源,但缺少买家资源。

(3) 成功秘诀 要有特色产品,进行标准化生产,做到五统一(统一品种、统一技术规范、统一化肥农药的施用、统一产品标准、统一销售），要形成规模，还要避免安全隐患。

11.3.5 营销策划

没有卖不出去的产品，只有不会卖产品的人。借助线上线下渠道，实现农产品全渠道销售布局，对农产品销售起到了很好的促进作用。同样是农产品，新农人依托新媒体、新模式、新商业、新营销把农产品卖出去，而且供不应求。

1）活动策划

根据农产品的品类及目标受众，策划每月、每周主题活动。每一个活动策划方案的实施都需要一定的周期，从前期预热，到活动中期，到活动后期，每一个活动执行的周期也不同。

（1）推出新品　网店可以每隔一段时间更新一些有差异化的新产品，尽量在款式、口味上推出多样化的产品，满足客户的需求。可以根据农产品本身具有的健康、手工、环保、季节性等特点进行有节奏的新品发布。

合理安排上架时间，结合各个商品的访问量进行布局。可以借力京东商智来分析买家特征，找到合适的上架时间点。从不同的方面来刺激消费者进行购买，在推新品之后，需要对新品的推广效果进行跟踪和记录，为后续筛选主推产品做好准备工作。

（2）擅用节日　我国电商创立的主要购物节如下：

① "618"：每年 6 月是京东的店庆月。在店庆月京东都会推出一系列的大型促销活动，以"火红六月"为宣传点，其中 6 月 18 日是京东促销力度最大的一天。现在淘宝、苏宁易购等网络平台在"618"这天也都有促销活动。

② "双十一"购物狂欢节：是指每年 11 月 11 日的网络促销日，源于淘宝商城（天猫）2009 年 11 月 11 日举办的网络促销活动，当时参与的商家数量和促销力度有限，但营业额远超预想的效果，于是每年 11 月 11 日成为天猫举办大规模促销活动的固定日期。

③ "双十二"购物狂欢节：继天猫、京东、苏宁易购"双十一"之后，淘宝网、京东、苏宁易购等各大电商网站再次于 12 月 12 日推出本年度最后一次的网购盛宴，延续"全民疯抢"的活动。

2）店内促销

充分利用店铺内的促销工具，增加用户黏性，提升店铺销量。2021 年 7 月 1 日起，淘宝店铺营销工具"三宝一券"正式对全体淘宝商家免费。"三宝一券"是日常淘宝商家运营店铺最常用的促销工具，指单品宝、店铺宝、搭配宝和优惠券。可帮助商家根据不同营销节点设计商品的促销优惠形式，如消费者日常看到的"优惠券""一口价""满×××元减××元"等促销信息，都是通过"三宝一券"进行设置，也因此成为商家实现"店铺引流、提升商品转化、增加复购"的运营神器。

（1）单品宝　主要用于单个商品的打折，打造爆款。单品宝是将淘宝的限时打折和天猫的特价宝合并升级而来的打折促销工具，功能全面升级，更灵活更高效。单品宝可以针对单个商品在商品级或 SKU（库存量单位：同一产品的不同规格、颜色、尺码均是独立的 SKU）级别进行优惠（打折、减钱、促销价），商家可设置定向人群，可设置包邮内容，也可设置单品限购（限购件数内买家以优惠价拍下，限购件数外只能以非优惠价拍下），还有过期活动一键重启等功能。

（2）店铺宝　是天猫"店铺优惠"与集市"满就减（送）"的全面升级，是方便店家推广自己店铺宝贝的促销工具，卖家可以用其设置满件打折、满元减现、包邮、送赠品、送权益、送优惠券等促销活动。例如，商家可以设置店铺商品的满减，或两件 75 折、第二件半价等优惠，它还能帮助商家自动登记一些之前需要去手动或找客服登记的一些优惠选项。

（3）搭配宝　是淘宝店铺内商品关联搭配工具，支持固定及自由搭配；通过智能算法，推荐适合的搭配商品，帮助店铺提升客单价和转化率，主要用于两个或多个商品一起搭配出售的优惠。例如，鞋子搭袜子，卖商品搭配小礼品等，已成为引流利器。

（4）优惠券　主要用于营销推广和老客户维护、拉新客户等。例如，商家在群里发送优惠券、老客户使用优惠、日常上新品使用优惠券、店铺为了促销使用满减类的优惠券，大促期间也会利用优惠券来提高店铺的访客数。

3）站内推广

淘宝的访问量很大，日均访问量超过1 000万，日最高访问量可达1亿，但是淘宝的入口（首页）只有一个，顾客进入淘宝后，所看到的往往是少数排在前面的商品，排名在第一页前几位商品访问量成千上万，然而翻到第10页后商品访问量就剩几十人了，再翻到第90页后商品访问量就降到0了。所以商品的排名对于访问量和成交量的影响非常大。提高商品的排名有很多方法，主要有免费渠道、付费渠道、活动渠道、个性化渠道等。

免费渠道是指通过优化关键词来提升商品排名，付费渠道包括钻展、直通车和淘宝客，活动渠道包括聚划算、天天特价和淘抢购，个性化渠道包括有好货、必买清单、猜你喜欢、淘宝直播和每日好店等。

4）站外推广

依托自有的商务资源，构建站外立体化推广体系。利用搜索引擎（百度）、微信、QQ、社交论坛、微博、短视频（抖音、快手、B站、小红书）、社交软件（豆瓣、知乎）等各种渠道进行站外引流，来提升知名度及销量。

11.3.6　基地整合

互联网构成了一个无形的桥梁，将小生产与大市场对接起来，分布在全国各地农村的农产品电商经营企业（包括店铺）也可以通过电子商务的形式将他们的农产品销售出去。当一个网店销售规模上去了，他自己的产品就不够卖了，自然就需要组织货源，建立自己的货源生产基地。一些电商企业在销售规模逐步增加的情况下，往往通过以下的方式组织货源：

1）到批发市场或农贸市场去进货

一些网店店主在接到订单后，根据订单的数量到批发市场或农贸市场去拿货，这是一种市场化操作的方式。优点是风险很小，不会出现货物积压与滞销。缺点是产品质量得不到保证，其原因有以下三种：

（1）网店店主本着利润最大化的原则，主动地选择质量不高但价格低的产品。

（2）网店店主在主观上想选择高质量的产品，但是客观上在批发市场或农贸市场没有高质量的货，为了完成订单，只能退而求其次，选择质量达不到店主的要求。

（3）网店店主在主观上想选择高质量的产品，但是由于网店店主的能力所限，他无法判断批发市场或农贸市场的产品质量的优劣，导致其网店售出的商品质量不稳定。今天从批发市场或农贸市场这家摊位进的货质量挺好，明天从那家摊位进的货质量就不好，每天卖的产品品种不统一，成熟度不一致，口感不一样。经常在网店的留言评价中看到的评价前后差别很大，前一个评价是产品质量很好，后一个差评是对产品质量很不满意，出现这样的情况很可能就是进货渠道不稳定造成的。

2) 让附近的农民送货

一些网店店主在接到订单后,会打电话让附近的农民送货上门,从农民送来的货物中选择合格品发货,对于不合格的产品则退给农民。这种进货方式的优点是,网店店主对附近的农民比较了解,产品比较正宗,产品质量可以把关。缺点是进货成本比从批发市场或农贸市场的成本要高,往往要加价收购,并且还会出现以下问题:

(1) 货源丰富,供大于求时,农民愿意送货,但在货源紧缺、供不应求时,农民就不愿意送货,或者提高要价,使网店店主陷入被动。

(2) 如果网店店主对产品质量要求严,退货比例高会造成供货农民不满,不愿意供货,迫使网店店主在货源紧缺时降低产品质量要求。

3) 与农产品生产基地签订购销协议

一些网店店主会选择与农产品生产基地签约,即选择别人的农产品专业合作社或家庭农场等新型农业经营主体,与其签订购销协议。签约基地的优点:风险相对较小,需要货物时,到农产品生产基地拿货,不需要包销或承担自然灾害的风险。缺点:

(1) 毕竟不是自己的合作社或农场,没有主动权,受制于人,尤其是在货源紧缺时,合作社或农场可以不给你供货。

(2) 网店的销售是不稳定的,有时销售量大,有时销售量小,并且网店店主心里没有底,而要与合作社或农场签订购销协议,合作社或农场会要求每天至少销多少,或者总量要销多少。网店店主把销售数量签少了,就不能拿到优惠的价格,甚至合作社或农场都不愿意签合同;但如果网店店主把销售数量签多了,销不掉也得兜着。

4) 组建自己的农产品专业合作社

网店的销售规模达到一定程度后,一些网店店主会将周边的农民组织起来,成立自己的农产品专业合作社。因为没有基地,货源就没有保障,还会带来比如品种五花八门、质量不统一、客户抱怨、客户退货等很多问题,最终农产品电子商务也做不强。

组建农产品专业合作社的优点:既可以保障自己的货源数量,也可以保证产品的质量,保证品种、规格的统一。缺点:

(1) 组建农产品专业合作社需要办很多手续,需要很长时间才能办好。

(2) 组建农产品专业合作社,就要承诺将专业合作社社员的产品包销售,甚至对于质量不合格的产品也要包销售(通过线下低价卖给其他经销商)。

(3) 在遇到自然灾害时,需要承担损失,这个损失包括合作社社员和网店缺货两个方面导致的损失。

基地建设需要实现的目标是:统一品种,统一农产品标准,统一生产规范,统一销售。

【知识拓展 11.3】

无锡阳山水蜜桃的基地建设

11.3.7 品牌建设

品牌是给拥有者带来溢价、产生增值的一种无形的资产,它的载体是用以和其他竞争者的产品相区分的名称、术语、象征、记号或者设计及其组合,品牌增值来源于两个方面:一方面来源于产品的独特禀赋加上多方面的投入;另一方面来源于市场和消费者的认可。品牌不仅是企业的一种无形资产,而且是促进地方经济发展的战略性资源,更是体现一个地方经济竞争力强弱、知名度高低的"名片"。

农产品区域公用品牌是指在一个具有特定自然生态环境、历史人文因素的区域内,由组织所有,由若干农业生产经营者共同使用的农产品品牌。农产品区域公用品牌建设需要科学规划、动态适应,不要指望一蹴而就,而是要持之以恒,这样才能形成品牌知名度。提高品质是核心,拓展外延是途径,要让有灵魂有故事可流传,让消费者形成品牌忠诚度,最终形成品牌溢价。农产品区域公用品牌建设主要包括以下几个方面:

1) 农产品区域公用品牌策划

品牌建设的第一步就是品牌策划,品牌策划应该由专业的农产品品牌策划团队来做。一些农产品区域公用品牌做了好多年也没有起色,很可能是品牌策划存在问题,第一步就走错了。

(1) 选择商品 被选的品牌农产品不是因为当地种植面积大、生产数量多,而是因为它的品质好、有特色,如库尔勒香梨、长白山人参。

(2) 确定品牌名称 一些地方所起的品牌名称诗情画意,消费者听到后却莫名其妙,不知道是什么地方的什么产品。农业农村部要求农产品区域公用品牌的名称应该为"地名+品名",如"烟台苹果""盱眙龙虾"。农业农村部还要求农产品区域公用品牌应该是一个品牌名称对应一个产品,但是有些地方却把农产品区域公用品牌做成一个框,里面可以包括多个产品,当地人的想法很天真,一个不够,搞一堆来凑,这样产品多了,产值也高了;但是一堆产品良莠不齐,最终结果是把品牌搞烂了。

(3) 设计品牌标志 一个品牌就需要有一个独特的品牌标志(Logo)。品牌标志是指品牌中可以被认出、易于记忆但不能用言语表示的部分,包括符号、图案或明显的色彩或字体,又称"品标"。品牌标志自身能够创造品牌认知、品牌联想和消费者的品牌偏好,品牌标志有助于品牌的宣传推广,有助于消费者甄别与打假。图 11-4 所示为部分农产品区域公用品牌标志。

图 11-4 某些农产品区域公用品牌标志

(4) 品牌定位　品牌定位是指在市场定位和产品定位的基础上,对特定的品牌在文化取向及个性差异上的商业性决策,它是建立一个与目标市场有关的品牌形象的过程和结果。品牌定位是品牌塑造的前提,品牌定位要着眼于潜在市场。一些品牌定位于高端市场,如"贵州茅台""阳澄湖大闸蟹";一些品牌定位于工薪阶层,如"涪陵榨菜"。品牌定位不同,那它的目标市场就不一样,营销策略也不一样。

(5) 编写品牌故事　品牌要塑造灵魂,没有灵魂的品牌难以占领消费者的心智,有灵魂的故事才可流传。讲品牌故事是宣传品牌的主要内容,编写品牌故事就是要塑造灵魂,讲消费理念,要让消费者觉得有道理,要能引起共鸣。讲好农产品品牌故事就是要围绕农产品或者产业的核心价值,进行区域生态环境挖掘、历史典故、文化传承、农产品特色的描述,提炼品牌产品的核心价值。这些品牌故事可以通过文字、语音、视频等方式呈现,可以通过微博、微信、广告宣传等渠道推送。

【知识拓展 11.4】

一个农业品牌成就发展奇迹的范例
——"盱眙龙虾"

(6) 凝练品牌广告语　品牌广告语就是品牌推广的载体,对于消费者的品牌认知具有重要意义。好的品牌广告语能够打动心灵、产生共鸣。例如,味道好极了(雀巢咖啡);滴滴香浓,意犹未尽(麦斯威尔咖啡);人头马一开,好事自然来(人头马 XO);农夫山泉有点甜(农夫山泉);一股清香,一缕温暖(南方黑芝麻糊)。

2) 农产品区域公用品牌项目实施

农产品区域公用品牌建设项目的实施需要由政府牵头,因为农产品品牌建设往往需要动员多方面的资源,涉及若干个利益相关者的权力、利益、责任,还需要大量的初始资金投入,一个企业或品牌协会根本没有能力来调动多方面的资源和力量,只有地方政府才有这个能力。

(1) 申请商标注册　将创建的品牌标志注册成为商标。商标是用以识别和区分商品或者服务来源的标志,包括文字、图形、字母、数字、三维标志、颜色组合和声音等,以及上述要素的组合,所以品牌标志也可以作为商标去注册。注册商标的目的主要是对其商标依法享有专有使用权,并排除他人将相同或相似商品使用在与其注册商标指定相同或相似的商品上。商标申请人享有使用某个商标名称和商标标志的专用权,这个商标名称和商标标志受到法律保护,其他任何企业都不得仿效使用。为防止未来有人盗用品牌标志,就需要提前将自己的品牌标志通过商标注册来获取法律保护。

(2) 品牌农产品的生产基地建设　打造农产品区域公用品牌需要建立品牌农产品的生产基地,通过合作社将生产基地覆盖范围的农户组织起来。制定品牌农产品的生产技术规范和产品标准,以保证品牌农产品的质量,促进品牌农产品的标准化和规模化生产。

(3) 农产品品牌的培训　对当地品牌农产品生产企业的生产者、经营企业的管理人员进行培训,让他们知道什么叫商标,什么叫品牌,增强他们的品牌意识和产品标准意识。

(4) 申请地理标志认证　在品牌农产品生产基地的基础上,划定品牌标志保护范围,针对品牌农产品申请中国地理标志产品认证;申请国家农产品地理标志登记保护、国家地理标志产品保护、地理标志证明商标。国家实施地理标志产品制度的目的是为了保护地方特产和农民利益,扩大品牌产品的知名度,防止假冒伪劣。

(5) 品牌农产品的产业链打造　推行"品牌运营机构＋农业合作社＋农户"的生产组织模式,探索"特色产品—商标—品牌—产业"的一二三产业融合发展路径。围绕品牌农产品的生产、加工、销售、保险、贮藏和物流等社会化服务来延伸产业链,逐步解决产业链的短板问题,将一个小产品发展壮大成为一个大产业,推动品牌产品向规模化、标准化、产业化方向发展。

(6) 农产品区域公用品牌的监管　需要建立农产品区域公用品牌的保护与监管常态化工作机制,建立商标审查协作中心,加强执法检查,以生产集中地、销售集散地为重点,加强线上线下、区域内外协同执法,举证查处假冒品牌农产品的侵权违法行为(如擅自使用专用标志或近似标志,以及伪造、冒用或未按规定印制专用标志等),营造良好的品牌农产品经商环境,护航农产品区域公用品牌健康发展。

3) 农产品区域公用品牌的运营

农产品区域公用品牌的运营应由企业、协会及其他市场化的主体来做。品牌运营主体缺位、运营主体不强、缺乏运营经费都会导致品牌做不好。

(1) 品牌授权管理　农产品区域公用品牌具有公益性,但也不能搞成谁都可以用的公共产品。一些地方正宗生产企业的商品包装上不用农产品区域公用品牌,因为他们要用自己的企业品牌标志,而外地的假冒伪劣产品的包装上却纷纷加贴该地的农产品区域公用品牌的标志,这就乱套了。农产品区域公用品牌需要通过品牌授权来管理,在认定的区域范围内的农产品生产者,按照产地初审、原产地登记的流程,对按照品牌农产品的生产技术规范生产符合品牌农产品标准的生产者进行产地测绘和产量预估,再由品牌办公室进行产地复审审核。对于农产品区域公用品牌的经销商进行登记,要求他们提交相关资质证明材料,要求农产品区域公用品牌的经销商妥善处理好母品牌(区域公用品牌)和子品牌(企业品牌)的关系,在商品包装上同时挂母品牌和子品牌的标志,最终再由品牌办公室审核。

(2) 农产品区域公用品牌的宣传推广　围绕品牌农产品的核心价值,通过品牌口号创意、形象设计、视频创意、活动营销等手段进行宣传推广。很多地方热衷于办品牌节,此外还有很多宣传推广的方法,如通过权威媒体背书,主流媒体的宣传内容投放来建立品牌权威度;借助新媒体如今日头条、百家号、小红书笔记、抖音视频、微博、微信进行口碑营销;参加各种活动来宣传品牌,创作优质品牌内容,提高品牌的曝光度;通过举办会议来提升知名度;根据目标客群画像来进行针对性的事件营销和宣传推广。

(3) 品牌农产品的渠道建设

① 线下销售渠道:建设产地批发市场,到外地建立专卖店,建立冷库、云仓、物流配送点。

② 线上销售渠道:在各大电商平台开设店铺、微店,在直播平台开直播间。

练习题

一、判断题

1. 农产品可以像工业化一样完全实现产品的标准化,因此,农产品电子商务与工业品电子商务的商业模式可以完全一样。（　　）

2. 直播电商从主体上看,把短视频平台、MCN机构、网红主播进行了整合,在机制上也有创新,因此直播电商是一种电子商务模式。（　　）

3. 某一个农产品作为电子商务销售时,一定要考虑选择有特色、高附加值、耐储存、能够标准化的优质农产品。（　　）

二、选择题（可多选）

1. 农产品电子商务具有（　　）的特点。
   A. 新鲜　　　　B. 活体　　　　C. 不耐储藏　　　　D. 不耐运输

2. 平台选择作为发展农产品电子商务的关键环节,不同的经营主体有不同资源和特点,个体经营户可以选择的平台有（　　）。
   A. 淘宝　　　　B. 拼多多个人店　　　　C. 微信小商店　　　　D. 京东地方馆

3. 以下属于新零售模式的有（　　）。
   A. 盒马鲜生　　　　B. 每日优鲜　　　　C. 叮咚买菜　　　　D. 美团买菜

4. 农业标准化的作用是（　　）。
   A. 保证农产品质量安全水平,达到市场准入门槛,保障农产品的消费安全。
   B. 提高农产品的品质规格,满足消费者对农产品优质化、规格化的要求。
   C. 适应农产品物流配送,满足个性化消费的需要。
   D. 促进农产品流通,提高农产品的市场竞争力。

5. 新农人依托新媒体、新模式、新商业、新营销把农产品卖出去,可以采取（　　）方式实现农产品全渠道销售布局。
   A. 活动策划　　　　B. 店内促销　　　　C. 站内推广　　　　D. 站外推广

6. 农产品区域公用品牌建设需要科学规划、动态适应,建设内容主要包括（　　）。
   A. 品牌策划　　　　B. 品牌实施　　　　C. 品牌运营　　　　D. 宣传推广

7. 电商企业在销售规模逐步增加的情况下,可以通过以下方式组织货源（　　）。
   A. 到批发市场或农贸市场去进货
   B. 让附近的农民送货
   C. 与农产品生产基地签订购销协议
   D. 组建自己的农产品专业合作社

三、问答题

1. 根据柞水木耳直播带货的案例启示,请你结合某一个具体农产品,设计出一个农产品直播带货的方案。

2. 试用自己的语言,分析在移动互联网时代,如何把握农产品电子商务发展的关键环节。

3. 在网上查找有关"笨鲜生"销售广东徐闻菠萝的失败的报道,分析"笨鲜生"在哪些关键环节没有做好。

参考文献

[1] 周曙东.电子商务概论[M].3版.南京:东南大学出版社,2011.
[2] 田景熙.物联网概论[M].南京:东南大学出版社,2010.
[3] 赵乃真,杨尊琦.电子商务技术与应用[M].4版.北京:中国铁道出版社,2017.
[4] 杨天翔.电子商务概论[M].上海:复旦大学出版社,2006.
[5] 甘嵘静,陈文林.电子商务概论[M].北京:电子工业出版社,2006.
[6] 张忠林.电子商务概论[M].北京:机械工业出版社,2006.
[7] 阴双喜,何佳讯,王磊.网络营销基础:网站策划与网上营销[M].上海:复旦大学出版社,2001.
[8] 宋沛军.电子商务概论[M].西安:西安电子科技大学出版社,2006.
[9] 汤兵勇.客户关系管理[M].2版.北京:高等教育出版社,2008.
[10] 唐卫清,等.信息网络技术与应用[M].北京:清华大学出版社,2003.
[11] 王文明.计算机网络原理[M].北京:北京大学出版社,2002.
[12] 马莉,李学桥.计算机网络:技术·集成与应用[M].北京:北京航空航天大学出版社,2001.
[13] 时信华,等.网络与现代通信技术基础[M].北京:人民邮电出版社,2002.
[14] 张琳,等.网络管理与应用[M].北京:人民邮电出版社,2000.
[15] 蔡建新.网络工程概论[M].北京:清华大学出版社,2002.
[16] 杨坚争.电子商务基础与应用[M].5版.西安:西安电子科技大学出版社,2006.
[17] 尹军琪.B2C电子商务的订单履行系统建设综述[J].物流技术与应用,2011,16(9):57-58.
[18] 姜胜青.量变到质变:电子商务物流的变革[J].物流技术与应用,2011,16(9):67-69.
[19] 杨海明.电子商务订单履行系统影响因素分析[J].物流技术与应用,2011,16(9):70-73.
[20] 杨平.1号店:站在供应链的高度建设物流系统[J].物流技术与应用,2011(9):74-77.
[21] 曹淑艳,李振欣.跨境电子商务第三方物流模式研究[J].电子商务,2013(3):23-25.
[22] 庞彪."亚健康"成快递业发展隐忧[J].中国物流与采购,2014(1):44-46.
[23] 刘力华.中国(上海)自由贸易试验区管理委员会副主任李兆杰谈上海自贸试验区背景下的制度创新[J].国际市场,2014(1):39-40.
[24] 韦继强.我国跨境电子商务及支付业务管理体系构建[J].中国经贸,2013(2):61-62.
[25] 施奈德.电子商务[M].成栋,韩婷婷,译.6版.北京:机械工业出版社,2006.
[26] 九三学社北京市委员会.关注跨境电子商务发展[J].北京观察,2012(11):28-29.
[27] 黄怡园,王浩.中国跨境电子商务市场的路径探索[J].新西部(理论版),2013(21):76.
[28] 葛存山.淘宝网开店、装修、管理、推广一册通[M].2版.北京:人民邮电出版社,2013.
[29] 脸盆妹妹.在淘宝网开店[M].北京:中国宇航出版社,2006.
[30] 阿里巴巴(中国)网络技术有限公司.阿里巴巴电子商务初级认证教程国际贸易方向[M].北京:清华大学出版社,2008.
[31] 朱延平,文科.病毒性营销理论及其运用策略分析[J].江苏商论,2007(4):93-95.
[32] 宋文官.电子商务概论[M].3版.北京:清华大学出版社,2012.
[33] 史达.网络营销[M].大连:东北财经大学出版社,2006.
[34] 张楚,曾宪义,王利明.电子商务法[M].3版.北京:中国人民大学出版社,2011.

[35] 郭鹏.电子商务法[M].北京:北京大学出版社,2013.
[36] 郭懿美,蔡庆辉.电子商务法[M].3版.厦门:厦门大学出版社,2013.
[37] 李适时.各国电子商务法[M].北京:中国法制出版社,2003.
[38] 齐爱民.电子商务法原论[M].武汉:武汉大学出版社,2010.
[39] 吴伟光.网络与电子商务法[M].北京:清华大学出版社,2012.
[40] 秦成德.电子商务法与案例评析[M].北京:清华大学出版社,北京交通大学出版社,2010.
[41] 胡静.电子商务认证法律问题[M].北京:北京邮电大学出版社,2001.
[42] 高富平,尹腊梅.电子商务法律基础[M].北京:北京师范大学出版社,2011.
[43] 罗森诺.网络法:关于因特网的法律[M].张皋彤,等译.北京:中国政法大学出版社,2003.
[44] 罗纳德·J.曼(Ronald J.Nann),简·K.温(Jane K.Winn).电子商务法[M].北京:中信出版社,2003.
[45] 瞿淼,王明红.电子商务环境下常见商标侵权问题及维权实践[R/OL].(2014-08-25)[2014-08-28]. http://www.acla.org.cn/html/lilunyanjiu/20140825/17788.html.
[46] 庞东升.企业网络营销:策略·方法·实践[M].武汉:武汉大学出版社,2014.
[47] 戴建中.电子商务概论[M].2版.北京:清华大学出版社,2012.
[48] 白东蕊,岳云康.电子商务概论[M].2版.北京:人民邮电出版社,2013.
[49] Turban E,King D,Viehland D,等.电子商务:管理视角[M].4版.北京:高等教育出版社,2009.
[50] Jefferson S,Tanton S.内容营销:有价值的内容才是社会化媒体时代网络营销成功的关键[M].祖静,屈云波,译.北京:企业管理出版社,2014.
[51] 冯英健.网络营销基础与实践[M].4版.北京:清华大学出版社,2013.
[52] 程小永,李国建.微信营销解密:移动互联网时代的营销革命[M].北京:机械工业出版社,2013.
[53] 孙若莹,王兴芬.电子商务概论[M].北京:清华大学出版社,2012.
[54] 吴健.电子商务物流管理[M].2版.北京:清华大学出版社,2013.
[55] 朱美虹.电子商务与现代物流[M].2版.北京:中国人民大学出版社,2014.
[56] 詹杰.湖北省电子商务物流服务业发展现状及对策研究[N].武汉:华中师范大学学报,2014.
[57] 周志成.电子商务物流回顾与展望.[J].中国物流与采购,2012(9):58-61.
[58] 肖震.掘金微时代:移动互联下的生存与制胜指南[M].北京:科学出版社,2013.
[59] 昝辉.网络营销实战密码:策略·技巧·案例[M].修订版.北京:电子工业出版社,2013.
[60] 江礼坤.网络营销推广实战宝典[M].北京:电子工业出版社,2012.
[61] 杨丽萍,熊学发.网络营销基础与实践[M].北京:教育科学出版社,2013.
[62] 张雷.注意力经济学[M].杭州:浙江大学出版社,2002.
[63] 易伟.微信公众平台搭建与开发揭秘[M].北京:机械工业出版社,2013.
[64] 秋叶,秦阳,陈慧敏.社群营销:方法、技巧与实践[M].2版.北京:机械工业出版社,2016.
[65] 徐林海,林海.微信营销[M].北京:人民邮电出版社,2018.
[66] 许应楠.移动电商基础与实务[M].北京:人民邮电出版社,2018.
[67] 王彦志.微信小程序让您一部手机走天下![EB/OL].2018.https://www.toutiao.com/a6553721160603795976.
[68] 贾琳.直播营销案例分析报告[EB/OL].2016. http://blog.bluemc.cn/archives/1306.
[69] 速卖通大学.跨境电商物流[M].北京:电子工业出版社,2016.
[70] 李洪心.电子商务概论[M].3版.大连:东北财经大学出版社,2011.
[71] 王友丽.电子商务物流[M].上海:复旦大学出版社,2016.
[72] 方磊.电子商务物流管理[M].北京:清华大学出版社,2011.
[73] 皮钰珍.果蔬贮藏及物流保鲜实用技术[M].北京:化学工业出版社,2013.
[74] 郑久昌.物流仓储作业管理[M].北京:中国轻工业出版社,2017.
[75] 李学工.冷链物流管理[M].北京:清华大学出版社,2017.
[76] 吕建军,侯云先.冷链物流[M].北京:中国经济出版社,2018.

[77] 高芳杰,李强,翟亮.我国农产品电子商务模式研究[J].西安石油大学学报(社会科学版),2018,27(2):21-25.
[78] 侯振兴,闫燕.农产品电子商务研究述评与展望[J].南京理工大学学报(社会科学版),2018,31(4):77-84.
[79] 赵好,赵一琳.农产品电子商务发展现状及对策[J].合作经济与科技,2017(15):124-125.
[80] 郑暖,杨茚.跨境电商海外营销方式分析[J].现代商贸工业,2018,39(3):34-36.
[81] 张夏恒.跨境电子商务支付表征、模式与影响因素[J].企业经济,2017,36(7):53-58.
[82] 刘丽华.我国跨境电子商务物流配送问题探究[J].现代商业,2016(27):16-17.
[83] 栾锐.跨境电子商务物流配送模式研究[J].企业导报,2016(15):109.
[84] 周莉萍,于品显.跨境电子商务支付现状、风险与监管对策[J].上海金融,2016(5):73-78.
[85] 仝冰.大数据下跨境电商发展的影响因素研究[J].知识经济,2016(1):87.
[86] 曹旭光,王金光,刘希全.跨境电子商务的物流商业模式及其创新途径[J].对外经贸实务,2015(10):93-96.
[87] 孙蕾,王芳.中国跨境电子商务发展现状及对策[J].中国流通经济,2015,29(3):38-41.
[88] 来有为,王开前.中国跨境电子商务发展形态、障碍性因素及其下一步[J].改革,2014(5):68-74.
[89] 王杏平.跨境电子商务与第三方支付管理研究[J].南方金融,2013(12):54-56.
[90] 黄永江.关于构建我国跨境电子商务及支付外汇业务管理体系的研究[J].金融会计,2013(7):22-29.
[91] 黄永江,韦继强,韦念好.关于构建我国跨境电子商务及支付外汇业务管理体系的研究[J].区域金融研究,2013(6):44-49.
[92] 高功步.电子商务概论[M].2版.北京:机械工业出版社,2018.
[93] 董吉文,徐龙玺.计算机网络技术与应用[M].3版.北京:电子工业出版社,2017.
[94] 百度百科编辑.云主机[EB/OL].[2018-07-28].https://baike.baidu.com/item/云主机.
[95] Aliyun.com.帮助文档-云服务器 ECS[EB/OL].[2018-07-27].阿里云.https://help.aliyun.com/product/25365.html? spm=a2c4g.11174283.6.540.201252fesPIjsF.
[96] 中国互联网络信息中心.中国互联网络域名管理办法[EB/OL].[2004-11-05].http://www.cnnic.cn/ggfw/fwzxxgzcfg/2012/201207/t20120720_32419.html.
[97] nodejs.org.About Node.js[EB/OL].[2018-08-03].Node.js Foundation.https://nodejs.org/en/about/.
[98] 中国互联网络信息中心.互联网安全管理.第42次中国互联网络发展状况统计报告[R].2018:79-85.
[99] 国家质量技术监督局.计算机信息系统安全保护等级划分准则:GB 17859—1999[S].北京:中国标准出版社,1999.
[100] Stallings W,Brown L.计算机安全:原理与实践[M].王昭,文伟平,王永刚,等译.2版.北京:电子工业出版社,2015.
[101] 马明泽.百度 SEM 竞价推广:策略、方法、技巧与实战[M].北京:电子工业出版社,2017.
[102] 冯英健.网络营销基础与实践[M].4版.北京:清华大学出版社,2013.
[103] 江礼坤.网络营销推广实战宝典[M].北京:电子工业出版社,2012.
[104] 龚丽,王娟,王航鹰.网络营销实务[M].长沙:中南大学出版社,2020.
[105] 李淑君,谢小文,黄宇.跨境电商运营基础[M].上海:上海浦江教育出版社,2019.
[106] 娄向鹏,郝北海.品牌农业4:新时代中国农业品牌建设的路径与方法[M].北京:中国发展出版社,2021.
[107] 于强,齐敏.跨境电子商务理论与实务[M].北京:电子工业出版社,2021.
[108] 屈莉莉.电子商务数据分析与应用[M].北京:电子工业出版社,2021.
[109] 杨立钒,杨维新,杨坚争.电子商务导论[M].北京:电子工业出版社,2021.
[110] 张坤.电子商务概论[M].北京:经济管理出版社,2016.
[111] 王树进,胡家香.电子商务项目运作[M].2版.南京:东南大学出版社,2012.

[112] 原娟娟,陶珏.电子商务项目策划[M].北京:北京大学出版社,2017.
[113] 李琪.电子商务项目策划与管理[M].北京:电子工业出版社,2011.
[114] 周曙东.电子商务概论[M].5版.南京:东南大学出版社,2019.
[115] 黄轲.移动电子商务基础与实务(第2版慕课版)[M].北京:人民邮电出版社,2021.
[116] 中国互联网络信息中心.第48次"中国互联网络发展状况统计报告"[EB/OL].http://www.cnnic.cn/hlwfzyj/hlwxzbg/hlwtjbg/202109/t20210915_71543.html.
[117] 吴清烈.电子商务物流管理[M].南京:东南大学出版社,2022.
[118] 叶万军,隋东旭,邹益民.跨境电子商务物流[M].北京:清华大学出版社,2021.
[119] 王晓平.电子商务与现代物流[M].北京:首都经济贸易大学出版社,2021.
[120] 谢明,陈瑶,李平.电子商务物流[M].2版.北京:北京理工大学出版社,2020.
[121] 马宁.电子商务物流管理:微课版[M].3版.北京:人民邮电出版社,2020.